キャリア教育が創出する新たな教育環境

―― 地域連携で生み出す主体性と価値 ――

山﨑 保寿

松本大学出版会

まえがき

　現在、我が国は、高度情報通信化、国際化・グローバル化、産業構造の変化、少子高齢化と人口構造の変化など、流動と新生の時代のただ中にある。社会構造が変化しつつある中で、児童生徒の将来を生きる力を育てることは、学校教育の切実な課題である。児童生徒が自らの進路を主体的に選択・決定していくために、小学校段階からの体系的・系統的なキャリア教育の必要性が叫ばれている。キャリア教育は、人生や職業生活の中で十分な自己実現を達成するのに必要な能力や価値観を育成することであり、そのための基礎能力を育てていくことである。

　学校では、様々な方法でキャリア教育が実施されているが、今日特に必要とされているのは、主権者教育など新しい教育課題と関連したキャリア教育であろう。また、人口減少の時代にあって地方創生が目指される中では、社会の変化を踏まえて新たな教育環境を構築しうるキャリア教育であろう。地域連携型キャリア教育の今日的な方法は何か、その実践モデルの提案が求められている。

　従来、地域と連携したキャリア教育は、その多くが職場体験学習として行われてきた。一般に、中学２年生の全生徒が３日間程度の職場体験学習を行っており、一定の成果を上げてきたことは事実である。しかし、全生徒を事業所に割り当て、事業所への事前連絡・調整、生徒への事前・事後指導など、学校側の準備と調整には過度な労力がかかってもいる。学区内に中学生を受け入れる新たな職場を見つけることは困難であることも指摘されている。

　それに対して、本書では別のスタイルのキャリア教育の方法を提案している。本書で提案するのは、中学生の「将来ビジョンマップ」の作成を地域住民が支援する方法である。この方法は、定年退職者や主婦の力なども活かすことができ、児童生徒の将来を生きる力の養成、社会的・職業的自

立に対する意識の醸成、地域活性化と地方創生の必要性などを踏まえたものである。本書で示した地域連携型のキャリア教育は、これまで、こうした実践例が少なかっただけに、人口減少社会に突入した現在、新しい方法として注目されて良いだろう。

　将来ビジョンを描くことの必要性は、中学生だけの課題に止まるものではない。小学生、高校生の課題としても、将来の社会的・職業的自立に向けての意識を育むうえで極めて重要である。本書では、地域で実施した「親子で夢づくり」講座の中で小学生を含めた取り組みを紹介している。高校生については、キャリア教育の観点から、地域と連携した主権者教育の実践例を示している。

　また、学校がキャリア教育を推進しようとする場合には、キャリア発達やキャリア形成などの本質的概念をはじめ、進路指導や職業教育との違い、学習指導要領におけるキャリア教育の扱い、キャリア教育のカリキュラム・マネジメントなどを理解したうえで、教員が組織的に取り組んでいく必要がある。キャリア教育の推進と浸透には、こうした理論面の理解のもとに、学校の組織的取り組みが必要であり、それを支える教員研修と意識の啓発を伴うことが大切である。

　そのため、キャリア教育の推進に当たっては、本書で示したような校内研修を充実させることが不可欠である。また、キャリア教育に関する教員研修の内容には、先進的な実践モデルの検討を取り入れることが有効である。本書に示した実践モデルは、導入が容易で効果的な地域連携型モデルとして役立ってくれるであろう。特に、都道府県教育委員会単位で行われるキャリア教育をテーマとした教員研修では、本書で示した地域連携型の実践モデルを各学校で導入する際の条件を検討する演習を組み入れることも有効である。また、各学校で行われるキャリア教育をテーマとした校内研修では、地域連携の具体的方法を検討したり、実践の結果を検証したりする方法も考えられる。

このような点を視野に入れ、本書に記した内容をもとに実践を進めていくことによって、今後におけるキャリア教育の展開には大きな可能性を見いだすことができるであろう。

　なお、本書の発行は松本大学出版会によるものである。最後の章では、松本大学教職センターが行っている教員養成の内容を扱っている。松本大学の総合経営学部および人間健康学部の教職科目履修生に対して実施している教員養成カリキュラムを大学生のキャリア教育の視点で捉えたものである。そして、巻末資料には、キャリア教育に関連する用語集をはじめ、地域連携型キャリア教育を立ち上げるための方法が分かるよう、そのプロセスと実践の概要を示した。

　最後に、本書の発行に際して、松本大学出版会に大変お世話になりました。この場をお借りして深甚なる謝意を表します。

2020年4月3日

著者　山﨑保寿

第**1**章

学校教育におけるキャリア教育の理念
キャリア発達の考えを基本にしたキャリア形成の重要性

第2章

キャリア教育のカリキュラム・マネジメント
カリキュラム・マネジメント推進の鍵となる教員研修

第3章

教育環境学の領域としてのキャリア教育の位置
キャリア教育の教育行政的動向を踏まえて

第 4 章

アウトリーチ型キャリア教育講座の開発実践
大学の出張講座を通じた学校と地域の連携を推進する
キャリア教育とその検証

第 5 章

中学校における地域連携型キャリア教育の実践とその考察
「社会に開かれた教育課程」を実現する教育環境の構築を目指して

第 8 章
キャリア教育に関する学習指導要領の内容変化
キャリア教育推進の背景となる教育環境に関する検討

第9章

松本大学教職センターにおける教員養成とキャリア教育
教員育成指標を踏まえた教員養成と教職キャリアの形成

本書の章構成

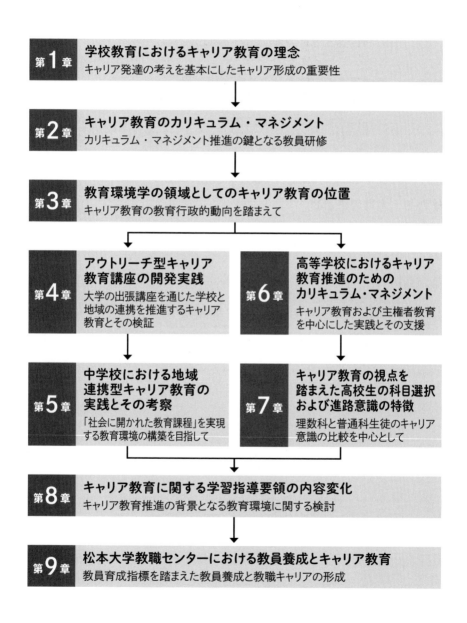

第1章 学校教育におけるキャリア教育の理念
キャリア発達の考えを基本にしたキャリア形成の重要性

第2章 キャリア教育のカリキュラム・マネジメント
カリキュラム・マネジメント推進の鍵となる教員研修

第3章 教育環境学の領域としてのキャリア教育の位置
キャリア教育の教育行政的動向を踏まえて

第4章 アウトリーチ型キャリア教育講座の開発実践
大学の出張講座を通じた学校と地域の連携を推進するキャリア教育とその検証

第6章 高等学校におけるキャリア教育推進のためのカリキュラム・マネジメント
キャリア教育および主権者教育を中心にした実践とその支援

第5章 中学校における地域連携型キャリア教育の実践とその考察
「社会に開かれた教育課程」を実現する教育環境の構築を目指して

第7章 キャリア教育の視点を踏まえた高校生の科目選択および進路意識の特徴
理数科と普通科生徒のキャリア意識の比較を中心として

第8章 キャリア教育に関する学習指導要領の内容変化
キャリア教育推進の背景となる教育環境に関する検討

第9章 松本大学教職センターにおける教員養成とキャリア教育
教員育成指標を踏まえた教員養成と教職キャリアの形成

第 **1** 章

学校教育における
キャリア教育の理念

キャリア発達の考えを基本にしたキャリア形成の重要性

　現在、青少年の進路や職業に関わる様々な課題に対して、小学校段階からの体系的なキャリア教育の必要性が高まっている。学校教育に大きく影響する中央教育審議会答申、学習指導要領、教育振興基本計画等において、キャリア教育に関連する内容が数多く見られることも、その重要性を反映している。一方、雇用形態や就業形態の変化、早期離職者やフリーター、ニートに対する支援の問題も深刻であり、こうした社会状況を背景として、児童生徒の勤労観・職業観の育成や社会的・職業的自立を促すための教育面での施策として、幼児教育から高等教育までの各学校段階において体系的・系統的なキャリア教育の推進が求められている。

　また、キャリア教育に関連する用語には、進路指導、職業教育、キャリア・カウンセリングなどがあり、それらを概念的に整理する必要がある。そこで本章では、キャリア教育のねらいや理念などの基本的な問題に焦点を当て、キャリア教育の背景と必要性を明らかにする。

　なお、複数の文献[1]において2000（平成12）年が、キャリア教育の実質的なスタート年と位置付けられていることから、本章では、その前後からのキャリア教育に関する動向を主に扱う。

第 **1** 節

キャリア教育の背景と必要性

1　米国キャリア教育運動の影響

　我が国における社会の著しい変化を背景に、現在、キャリア教育の必要性とその実践に対する関心が高まっている。文部科学省および教育委員会の研究指定校[2]をはじめ、職場体験学習の推奨[3]により、キャリア教育を積極的に導入している地域や学校が増えている。

　元来、キャリア教育は、1970年代初頭から80年代半ばまで、米国連邦教育局（現教育省）による教育改革最重点施策の一つとして、全米的規模で推進された進路教育運動として始まったものである[4]。当時のキャリア教育運動では、人生や職業生活の中で自己実現を達成することをねらいとして、それに必要な能力や価値観を育成するための教育活動が、キャリア教育奨励法の下で組織的・体系的に取り入れられた[5]。キャリア教育が、組織的・体系的な教育であることは、この時期におけるキャリア教育の推進者が、「すべての教育は、キャリア教育であるべきである」[6]と提唱していることからも知ることができる。キャリア教育は、進路指導を中心としながらも新たな教育環境や教育システムの構築をも含む総合的で包括的な教育である。

　キャリア教育は、1970年代後半以降、我が国へも導入され、実際に幾つかの高等学校等で実施されたことがある[7]。当時、新しい進路指導の方法として、キャリアエデュケーションという時間が、研究的に教育課程へ位置付けられた。また、小学校、中学校においても、生き方学習や勤労体験学習として、キャリア教育に関連の深い学習が、これまで行われてきた。その他、ボランティア、福祉活動、職業体験学習などが広く行われてきた[8]。

　さらに、我が国においてキャリア教育が必要とされる背景を考察すれば、

そこには、社会状況の変化、青少年の意識の変容、進路指導観の転換の必要性など様々な要因が重なり合っている。現在、キャリア教育が必要とされる主要な要因として、次の点を挙げることができる。

2　社会状況と青少年意識の変化

　第一に、社会状況と青少年意識が大きく変化してきたことである。キャリア教育が本格的に導入され始めた時期に出された「キャリア教育の推進に関する総合的調査研究協力者会議報告書」(2004.1.28) は、当時の状況においてキャリア教育が求められる背景として、次の5点を挙げている。

① 　少子高齢社会の到来、産業・経済の構造的変化、雇用の多様化・流動化等を背景として、就職・進学を問わず進路選択をめぐる環境が大きく変化したこと。

② 　学校における教育活動がともすれば「生きること」や「働くこと」と疎遠になり、十分な取り組みが行われてこなかったこと。

③ 　就職・就業をめぐる環境の激変として、新規学卒者に対する求人が著しく減少し、求職希望と求人希望との不適合が拡大していること。

④ 　若者自身の資質等をめぐる課題として、勤労観・職業観の未熟さ、職業人としての基礎的資質・能力の低下が見られること。

⑤ 　子どもたちの生活・意識の変容として、子どもたちの成長・発達上の課題が複雑化しており、身体的な早熟傾向に比して精神的・社会的自立が遅れる傾向があり、生産活動や社会性等における未熟さが見られること。

　こうした点を踏まえれば、我が国は現在、青少年に対する職業意識の涵養および職業能力の育成を、小学校段階から意図的・体系的に行わなければならない状況に置かれていることになる。このような社会状況の変化と青少年意識の変容が、今日キャリア教育が必要とされている根底的な理由である。

　また、青少年意識に関する調査として、筆者が関わったものに、『若者の社会参画に関するアンケート報告書』(2013) [9] がある。同調査は、筆

者が責任者を務めた静岡県青少年問題協議会が実施したもので、現代の青少年の特徴および社会参加・社会参画に対する意識を把握することを目的として行ったものである。静岡県内の高校生・専門学校生・大学生のほか、30歳未満の社会人を対象に2012（平成24）年11月に実施した。調査票の配布数は2,000、回収数は1,576（78.8%）であり、そのうち有効回答数は1,560（78%）であった。

　調査の分析により、同報告書では、現代の青少年像を次のように描き出している。

① 　大切なものは、お金・友人・健康・家族などで、私的なものに比べて公的なものが大切と感じられていない。

② 　充実や幸せを感じるのは、友人や仲間との時間、スポーツや趣味の時間である。

③ 　将来について、夢を達成できない、就職できない、幸せな家庭が築けない等の不安を感じている。

④ 　幸せを感じる、安全・安心に暮らせる、心のゆとりがある社会等、物質的より精神的に豊かな社会を望んでいる。

⑤ 　何か社会に役立ちたいと思っているが、実際は、地域や社会の活動への参加が少ない。

⑥ 　社会問題に目を向け、社会への満足度は少ない。

⑦ 　社会問題や政治問題に参加したほうがいいと思ってはいるが、社会に関与できるという実感は持てていない。

⑧ 　周りの人との関係では、他人に対しては気をつかっており、困っている人に対しては助けようとするが、自分をさらけ出すことは苦手としている。

　同報告書が浮き彫りにした青少年像を踏まえると、地域活動を通した公的なものとの関わりや社会への関与、安全・安心で精神的に豊かな社会の実現、職業の基礎となる資質・能力の育成、社会の役に立ちたいという意識を実際の行動に結び付けること、周囲との人間関係の構築などが共通的な課題であるといってよいだろう。こうした青少年像からも、職業意識の涵養および職業能力の育成を、小学校段階から意図的・体系的に行っていくことが求められるといえ、キャリア教育が必要とされている理由でもある。

　ここで、キャリア教育の必要性に関連して、基本となる勤労観・職業観の定義を確認しておきたい。勤労観・職業観については、国立教育政策研究所生徒指導研究センター「児童生徒の職業観・勤労観を育む教育の推進について」（調査研究報告書、2002年11月）が次のように定義を示している。すなわち、「『職業観・勤労観』は、職業や勤労についての知識・理解及びそれらが人生で果たす意義や役割についての個々人の認識であり、職業・勤労に対する見方・考え方、態度等を内容とする価値観である。その意味で、職業・勤労を媒体とした人生観ともいうべきものであって、人が職業や勤労を通してどのような生き方を選択するかの基準となり、また、その後の生活によりよく適応するための基盤となるものである」と定義している。この報告書は、小学校、中学校、高等学校の一貫した系統的なキャリア教育の在り方について検討したものである。この報告書は、勤労観・職業観の育成に関する発達課題や学習プログラムの例を示しており、キャリア教育の実践に取り組む教師や学校に参考にされてきたものである。

3　青少年の進路・職業の状況

　キャリア教育が必要とされる要因の第二に、産業構造や就労形態の変化に伴い、若者が難しい雇用状況に置かれていることである。フリーターをはじめ、ニート（NEET）[10]と呼ばれる学業も就業も研修もしていない若者の状況、また、ワーキングプア、早期離職といった憂慮すべき現象が依然として続いている。早期離職は、産業構造の変化がもたらした雇用の流動化に伴う一側面ではあるが、学校卒業後希望して入った職種を一定の職能成長を果たさないまま早期に離職している場合が多いと考えられる。
　では、七五三現象[11]と呼ばれてきた新規学卒就職者の卒業後3年以内の早期離職者の比率はどのような状況だろうか。厚生労働省「新規学卒者の就職離職状況調査」（2000（平成12）年3月卒業者の3年後を調査したもの）に基づいて、2000（平成12）年卒業者とその15年後に当たる2015（平成27）年卒業者の状況を比べてみよう。新規学卒者の離職状況のグラフを巻末資料に示す。

　同調査（2000（平成12）年3月卒業者の3年後を調査したもの）によれば、卒業後3年以内の早期離職率は、中学校卒が73.0%、高校卒が50.3%、短大卒が42.9%、大学卒が36.5%であり、総じて極めて深刻な状況であった。3年以内の早期離職者の比率は、この調査を始めた1987（昭和62）年に比べ、高卒で4.1%、大学卒で8.1%高くなっている。それだけ、当時から、若者にとって将来展望が見えにくい不透明な進路状況になっていたといえる。

　そして、15年後の同調査（2015（平成27）年3月卒業者の3年後を調査したもの）によれば、卒業後3年以内の早期離職率は、中学校卒が64.1%、高校卒が39.3%、短大卒が41.5%、大学卒が31.8%である。15年間の差をとってみると、中学校卒が－8.9%、高校卒が－11.0%、短大卒が－1.4%、大学卒が－4.7%である。15年間の間に、全体として早期離職率は減少傾向になってきているといえるが、短大卒はその差が小さい。

　こうした数値から、産業構造や就労形態の変化、経済成長の不透明化、雇用形態の多様化と流動化などが進む中で、雇用対策や就業支援が行われているものの、依然として一定程度以上の早期離職者が存在しており、そこに様々な問題があることが推測できる。こうした現象を踏まえて、学校教育として可能な対応を小学校段階からの体系的・系統的なキャリア教育の一環として行っていく必要がある。

4　進路指導観の転換とキャリア形成指導の必要性

　そして、第三に、キャリア教育を小学校段階から体系的に行うためには、従来の進路指導観を超える新しい指導理念と方法に立つことが必要になることである。例えば、「小学校段階からの進路指導」という言葉では、小学校における早期の進学指導ないしは受験指導を意味する言葉と受け取られ、誤解が生じかねないからである。小学校段階からのキャリア教育の導入を初めて提言した中央教育審議会答申「初等中等教育と高等教育との接続の改善について」（1999.12.16）では、次のように述べて、キャリア教育の早期導入を訴えている。すなわち、「学校と社会及び学校間の円滑な

接続を図るためのキャリア教育（望ましい職業観・勤労観及び職業に関する知識や技能を身に付けさせるとともに、自己の個性を理解し、主体的に進路を選択する能力・態度を育てる教育）を小学校段階から発達段階に応じて実施する必要がある」と述べている。この答申でキャリア教育という用語が、文部科学行政関連の審議会報告等においての初出となった。

　これは、学校教育と職業生活の接続の改善の観点に立ち、その具体的方策としてキャリア教育推進の必要性を示したものであり、キャリア教育の実質的スタートの契機となったものである。同答申は、「キャリア教育の実施に当たっては家庭・地域と連携し、体験的な学習を重視するとともに、各学校ごとに目標を設定し、教育課程に位置付けて計画的に行う必要がある。また、その実施状況や成果について絶えず評価を行うことが重要である」と述べている。つまり、キャリア教育を実施する場合、家庭・地域と連携した体験的学習を取り入れることはもちろんであるが、キャリア教育の目標を設定し、教育課程に位置付けて計画的に実施し、実施状況や成果に対して評価を行うことが重要であるとしているのである。したがって、キャリア教育の推進に当たっては、教育課程の目標→開発→計画→実施→評価→改善のカリキュラム・マネジメントサイクルを確かなものにしていく必要がある。キャリア教育のカリキュラム・マネジメントサイクルについては、次章で詳述する。

　続いて、同答申は、キャリア教育と同時に、「学校教育において情報活用能力や外国語の運用能力の育成等、社会や企業から評価される付加価値を自ら育成するなど、職業生活に結び付く学習も重視していくべきである」と指摘している。これは、今日の情報化社会、国際化社会において、社会状況の変化に相応しい能力を身に付けておくことが、将来の職業生活の基礎として重要であることに言及したものである。したがって、キャリア教育の実践においては、情報活用能力の育成や国際化社会への対応を視野に入れた実践なども、児童生徒のキャリア形成という点で重要な意味を持つことになる。

　以上が、現在、我が国において本格的かつ体系的にキャリア教育が導入されようとしている経緯と背景およびその要因である。これらをまとめれば、図のようになる。

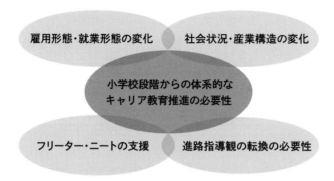

図1-1. キャリア教育が必要とされる要因

5　フリーター・ニート問題等への対応

　第四に、キャリア教育が必要とされるもう一つの観点として重要なのは、青少年の進路状況に関する問題が、高卒・大卒後のフリーター・ニートや早期離職者の支援、若者の職業意識の変化など様々な課題と関連していることである。これらの問題の背後には、個人の人生観・価値観の変容と個人的志向の強まりといった社会全体における人々の意識の変容、そして、大企業の経営不振とその改善の一方でベンチャー企業の躍進など産業構造の変化といった社会的な要因が大きく影響している。社会の激しい変化と将来に対する不透明さは、小学校段階からの進路や進路選択に至るプロセスに多大な影響を与えていると考えられる。

　一方、無業者の代名詞であるニートにしても、必ずしも働く意欲がないのではなく、人間関係のつまずきで無業状態が長引いている者がいる。人生は、進路に関する選択と適応の連鎖によって形成される。それぞれの個人にとって、進路や職業に関する悩みは様々であるが、人間関係のつまずきなどが、進路や職業の選択に影響することは、できるだけ事前に避けなければならない。進路に関する悩みをもつ者に対して、自らの進路を見出し達成していく能力（キャリア形成能力）を育成する必要が従来以上に高

まっているといえる。児童生徒の進路に関する様々な問題を改善するために、本人の責任や努力だけに任せず、新たに大人や学校が支援の手立てを講じることが必要である。

第 **2** 節

キャリア教育のねらい

1　学校教育におけるキャリア教育のねらい

　キャリア教育のねらいは、初等教育から中等教育まで、知的教科内容と職業的内容とを児童生徒の発達段階を考慮しながら同時並行的に学習することで、進路選択期において自己理解を深め、進路探索と進路設計を行っていくことである。それにより、児童生徒が主体的に生き方や進路を選択決定できる能力を高めていくことをねらいとする。こうしたキャリア教育のねらいは、進路や職業に関する体験的学習を取り入れながら、児童生徒の発達段階に応じて達成されていくべきものである。

　図1-2に示したように、キャリア教育に関する総合的・包括的カリキュラムの中で、職業理解や職業体験などの体験的学習を行い、自己の生き方を探求することによって、自己理解の深化と進路に関する自己実現をさせていくことをキャリア教育は目指している。このように、キャリア教育のねらいは、いわば、生き生きとした人生を自分自身の力でデザインし切り開く能力を育成することである。それは、自分自身の力で人生の価値を高めることであると言い換えることができる。カリキュラムが生徒の学びのプロセスとその総体だとすれば、キャリアは、カリキュラムの成果として生徒が身に付けた経験や能力であると考えられる。換言すれば、キャリア教育は、生徒が身に付けた経験や能力を、将来の進路や職業生活へのアウトプットにどう結び付けるか、その能力を高めることをねらいとするものである。

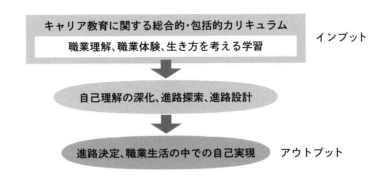

図1-2．キャリア教育のねらい

2　学習指導要領におけるねらい

　これまでの学習指導要領においても、児童生徒の進路や将来の生き方に関する事項は、重要な扱いがなされている。総合的な学習の時間が導入された1998（平成10）年改訂の小学校学習指導要領総則においては、総合的な学習の時間のねらいの一つとして、「学び方やものの考え方を身に付け、問題の解決や探求活動に主体的、創造的に取り組む態度を育て、自己の生き方を考えることができるようにすること」が掲げられている[12]。この点は、同時に改訂された中学校学習指導要領においても同様である。つまり、総合的な学習の時間では、国際理解、情報、環境、福祉・健康などに関する学習を行うとともに、自己の生き方を考えさせる学習を行うことが重要になるのである。

　そして、同総則においては、指導計画の作成等に当たって配慮すべき事項として、「各教科等の指導に当たっては、児童が学習課題や活動を選択したり、自らの将来について考えたりする機会を設けるなど工夫すること」が示されている。同様に、中学校学習指導要領総則における指導計画の作成等に当たって配慮すべき事項として、「生徒が自らの生き方を考え主体的に進路を選択することができるよう、学校の教育活動全体を通じ、計画的、組織的な進路指導を行うこと」とされている。こうした学習指導要領

における記載事項を踏まえれば、各学校がカリキュラム編成をするうえで、総合的な学習の時間のねらいを達成するために、キャリア教育を含めていることは、一つの自然な帰結であると考えられる。

　続いて、2008（平成20）年に改訂された学習指導要領においては、従来より明確にキャリア教育が位置付けられている。まず、2008（平成20）年改訂小学校学習指導要領では、「総則」の「第4　指導計画の作成等に当たって配慮すべき事項」において、「各教科等の指導に当たっては、児童が学習課題や活動を選択したり、自らの将来について考えたりする機会を設けるなど工夫すること」とされ、自らの将来を考える学習を取り入れることになっている。「総合的な学習の時間」の「第1　目標」では、「横断的・総合的な学習や探究的な学習を通して、自ら課題を見付け、自ら学び、自ら考え、主体的に判断し、よりよく問題を解決する資質や能力を育成するとともに、学び方やものの考え方を身に付け、問題の解決や探究活動に主体的、創造的、協同的に取り組む態度を育て、自己の生き方を考えることができるようにする」と述べられ、自己の生き方を考える学習が重視されている。

　次いで、2008（平成20）年改訂中学校新学習指導要領では、「総合的な学習の時間」の「第3　指導計画の作成と内容の取扱い」において、「自然体験や職場体験活動、ボランティア活動などの社会体験、ものづくり、生産活動などの体験活動、観察・実験、見学や調査、発表や討論などの学習活動を積極的に取り入れること」と述べられ、職場体験活動などの重要性が示されている。さらに、「特別活動」における「第2　各活動・学校行事の目標及び内容」の「［学校行事］(5) 勤労生産・奉仕的行事」では、「勤労の尊さや創造することの喜びを体得し、職場体験などの職業や進路にかかわる啓発的な体験が得られるようにするとともに、共に助け合って生きることの喜びを体得し、ボランティア活動などの社会奉仕の精神を養う体験が得られるような活動を行うこと」と述べられ、職業観・勤労観を育成する活動の重要性が示されている。

　そして、2009（平成21）年に改訂された高等学校学習指導要領では、「総則」の「4　職業教育に関して配慮すべき事項」において、「学校においては、キャリア教育を推進するために、地域や学校の実態、生徒の特性、進路等

を考慮し、地域や産業界等との連携を図り、産業現場等における長期間の実習を取り入れるなどの就業体験の機会を積極的に設けるとともに、地域や産業界等の人々の協力を積極的に得るよう配慮するものとする」と述べられている。さらに、「総則」の「5　教育課程の実施等に当たって配慮すべき事項」では、「生徒が自己の在り方生き方を考え、主体的に進路を選択することができるよう、学校の教育活動全体を通じ、計画的、組織的な進路指導を行い、キャリア教育を推進すること」とキャリア教育を推進すべきことが明確に述べられている。

　なお、職業教育という用語は、工業教育、商業教育、農業教育などの言葉が示すように、特定分野の職業に対する理解や能力を身に付けるための教育を総括的に示す場合に用いられる。キャリア教育という用語は、キャリア発達の考えを中心にキャリア形成を支援する教育活動に用いられる。キャリア教育は職業教育と重なることもあるが、キャリア教育という用語は、発達的観点を重視してより広い概念として使われることが多いといえる。

　このように、学習指導要領では、小学校で自らの将来について考える機会を設けることをはじめ、中学校の職場体験学習、高等学校のキャリア教育が明確に位置付けられている。学習指導要領が目指している知識基盤社会の中で「生きる力」を育むことは、キャリア教育の目指す方向と一致している。この方向は、以降の学習指導要領においても重視され引き継がれていく。

第 3 節
キャリア教育の理念

1　キャリアという用語の概念

　今日、社会の変化や個人の価値観の多様化を反映して、キャリアの意味も多様に捉えられている。一般的には、人々が生涯において経験する学業、職業、社会的役割などの履歴を意味する言葉として、キャリアという用語が使われる。キャリア教育の推進を提言した文部科学省の調査研究協力者会議報告書「キャリア教育の推進に関する総合的調査研究協力者会議報告書〜児童生徒一人一人の勤労観、職業観を育てるために〜」(2004.1.28)では、キャリアの概念を次のように幅広く捉えている。

　すなわち、「『キャリア』は、一般に、個々人がたどる行路や足跡、経歴、あるいは、特別な訓練を要する職業、職業上の出世や成功、生涯の仕事等を示す用語として用いられている。また、『働くこと』については、今日、職業生活以外にも、ボランティアや趣味などの多様な活動があることなどから、個人がその職業生活、家庭生活、市民生活等の全生活の中で経験する様々な立場や役割を遂行する活動として幅広くとらえる必要がある」としている。このことから分かるように、キャリアという言葉は、必ずしも特別な資格や学歴のみを意味する言葉ではなく、個人の人生行路やそれに伴う価値観などを含めた人生の履歴として広く捉えられている。キャリア教育を推進する場合に、このようなキャリアという用語の概念を踏まえることが基本として重要である。

2　キャリア教育の定義

　キャリア教育の定義は、文献によって必ずしも一義的ではないが、我が国の学校教育においては、前出の「キャリア教育の推進に関する総合的調査研究協力者会議報告書」(2004.1.28) に基づくのが妥当であろう。同報告書は、キャリア教育の定義を次のように示している。すなわち、前述したキャリアの概念に基づき、「児童生徒一人一人のキャリア発達を支援し、それぞれにふさわしいキャリアを形成していくために必要な意欲・態度や能力を育てる教育」と定義している。この定義から分かるように、キャリア教育の目的は、児童生徒のキャリア発達を支援し、主体的にキャリアを形成していく意欲・態度や能力を育成するところにある。

　続いて、同報告書は、キャリア教育を、端的には、「児童生徒一人一人の勤労観、職業観を育てる教育」と述べている。この表現は、端的とはいえ、キャリア教育をやや狭義の意味に捉えていることに注意する必要があろう。キャリア教育について理解する場合、本来は、キャリア発達とキャリア形成という広義の視点に基づくことが重要である。つまり、留意しなければならないことは、キャリア教育は、就職・進学の直接的指導を行うことを第一義的な目的にしているのではなく、児童生徒の生涯にわたってのキャリアの形成とその充実を目的としていることである。

3　キャリア教育の理念

　一般に、キャリア教育は、広く進路指導の一環として捉えられることが多いが、従来型の進路指導[13]とは幾つか異なる面もある。従来型の進路指導は、本人の適性と職業の特性との合致点を見つけることに力を注ぐマッチング理論といわれる考え方であった。我が国において以前主流であった終身雇用型の社会では、本人の適性に最も適した職業が見つかれば、比較的安定した職業生活を送ることが保障されていた。マッチング理論とは、職業選択理論の一つであり、個人の特性と職業の所要条件を適応させていこうとする考え方である[14]。

　キャリア教育が、従来型の進路指導と根本的に異なるのは、マッチング理論ではなくキャリア発達の考え方を基本としていることである。キャリア発達とは、進路選択、進路意識、職業意識など進路や生き方に関する諸能力は、年齢や成長に応じて発達していくという考え方である。成人が持つ確固とした職業意識は、最初から誰にでも備わっているのではなく、子どもが進路に対する漠然とした夢やあこがれをもつ段階から、年齢が上がるとともに、また、経験の積み重ねにより、徐々に明確な進路意識や職業意識として発達していくという考え方である。キャリア発達の概念は、職業に関する意識や能力の発達のみならず、生涯における生き方や社会的役割などへの認識をも含めて理解される。

　したがって、キャリア教育の理念は、発達的観点に立った進路指導を総合的に行うことであり、人生という選択と適応の連鎖の中で、生涯にわたってのキャリア発達とキャリアの充実を目指すものである。児童生徒が自己の人生をいかに主体的に設計していくのか、それを支援するのがキャリア教育である。こうした点を踏まえれば、キャリア教育の重要な目的の一つは、人生設計能力の育成であるということができる。そのため、キャリア教育の方法として、児童生徒のライフスタイルの模索とキャリア設計を目的とした方法、自己の進路と生き方に関する情報収集能力および意思決定力の向上を目的とした方法など、従来型の進路指導とは異なる新しい内容と方法の学習が行われる。

第 **4** 節

キャリア発達の考えを
中心としたキャリア教育

1　従来型進路指導の中心はマッチング理論

　学校の教育課程においてキャリア教育を推進するためには、まず、キャリア教育と従来型の進路指導との違いを十分に理解しておく必要がある。既に述べたように、キャリア教育が従来型の進路指導と根本的に異なるのは、キャリア教育がキャリア発達の考え方を基本理念に置いていることである。この違いを理解しないと、キャリア教育は従来型の進路指導の延長ないしは単に幅を広げただけのものと捉えられかねない。

　そこでまず、我が国の学校教育で広く行われていた従来型の進路指導について振り返っておこう。従来型の進路指導は、本人の特性（理科系、文科系、芸術系、総合学力、性格など）と職業に必要な能力との合致点を見つけることに力を注ぐものであった。これは、おおかたマッチング理論に基づいた考え方であるといえる。本人の特性と職業に必要な能力とのより良いマッチングが見つかれば、本人にとって最適な進路選択が実現できると考えられ、それが進路指導における最大の目的となっていた。また、受験学力を向上させれば進路目的が達成されるという考え方も、子どもを取り巻く環境の中に依然として根強く残っている。

　しかし、現代社会は変化が激しく、産業構造の急激な変化や技術革新、また、国際情勢の変動等による様々な影響が従来以上に頻繁に生起している。大企業が経営不振に陥る一方で、ベンチャー企業の躍進など、産業構造の大きな変化が見られる。さらに、個人の人生観・価値観の変化や転職・リストラ・ヘッドハンティング等の現象も一般化してきている。このよう

な社会では、学校卒業時等にマッチしていた進路選択が、生涯においてマッチしたものとして続くとは限らない。人生の途中で、本人の職業希望が変わることもあれば、職業の内容そのものが大きく変貌するということが往々にして起こり得る。つまり、マッチング理論だけでは通用し難い世の中になってきているのである。このような社会を生き抜くためには、状況の変化に柔軟に対応し、自らの進路と人生を達成していく幅広い能力（キャリア形成能力）を育成することが必要であろう。

2　児童生徒のキャリア発達を中心としたキャリア教育

　以上の点を踏まえると、卒業・進学・就職という人生の節目の時期にマッチした進路を選択すること自体は非常に重要であるが、それだけを目的とした進路指導に頼ることは、既に時代にそぐわないことになる。現在、キャリアの概念自体が、人生全般にわたる幅広いものとして捉えられていることを踏まえれば、激しく変動する現代社会にあっては、児童生徒の生涯にわたって主体的な人生設計や進路選択をさせる能力を養うことが重要になってくる。

　前述したように、キャリア発達の考え方は、進路選択や進路実現、職業意識など進路に関する諸能力は、年齢や成長に応じて発達していくものであり、ある時点で進路目的を達成すればそれで終了という性格のものではないという考え方である。こうした発達的観点に立った進路指導を行うことが、キャリア教育の特徴であり本質であるといえる。

　例えば、中学校の生徒の進路目的が不明確であったり、あるいは、一旦決めた進路目的を学年中途で大きく変更することがある。こうしたことは、発達途上にある中学生の段階にはよく見られることである。発達的観点に立つキャリア教育では、中学生の段階に限らず、進路状況が不透明で変化の激しい現代社会を生きていく中では十分に起こり得る現象であり、進路希望に応じた情報収集とその後の人生設計への見通しを持つことこそ重要である。キャリア教育に関しては、このようなことが理解されていないと、単に従来型の進路指導の延長としてしか認識されないことになる。もっと

も、マッチング理論に依拠する進路指導が不要なのではない。児童生徒に学校卒業後の具体的な進路を考えさせたり、実際の進路選択と進路決定を行う場合などには当然必要である。

　従来型の進路指導におけるマッチング理論とキャリア教育の違いを分かりやすく示せば、図1-3のようになる。従来型の進路指導の理念が、現時点でのより良いマッチングの発見にあったのに対して、キャリア教育の理念は、発達的観点に立った進路指導であり、人生における選択と適応の連鎖を経ていくことで、キャリアの充実と生涯にわたってのキャリア発達を目指すものである。このようなことから、キャリア教育の重要な目的の一つが、人生設計能力の育成であるといえる。

従来型進路指導　　　　　　　　　　　**キャリア教育**

進路選択Ⅲ
進路選択Ⅱ
進路選択Ⅰ

マッチング

選択と適応の連鎖

本人の適性　　　職業の特性

理念：現時点でのより良い
マッチングの発見

理念：生涯にわたってのキャリア発達と
キャリアの充実

図1-3．進路指導におけるマッチング理論とキャリア教育の違い

第 **5** 節

総合的・包括的な
キャリア教育の推進

1　発達的観点に立ったキャリア教育の推進

　このように、キャリア教育は、児童生徒の生涯にわたってのキャリアの形成とその充実を目的とするものである。今日のような一種の成熟化社会の中では、産業・経済の構造的変化に対応し得る個人のキャリアアップを促すための理念と方法が必要になる。こうしたことから、既に職業意識の高い児童生徒や進路目的の明確な児童生徒を含めて、全ての児童生徒に対して、生涯にわたるキャリアを一層充実させるために、学校の教育課程にキャリア教育を位置付けることが今日必要とされている。言い換えれば、学校教育と職業および社会とを体験的学習を通して結び付ける児童生徒の主体的で探究的な学習とそのカリキュラムが必要とされているといえる。

　以上のことから、今後は、発達的観点に立ったキャリア教育の系統的・体系的な導入が必要である。キャリア教育は、就職指導および進学指導に特化した指導を目的にするものではなく、児童生徒の生涯にわたってのキャリア形成とその充実を目的とするものである。児童生徒にとって、キャリア形成のプロセスは、一種の発達過程である。ここで発達過程という意味は、「自己の生き方に関する主体的な意識」、「社会や職業に対する現実的な理解」、「職業を遂行するための基礎資格や能力」、「進路を選択決定するための情報収集能力」などの諸能力を獲得していく過程のことである。児童生徒が、こうした諸能力を獲得していくためには、様々な実践事例が示しているように、体験的学習と自己評価・リフレクションを組み合わせた計画的な指導を取り入れることである。

　そして、このような諸能力を伸ばすためには、キャリア教育の指導において、固定化した到達点を一律に設定するのでなく、児童生徒の考え方の変化や成長の跡を重視すること、つまり、カリキュラムに発達的観点を取り入れることが重要である。こうした発達的観点を取り入れた指導を行うことがキャリア教育の本質的側面であるといえる。今後は、キャリア教育を本格的に導入するために、カリキュラムモデルの提示と実践事例の蓄積が重要である。

2　総合的・包括的なキャリア教育の推進

　このようなキャリア教育導入の必要性から、これまで、文部科学省をはじめ各省庁が連携してキャリア教育の推進に積極的に取り組んできた。厚生労働省においては、若年者地域連携事業として、NPO などが若者のキャリア形成を支援する活動を援助している。文部科学省が推進してきた施策の一つは、2004（平成16）年度からの新キャリア教育プラン推進事業である。この事業は、2003（平成15）年6月に、教育・雇用・産業政策の連携を強化する方向で、文部科学省・厚生労働省・経済産業省・内閣府の共同事業として、若者自立・挑戦プランを策定したことに基づいている。若者自立・挑戦プランは、キャリア教育と職業体験等の推進を打ち出しているが、その概要は次の4点である。

① 　勤労観・職業観の醸成を図るため、学校の教育活動全体を通じ、児童生徒の発達段階を踏まえた組織的・系統的なキャリア教育を推進する。そのための学習プログラムの開発や教員研修の充実を図る。

② 　総合的な学習の時間等を活用しつつ、学校、企業等の連携・協力により、職業に関する体験学習のための多様なプログラムを推進する。小学校段階からの各種仕事との触れ合いの機会を充実する。

③ 　インターンシップについて、単位認定の促進、期間の多様化などにより内容を充実し、実施の拡大を図る。

④ 　社会や企業の最新情報を生かした進路相談などを効果的に実施するため、地域の多様な人材を様々な教育活動の場で積極的に活用する。

　さらに、文部科学省・厚生労働省・経済産業省・内閣府の共同により、若者の自立・挑戦のためのアクションプランを推進してきた。これらの取り組みにより、文部科学省が新キャリア教育プランの推進事業に指定された地域では、小学校・中学校・高等学校が一貫して、キャリア教育に関する学習プログラムの開発が行われてきた。また、新キャリア教育プランでは、職場体験活動を取り入れるとともに、キャリア教育実践協議会の開催やキャリア・アドバイザーの活用も試みられてきたる。今後においても、小学校段階からのキャリア教育に関する多様な学習プログラムの開発、キャリア教育に関する教員研修の充実、キャリア教育として総合的な学習の時間の活用などが重要になる。

　以上のことから、多様化し複雑化する今日の社会状況において、㈦産業構造や雇用形態が変化する中で、児童生徒の将来に向けて社会的・職業的自立の力を育成するために、㈣従来型の進路指導観の転換に立つ新しい進路指導の考え方として、㈬成熟化社会における個人のキャリアアップと課題対応能力の育成として、などの面から、総合的・包括的なキャリア教育の推進が学校教育において一層重視されていくべきであろう。

第6節

本章のまとめ

　本章では、雇用形態や就業形態の変化などの社会状況を背景に、児童生徒の勤労観・職業観の育成や社会的・職業的自立を促すためのキャリア教育の推進が必要になっていることから、キャリア教育の理念とねらいを明らかにした。また、キャリア教育の定義を示し、関連する用語を概念的に整理した。本章の内容は、次の3点にまとめられる。

① 　キャリア教育が必要とされる背景は、我が国における産業・経済の構造的変化により青少年の進路選択と職業をめぐる環境が大きく変化したこと、青少年に対する職業意識の涵養および職業能力の育成を小学校段階から系統的・体系的に行わなければならないこと、そのために学校における進路指導観を転換しキャリア教育を推進することが必要なこと、の3点にある。

② 　キャリア教育の目的は、人生や職業生活の中で十分な自己実現を達成するのに必要な能力や価値観を育成するための組織的・体系的な教育を行うことである。キャリア教育の重要な側面は、今日の成熟化社会において、産業・経済の構造的変化に適応し得る個人の対応能力やそれを支えるキャリアアップへの意識を育てていくことである。

③ 　キャリア教育は、児童生徒の生涯にわたってのキャリアの形成とその充実を目的とする。そのため、学校教育においてキャリア教育を進める場合は、教育課程にキャリア教育を位置付け、キャリア発達の考えを中心として、学校の教育活動全体として総合的・包括的に推進していくことが重要である。こうした発達的観点を取り入れた指導を行うことがキャリア教育の本質的側面であるといえる。

註

(1) 辰巳哲子「進路指導からキャリア教育への『移行』はどのようにおこなわれたか―活動内容・組織体制に着目して―」リクルートワークス研究所研究紀要『Works Review』第13巻、2018年、1〜10頁

　村上純一「キャリア教育政策をめぐるイシュー・ネットワークの変遷」『教育学研究』第83巻第2号、2016年、43〜55頁

(2) 文部科学省は、2004（平成16）年度から新キャリア教育プラン推進事業を実施している。2004・2005・2006（平成16・17・18）年度キャリア教育推進地域指定事業推進地域として45地域が、文部科学省から指定され、各地域の小・中・高等学校がキャリア教育の推進に取り組んでいる。同様に、教育委員会によってもキャリア教育の推進に関する研究指定がなされている。

(3) 文部科学省は、職場体験やインターンシップなどの体験活動には、勤労観、職業観の育成、学ぶことへの意義の理解と学習意欲の向上等様々な教育的効果が期待され、現実に立脚した確かな認識を育むうえで欠かすことのできないものであるとして、2005（平成17）年に『中学校職場体験ガイド』を発行し、5日間程度の職場体験を推奨してきた。

(4) 藤田晃之『キャリア開発教育制度研究序説』教育開発研究所、1997年、125〜127頁

(5) 藤田晃之、同上書、126〜127頁

(6) 仙崎武「キャリア教育の端緒と普及」仙崎武・池場望・宮崎冴子『新訂21世紀のキャリア開発』文化書房博文社、2002年、17頁

(7) 1979（昭和54）年に開校した栃木県立高等学校では、開校から一時期、県の研究指定校として、普通科におけるキャリアエデュケーションの実践を行っている（小山南高等学校「キャリアエデュケーションの導入と実践」『教育とちぎ』1980年10月、19〜22頁）。また、小学校、中学校においては、必ずしもキャリア教育と称さないがそれに相当する学習は、生き方学習や勤労体験学習として行われてきた。なお、三村隆男は、1927（昭和2）年の文部省訓令第20号「児童生徒ノ個性及ビ職業指導ニ関スル件」によって、我が国の学校教育に本格的に職業指導が導入されたことを明らかにし、キャリア教育との類似点を指摘している（三村隆男『キャリア教育入門―その理論と実践のために―』実業之日本社、2004年、18頁）。

(8) 1998（平成10）年度から兵庫県では、中学2年生が社会体験学習として地域内の企業等で1週間の職場体験を行うトライヤルウィークの学習が行われている。富山県では、1999（平成11）年度から中学2年生が事業所や福祉施設などで1週間の体験活動をする「14歳の挑戦」の学習が行われている。枚方市では、2002（平成14）年度から全中学校が2〜3日間の職場体験学習を実施している。

(9) 山﨑保寿「青少年の社会参加・社会参画の意識と実態に関する総合的考察」『若者の社会参画に関するアンケート報告書』静岡県教育委員会社会教育課、2013年3月、66〜81頁

(10) Not in Employment, Education or Training の略語で、もともとはイギリスの労働政策の中から生まれた用語である。厚生労働省の労働経済白書（平成17年版）では、NEET（若年無業者）の定義を、「非労働力人口で家事も通学もしていない若者（15〜34歳）」としている。厚生労働省によると、2004（平成16）年度には、15〜34歳の年齢層に213万人のフリーター、64万人のNEETがいると推計されていた。2018（平成30）年度には、フリーターが143万人、NEETが71万人となっている。

(11) 新規卒業者の3年以内の離職率が、中卒者で約7割、高卒者で約5割、大卒者で約3割

という状況をいう（巻末資料参照）。

⑿ 1998（平成10）年改訂の学習指導要領によって、総合的な学習の時間が創設された。改訂の指針となった教育課程審議会答申（1998.7.29）において、総合的な学習の時間のねらいの一つに置かれた、「自己の生き方についての自覚を深めること」を反映したものである。

⒀ 本来、進路指導は、文部省による進路指導の手引きにおいて、「進路指導とは、生徒の個人資料、進路情報、啓発的経験および相談を通じて、生徒がみずから、将来の進路の選択、計画をし、就職または進学して、将来の生活における職業的自己実現に必要な能力や態度を育成する教師が組織的、継続的に指導・援助する過程をいう」（『中学校進路指導の手引き』1961）と定義されている。

⒁ 安達智子「キャリア発達」日本発達心理学会編『発達心理学事典』丸善出版、2013年、292〜293頁

第2章

キャリア教育の
カリキュラム・マネジメント

カリキュラム・マネジメント推進の鍵となる教員研修

　　キャリア教育を推進するためには、カリキュラム・マネジメントの考え方に立つことが重要である[(1)]。キャリア教育のカリキュラム・マネジメントでは、各教科等および総合的な学習の時間との関連付けを図り、最終的には学力向上にも結び付けて実施することが重要である。そのため重要なことは、キャリア教育推進組織を設置し、ガイダンス組織との適切な連携を図りつつ、キャリア教育の学習プログラムを計画、実施、評価し、改善していくことである。

　　特に、カリキュラム評価に当たっては、①キャリア教育の内容と方法を理解するための校内研修が適切に実施されていたかを評価すること、②体験的活動に適切なリフレクション場面が設定されていたかを評価すること、③キャリア教育が実際に児童生徒の総合的な学力の向上や資質・能力の向上に結び付いているかを評価すること、などの観点を設定するよう留意することである。

　　そこで本章では、キャリア教育のカリキュラム・マネジメントの考えを踏まえ、一層実際的な観点から、今後、学校がキャリア教育に取り組むために必要となる要点について述べることにする。なお、高等学校のカリキュラム・マネジメントの推進とその支援については、別章で詳述する。

第 1 節

キャリア教育の
カリキュラム・マネジメント

　まず、カリキュラム・マネジメントとは、「各学校において開発編成したカリキュラムを学校教育目標のより良い達成と学校の特色化を目指して、意図的・計画的に実施、評価、改善していく組織的な営みであり、学校経営の戦略（ストラテジー）的推進も考慮される」と定義できる。各学校では、より効果的なカリキュラムを実現するために、実施中のカリキュラムを評価検討し、改善していかなければならない。カリキュラム・マネジメントの方法をプロセスとして示せば、カリキュラムの目標→開発→計画→実施→評価→改善というプロセスが一般的である[2]。これは、カリキュラム・マネジメントのPDCAサイクルである。カリキュラム・マネジメントは、カリキュラムのPDCAサイクルとその推進に関する条件整備活動であり、組織連携、地域連携、教科等横断的視点を考慮する組織的活動である。特に、各教科における基礎・基本の学習と総合的な学習の時間等における学習内容との融合を図り、総合的な学力や資質・能力を高めていくことが、カリキュラム・マネジメントにおける最終的で重要な目的になるといえる[3]。

　キャリア教育を充実させるためには、総合的な学習の時間だけでなく、家庭科などを中心とした教科の果たす役割が大きい。各学校レベルにおいて、後述するキャリア教育推進委員会と社会科や家庭科などの教科とが連携し、体験的要素[4]と探究的要素を取り入れたカリキュラムの開発が重要である。カリキュラムの開発は、新しいカリキュラムを作り出すことをいうが、各学校の実践を通してカリキュラムの成否を検証し、完成度の高いカリキュラムを追究するという意味が「開発」という言葉に込められてい

る[5]。なお、小学校におけるキャリア教育は、中学校以降における職業的発達の基礎として重要であるが、児童生徒の発達段階に応じ、小学校→中学校→高等学校と進むにつれて、キャリア教育の内容が多くなってくる。

　特に、総合的な学習の時間の中でキャリア教育を実施する場合、キャリア教育と総合的な学力の向上や資質・能力の向上との関連についても考えなければならない。本来、キャリア教育は、全ての教科・領域に関連するものであり、教科の基礎学力や資質・能力を向上させることもキャリア教育のカリキュラムを開発する場合の重要な要素となるからである。キャリア教育のカリキュラムで学習したことが、児童生徒の将来の展望につながり、学習に対する好循環を生むように工夫する必要がある。

　キャリア教育推進の条件を、カリキュラム・マネジメントの視点から明らかにした研究として、辰巳哲子（2013）[6]が行った調査研究がある。辰巳は、全国から無作為に抽出した中学校1,200校を対象に調査を行い、中学校長274名およびキャリア教育担当教員220名から得た回答結果を分析している。分析方法として、決定木分析および重回帰分析を用い、条件整備系列の条件として、次の2つを明らかにしている。1つは、キャリア教育の進め方に関する教員間の情報の共有であり、生徒のキャリア発達課題に応じた資料や情報などの知識が必要なことである。2つ目は、教員間の同僚性であり、キャリア教育の実施による生徒の変容の状況や教科の中での実践方法など、生徒の発達課題の達成を一緒に進めていける組織風土の重要性を明らかにしている。

　こうした動向を踏まえれば、キャリア教育の推進組織の在り方、情報共有のための教員研修の方法等をカリキュラム・マネジメントの視点から捉えることが重要になる。

第 **2** 節

キャリア教育推進組織の
設置とその役割

1　キャリア教育推進組織の設置

　各学校において、キャリア教育を推進するに当たっては、教育課程の諸領域にキャリア教育を適切に位置付け、教育課程の全体計画の中で継続的な学習プログラムを展開していくことが重要となる。その際、児童生徒の発達段階や発達課題を踏まえ、学校の教育計画全体を見通す中でキャリア教育を進めることになる。そのためにも、計画性と系統性を持ったキャリア教育の学習プログラムの工夫とそれを計画的に推進するキャリア教育推進委員会などの推進組織が必要となる。

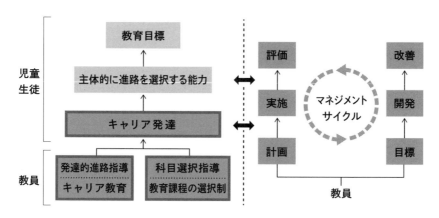

図2-1. キャリア教育のカリキュラム・マネジメント

　こうした推進組織は、校内の分掌組織として位置付けるとともに、カリキュラム・マネジメントの考え方を基本にして学習プログラムを計画、実施、評価し、改善していくことに資するものである。図2-1は、キャリア教育の学習プログラムを計画性と系統性を持って推進するためのカリキュラム・マネジメントの流れを示したものである。キャリア教育を推進するためには、教育課程の計画、実施、評価のプロセスの中にキャリア教育の推進とその点検に関わる組織面の諸要素を位置付けることが極めて重要である。

2　キャリア教育推進組織の役割

　キャリア教育のカリキュラム・マネジメントとして、キャリア教育の学習プログラムを計画的・系統的に進めるためには、学校の分掌組織の中に、キャリア教育推進委員会などの推進組織を位置付けることが必要となる。キャリア教育推進委員会は、キャリア教育に関する年間計画の作成、職場体験学習の企画、キャリア教育の評価などを担当し、学校全体でのキャリア教育の推進を図っていく組織である。実際には、キャリア教育推進委員会は、研修部が担うこともある。キャリア教育推進委員会の他に、ガイダンスを担当してキャリア教育の推進を側面から援助したり、必要に応じてキャリア・カウンセリングを担当したりするガイダンス組織の設置が重要なポイントとなる。キャリア教育の学習プログラムは、図2-2に示すような推進組織とガイダンス組織との協働によって担任を支援しつつ進めることが重要である。

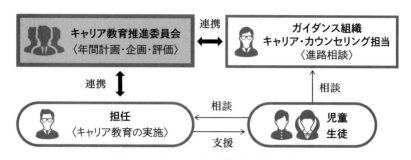
図2-2．キャリア教育推進組織の関係

　ここで、ガイダンス組織は、キャリア教育の全体指導を担当し、年間計画に基づいて児童生徒全体を指導していくものである。これに対して、キャリア・カウンセリングは、全体指導からはぐれたり悩みや課題を持ったりする児童生徒に対して、進路相談などの形で個人指導を担当するものである。したがって、ガイダンス組織の中に、進路相談を専門に行うキャリア・カウンセリング担当を設置することが肝要である。先の中教審答申（1999.12.16）においても、「キャリアアドバイザーの配置、教員のカウンセリング能力の向上等による進路に関するガイダンス、カウンセリング機能の充実を初等中等教育及び高等教育において進めていく必要がある」ことを提言している。キャリア・カウンセリングの担当を小・中学校の校務分掌組織に位置付けることは、当面難しいかもしれないが、担任の姿勢として進路相談を行うことは重要であろう。

　したがって、キャリア教育のカリキュラム・マネジメントに関する重要点は、キャリア教育の推進組織とキャリア・カウンセリング担当を分掌組織の中に設置し、キャリア教育を組織的・計画的に推進することである。また、家庭科等、教科との連携を図り、体験的要素と探究的要素を取り入れた学習プログラムを実施することである。

　以下、キャリア教育のカリキュラム・マネジメントを進める場合の要点として、PDCAサイクルに沿って、それぞれの段階の要点を明確にしていく。Pの段階では計画段階から体験的活動にリフレクションを取り入れること（第3節）、Dの段階ではキャリア教育における実施上の要点（第4節）、Cの段階ではカリキュラム評価の観点と留意点（第5節）について述べ、

最後に、キャリア教育の教員研修に関する課題と研修モデル（第6節）を
示すことにする。

第 **3** 節

計画段階において体験的活動に
リフレクションを取り入れることが鍵

　キャリア教育のカリキュラム・マネジメントを推進する目的は、キャリア教育の目指す基礎的・汎用的能力を児童生徒に育成することである。基礎的・汎用的能力とは、人間関係形成・社会形成能力、自己理解・自己管理能力、課題対応能力、キャリアプランニング能力を中心とした能力であり、こうした諸能力を育成していくためには、様々な実践事例が示しているように、体験的学習と自己評価・リフレクション（振り返り）を組み合わせた計画的な指導を取り入れることが必要である。

　特に、キャリア教育のカリキュラムとして、体験的活動を取り入れた場合には、その体験を以後の学習にどう結び付けるかが重要になる。その鍵となる活動が、学習のリフレクション（振り返り）である。ボランティアやインターンシップなど、体験を主とした学習活動が学習目的に対して有効になるためには、体験に対する振り返りを取り入れることが必要である。つまり、学習の目的に対して、「体験したことはどのような意味を持つのか」、「教科の学習との関連は何か」、「将来の進路を考えるうえでどう役立つのか」などの観点からの振り返りを行うことである。振り返りの方法は、図2-3に示したように、予め設定した観点に基づいてリフレクションシートに記入させるようにする。この図で、体験的活動に対する事後指導は、リフレクションの指導の一環として行われるようにすることが肝要である。

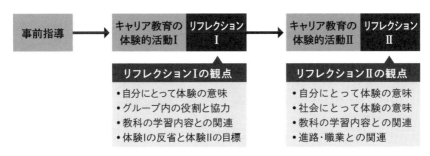

図2-3. リフレクションを取り入れたキャリア教育の体験的活動

　リフレクションには、自分が行ってきた学習を客観的に見つめ直すメタ認知の作用があり、改善点や修正点を明確にして次の活動や新たな行動へとつなげるという意味がある。そのため、学習のプロセスで、これまでできていたことは何か、そのほか何かできたことはあったか、これから行う学習で最善の方法は何かという視点で考えることが大切である。また、学習の継続中にもリフレクション的思考を取り入れ、現状の学習状況を見つめ直し、学習の状況を修正したり改善したりしていくことも必要である。

　学習指導要領においても、学んだことのリフレクションとして、振り返り活動が重視されている。例えば、2017（平成29）年改訂小学校学習指導要領の特別活動では、「学校、家庭及び地域における学習や生活の見通しを立て、学んだことを振り返りながら、新たな学習や生活への意欲につなげたり、将来の生き方を考えたりする活動を行うこと」が示され、学習の振り返りを将来の生き方を考える活動につなげることが述べられている。学習の振り返り活動の重視は、各教科においても、また、中学校学習指導要領、高等学校学習指導要領においても同様である。

　後述するカリキュラム評価においても、体験的活動に適切なリフレクション場面が設定されていたかを評価することが重要な観点になる。このように、キャリア教育のカリキュラム・マネジメントでは、計画段階において体験的活動にリフレクションを取り入れることが鍵になる。図2-4は、キャリア教育における体験的活動とリフレクションの関係を表したものである。

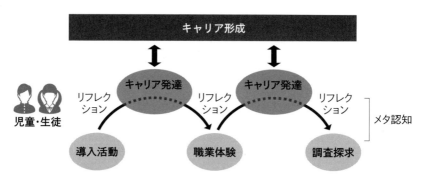
図2-4.　職場体験・職業体験とキャリア発達

　このように、キャリア教育で目的とする諸能力を伸ばすために、カリキュラムの計画の段階から振り返り活動を取り入れておくことが、カリキュラム・マネジメントの観点から重要になる。さらに、キャリア教育の指導において、固定化した到達点を一律に設定するのでなく、生徒の考え方の変化や成長の跡を重視すること、つまり、カリキュラムに発達的観点を取り入れることが重要である。こうした発達的観点を取り入れた指導を行うことがキャリア教育の本質的側面であるといえる。今後は、有効なキャリア教育を推進するために、地域連携型キャリア教育講座のような先導的なカリキュラムモデルの提示と実践事例の蓄積が重要である。

第4節
キャリア教育における実施上の要点

　以上のように、キャリア教育は、就職の斡旋指導や上級学校進学等の指導を目的とするものではなく、児童生徒の生涯にわたるキャリア形成の能力を身に付けさせるための指導である。これまで述べてきたことから、キャリア教育実施上の要点として、次の5点を挙げることができる。

① 　キャリア発達の考え方を基本にすること。
② 　児童生徒の年齢や発達段階に応じた職業観や勤労観を育成すること。
③ 　職業や進路に関する情報収集や分析能力を高めること。
④ 　職業や進路に関する体験や調査・探究などを通じて実際的な職業観を育成すること。
⑤ 　児童生徒の生涯にわたるキャリア形成の基礎能力を身に付けさせること。

　特に、第一に挙げたキャリア発達の考え方を基本とすることは、従来型の進路指導と大きく異なる点である。今後、各学校がキャリア教育の学習プログラムを作成する場合には、まず、これらの点をおさえておかなければならない。キャリア教育は、人生を自分自身の力でデザインし切り開く能力を育成することであり、児童生徒が自分自身の力で人生の価値を高めていく能力を育成することである。

　最後に、キャリア教育で行われる教育活動の具体例を簡単に示せば次のような方法が挙げられる。(a)自己のライフスタイルの模索とキャリア設計を目的として、身近な人をインタビューしエピソード分析によってキャリアに関する事例研究を行う方法。(b)児童生徒にキャリアノートを渡し、自己の生き方や進路・職業調査をまとめていくことにより職業探索とキャリア設計能力の向上を目指す方法。(c)自己の進路と生き方に関する情報収集

能力および意思決定力の向上を目的として、職業と社会に関するテーマを設定したディベートを行う方法。(d)社会体験と表現力の育成を目的として、児童生徒に企業訪問をさせ企業案内や広告の作成に取り組ませ最終的に冊子にまとめ発表する方法。(e)職業役割の場面を設定し、児童生徒が役割に応じたロールプレイを行うことによって職業役割の模擬体験をさせる方法、などである。

　これらの例は、マッチング理論に基づく従来型の進路指導ではほとんど試みられなかった方法であり、児童生徒のキャリア設計能力を向上させることを意図したものである。キャリア教育を実施する教科・領域としては、家庭科、総合的な学習の時間、特別活動などが考えられる。また、次に述べるキャリア分析の方法については、国語科の時間または夏休みなど長期休暇の課題として実施することが可能であろう。

　留意点として、前記(a)の方法を行う場合、身近な大人に対して実際にインタビューする場合には、履歴について質問するときなどに、プライバシーの問題が生ずる可能性がある。たとえ、インタビューアーに対して答えた内容であっても、それを学級で発表する場合には、プライバシーの問題に配慮しなければならない。そうした問題を避けるため、自分史や伝記などの形で出版された単行本を利用する方法が考えられる。筆者は、この方法をキャリア分析と呼んで、キャリア教育の一環として勧めている。キャリア分析の方法は、図2-5に示したような順に行うとよい。特に、キャリア分析の手順における「4．人生途中の転機や飛躍に注目する」および「5．著者の現在の目的・生きがいは何かを探る」は、職業における生き生きとした実際の姿を考察するためである。この方法は、一人の人物に関するキャリアを分析して、それをキャリア形成の典型的なモデルとして学ぶために実施するものである。

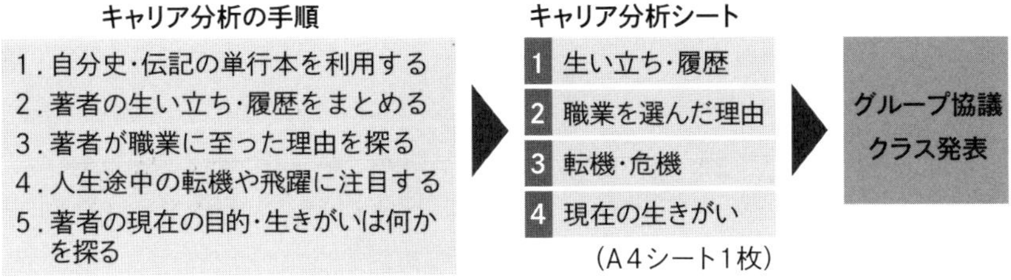

キャリア分析の手順

1. 自分史・伝記の単行本を利用する
2. 著者の生い立ち・履歴をまとめる
3. 著者が職業に至った理由を探る
4. 人生途中の転機や飛躍に注目する
5. 著者の現在の目的・生きがいは何か
   を探る

キャリア分析シート

1　生い立ち・履歴
2　職業を選んだ理由
3　転機・危機
4　現在の生きがい

（A4シート1枚）

グループ協議
クラス発表

図2-5．キャリア分析の方法

第 **5** 節

カリキュラム評価の観点と留意点

　キャリア教育のカリキュラム・マネジメントにおいては、カリキュラム
の評価が重要になる。カリキュラム評価に当たっては、キャリア教育の推
進と実施に関して、組織、計画、実施状況等の各観点を設定して行う。こ
れまでに述べてきたことを踏まえれば、その留意点として、次の4点を挙
げることができる。
　第1に、組織的観点として、キャリア教育の内容と方法を理解するため
の校内研修が適切に実施されていたかを評価することである。キャリア教
育の推進と浸透には、学校の全体的取り組みが必要であり、それを支える
校内研修が不可欠である。また、個々の教員や研修主任などが、教育セン
ター等で実施されるキャリア教育の研修講座に参加し、キャリア教育の理
論と実践を学ぶことも必要である。
　第2に、内容的観点として、体験的活動に適切なリフレクション場面が
設定されていたかを評価することである。前述したように、キャリア教育
で、体験を主とした学習活動が学習目的に対して有効になるためには、体
験に対する振り返りを取り入れることが必要である。つまり、学習の目的
に対して、「体験したことはどのような意味を持つのか」、「教科の学習と
の関連は何か」、「将来の進路を考えるうえでどう役立つのか」などの観点
からのリフレクションが、適切に設定されていたかを評価することである。
　第3に、学力に関する観点として、キャリア教育が実際に児童生徒の総
合的な学力の向上や資質・能力の向上に結び付いているかを評価すること
である。キャリア教育の趣旨は、児童生徒のキャリア形成能力を育成する
ことである。同時に、教科の基礎学力も将来の職業選択と職業遂行にとっ
て必要不可欠な要素である。したがって、キャリア教育は、教科の基礎学
力の向上や資質・能力の向上につながってはじめて実効性を持つのであり、

学力に関する観点を設定することの重要性がここにある。キャリア教育は、全ての教科に連動しており、キャリア教育を伴った総合的な学力の向上や資質・能力の向上を目指すことが重要であるといえる。キャリア教育の理念の箇所で述べたように、キャリア教育が、進路指導を中心とした新たな教育システムの構築を含む総合的で包括的な教育であるという意味は、このようなところにある。

　第4に、学校全体の組織的取り組みがなされていたかという観点である。キャリア教育を推進するには、各教科との連携をはじめ、学校の全体的取り組みが不可欠である。学校全体としては、各教科におけるキャリア教育に関連する部分を明らかにし、それを重点的に指導できたかどうかを評価する必要がある。また、学習指導要領に示された総合的な学習の時間のねらいから分かるように、キャリア教育と総合的な学習の時間は密接に関連している。そうした観点から、学校全体の組織的取り組みとして、総合的な学習の時間を活用することができたかどうかを評価することである。

第 **6** 節

キャリア教育の教員研修に関する
課題と研修モデル

　以上に述べた内容を踏まえれば、キャリア教育には、その中心概念が専門的である反面、特定教科の学習ではないという特性があることになる。つまり、進路指導や進学指導に特化した内容ではないため、キャリア教育の推進担当者以外にはキャリア教育の本質や範囲が案外分かりにくいものである。ここに、各学校においてキャリア教育に関わるカリキュラム・マネジメントを推進するための要点があるのであり、キャリア教育の内容と方法を理解するための校内研修や教育委員会・教育センターなどが主催する教員研修が必要とされる大きな理由がある。キャリア教育を推進するためには、カリキュラム・マネジメントの一環として、キャリア教育の内容と方法を理解するための教員研修を取り入れることが重要である。

　まず、キャリア教育の教員研修を実施する場合、キャリア発達の観点を基本に置くことをキャリア教育を実施する教員全体で理解することが重要である。キャリア発達の観点が欠けると、キャリア教育は、従来の進路指導・職業指導との区別が曖昧になり、その本質を見失う恐れがある。キャリア発達とは、進路選択や進路実現、職業意識など進路に関する諸能力は、年齢や成長に応じて発達していくという考え方である。こうした発達的観点に立ち児童生徒の人生全体を見通した進路指導を行うことがキャリア教育の特徴であり本質である。この点は、キャリア教育の教員研修において、最初に理解の徹底を図らなければならない重要な点である。キャリア教育のカリキュラム評価に際しても、キャリア教育の内容と方法を理解するための校内研修が適切に実施されていたかを評価することが重要な観点になる。

　次に、キャリア教育は、本来、アカデミックな教科内容と職業的内容とを結び付けて指導し、キャリア発達を促していくところに特徴がある。つまり、キャリア教育では、知的教科内容と職業的体験とを同時並行的に学習していくことにより、児童生徒の進路選択期において確かな自己理解と進路設計に基づき、主体的に生き方や進路を選択決定する能力を高めていこうとするものである。したがって、児童生徒の将来におけるキャリアアップを視野に入れ、教科の基礎学力向上を図ることもキャリア教育の重要な目的の一つになる。そのためのキャリア教育カリキュラムの開発、組織的・総合的な指導組織の構築、進路相談を専門に行うキャリア・カウンセリング担当の設置などが、キャリア教育の教員研修に関連した課題である。

　今後は、キャリア教育の教員研修の中に、キャリア教育のモデル的なカリキュラムを開発する演習を組み入れることが有効である。例えば、筆者が携わった教育センターの研修講座では、就職支援組織であるジョブカフェの担当者による現状報告と筆者によるキャリア教育講義の後、ワークシートを用いたキャリア教育のプログラム作りと発表を行っている。表2-1は、その講座をモデルとして研修内容を例示したものである。今後のキャリア教育教員研修においては、このような教員自身のスキルアップを目指した参加型の研修を取り入れることが重要である。

表2-1. キャリア教育のプログラム作成に関する教員研修

講座内容	研修内容
1. 就職支援担当者報告（60分）	若者をとりまく雇用問題（採用に関する企業の考え方、雇用形態の変化、若者の就職支援、就職相談の内容）
2. 専門研究者講義（60分）	キャリア教育の理念と必要性、動向、育成すべき能力、キャリア教育のプログラム例紹介
3. 事例発表Ⅰ（30分）事例発表Ⅱ（30分）	キャリア教育の実践例Ⅰ（年間計画、授業実践、成果）キャリア教育の実践例Ⅱ（年間計画、授業実践、成果）
4. 演習（120分）グループワーク	ワークシートを用いたキャリア教育のプログラム作り、グループ発表

第7節

本章のまとめ

　本章では、キャリア教育を推進するためのカリキュラム・マネジメントの在り方に焦点を当て、カリキュラム・マネジメントのPDCAの各段階における要点を明らかにした。また、キャリア教育に関する教員研修を実施する場合の留意点と教員研修のモデルを示した。本章の内容をまとめれば、次の4点になる。

　第1に、キャリア教育を充実させるためには、キャリア教育の推進組織を中心に総合的な学習の時間と各教科との関連を図り、体験的要素と探究的要素を取り入れたカリキュラムの開発とそれを推進するカリキュラム・マネジメントが重要である。キャリア教育は、全ての教科・領域に関連するものであり、教科の基礎学力や資質・能力を向上させることもキャリア教育のカリキュラムを開発する場合の重要な要素となる。

　第2に、キャリア教育の推進組織として、キャリア教育推進委員会などを設置し、それを校内分掌に位置付け、学校の教育計画全体を見通す中でキャリア教育を進めることが重要である。キャリア教育の推進組織とキャリア・カウンセリング担当を分掌組織の中に位置付け、キャリア教育を組織的・計画的に推進することが重要である。

　第3に、キャリア教育のカリキュラム・マネジメントを進める場合の要点として、Pの段階では計画段階から体験的活動にリフレクションを取り入れること、Dの段階ではキャリア発達の考え方を基本に置き、児童生徒の年齢や発達段階に応じた職業観や勤労観を育成すること、職業や進路に関する体験や調査・探究などを通じて実際的な職業観を育成することがキャリア教育における実施上の要点になることを明らかにした。そして、Cの段階ではカリキュラム評価の観点として組織的観点、内容的観点、総合的な学力や資質・能力の向上の観点があることを明確にした。

　第4に、キャリア教育を推進するためには、カリキュラム・マネジメントの一環としてキャリア教育の内容と方法を理解するための教員研修を取り入れることが重要である。教員研修のモデルとしては、事例検討や事例発表を取り入れたプログラムが有効であることを示した。

註

(1) 2017・2018（平成29・30）年改訂の学習指導要領では、カリキュラム・マネジメントについて、「各学校においては、生徒や学校、地域の実態を適切に把握し、教育の目的や目標の実現に必要な教育の内容等を教科等横断的な視点で組み立てていくこと」、「教育課程の実施状況を評価してその改善を図っていくこと」、「教育課程の実施に必要な人的又は物的な体制を確保するとともにその改善を図っていくこと」などを述べ、組織的かつ計画的に各学校の教育活動の質の向上を図っていくことを示している。その影響で、教育界においても、カリキュラム・マネジメントという用語が頻繁に使われ始めている。こうした方向を踏まえると、キャリア教育に関してもカリキュラム・マネジメントとの関連で、キャリア教育の内容を組織的に推進する条件を整理しておくことが重要である。
　　なお、教育課程とカリキュラムの用語上の違いについては、教育課程が教育行政用語として教育課程の編成や届出に関する法規上の規定があり、顕在的カリキュラムの意味で使われる。これに対して、カリキュラムは子どもの経験の総体をも含み、民間用語あるいは研究的用語として、顕在的カリキュラムだけでなく潜在的カリキュラムの意味を含めて使われる。
　　また、研究的には、これまで教育課程経営という用語も使われてきたが、2003（平成15）年10月の中教審答申、2008（平成20）年1月の中教審答申、2008（平成20）年改訂学習指導要領解説の総合的な学習の時間編等において、カリキュラム・マネジメントという用語が使われてきた。
(2) 山﨑保寿「教育課程経営」篠原清昭編『スクールマネジメント―新しい学校経営の方法と実践―』ミネルヴァ書房、2006年、177～179頁
(3) キャリア意識と学力との関連については、高校生に関して、「将来設計」の意識が学力と最も関連性が高いことが指摘されている（知念秀明・中尾達馬「沖縄県A高等学校3年生におけるキャリア意識、学力、卒業後の進路の関連性」『キャリア教育研究』第37巻第1号、2018年、11～16頁）。
(4) キャリア教育における体験的活動の重視については、鹿嶋研之助「学校教育におけるキャリア教育の進め方」『進路指導』2004年5月号、33頁参照。
(5) 山﨑保寿「用語解説」山﨑保寿・黒羽正見『教育課程の理論と実践』学陽書房、2004年、145頁
(6) 辰巳哲子「キャリア教育の推進に影響を与えるカリキュラムマネジメント要素の検討―全国の中学校に対する調査分析結果から―」『キャリア教育研究』第31巻第2号、2013年、37～44頁

第 **3** 章

教育環境学の領域としての
キャリア教育の位置

キャリア教育の教育行政的動向を踏まえて

今日、国際化、情報化、少子・高齢化等の進展により、経済・産業構造の変化とそれに伴う雇用形態の多様化が急速に進み、社会状況の変化が激しくなる中で、若者の進路に関する状況が複雑化している。ブラック企業やワーキングプアなどの問題が社会問題化していることからも、若者にとって、将来が不透明で困難な状況が生まれている。産業構造の変化、雇用の流動化などが進行する中で、小・中・高校の各学校段階を通じて、系統的に職業観・勤労観を養うことが今まで以上に重要になっており、キャリア教育を系統的・体系的に推進することが求められている。

こうした社会背景のもとで、系統的・体系的なキャリア教育の必要性が学校教育全体で高まっていることを踏まえれば、キャリア教育の推進に関わる課題を教育環境学[(1)]の主要な課題として捉えることが重要である。本章では、教育環境学におけるキャリア教育の位置付けを示すことにより、今後の探究への足掛かりを提示する。

第 1 節

キャリア教育の一層の必要性と
本章で明らかにする内容

　文部科学省の学校基本調査では、2016（平成 28）年度における中卒者の高校進学率は 98.7％、高卒者の大学・短大進学率は 55.0％、高卒者の就職率は 17.7％である。一方、中学校・高校・大学卒業後 3 年以内の早期離職者の状況は、七五三現象[2]といわれることがある。厚生労働省が各年度で発表してきた「新規学卒者の離職状況」では、こうした状況が長らく続いていることを表している。2006（平成 18）年以降の総務省統計局「労働力調査」では、10 年間（2006 ～ 2015）のフリーター、ニート（若年無業者：NEET：Not in Education, Employment or Training）の数は、フリーターが 170 万人前後、ニートが 60 万人前後で推移している。同省の「若年者雇用実態調査」では、入社 1 年以内に離職した理由として、職場における人間関係の問題、業務内容とのミスマッチの問題などが上位を占めている[3]。

　また、我が国の人口は、2008（平成 20）年に 12,808 万人がピークであったが、その後は減少に転じている。表 3-1 に示したように、2015（平成 27）年の 12,711 万人に対して 2060 年は 4,037 万人減少して 8,674 万人になると予測されている。これに対して、65 歳以上人口の総人口に対する比率は、26.7％から 39.9％に上昇する。今後は、人口減少社会が到来するとともに少子高齢化が一層加速することになる。

表3-1.　2060年問題［厚生労働省推計］

項　目	2015年の状況	2060年予測
日本の人口	12,711万人	8,674万人
65歳以上人口	3,384万人 （総人口比26.7%）	3,464万人 （総人口比39.9%）
14歳以下人口	1,586万人	791万人
65歳以上	4人に1人	5人に2人
生産年齢人口に対して	3人が 高齢者1人を支える	1人が 高齢者1人を支える

（厚生労働省編『平成27年版厚生労働白書 ―人口減少社会を考える―』厚生労働省、2015年より作成）

　こうした状況から、学校教育においては、児童生徒が社会の変化に対応し、将来を生きる力を身に付け、主体的に自己の進路を選択・決定できる能力を育成することが求められる。本章の内容が基本的立脚点とする教育環境学の観点からも、社会的・経済的環境をはじめとする学校を取り巻く教育環境の変化に対応したキャリア教育の在り方を研究していく必要があるといえる。ここで、教育環境学とは、後述する教科開発学の基盤的領域となる研究領域である。

　我が国が直面している前記の状況およびキャリア教育の必要性を踏まえ、本章では、次の3つの内容を明らかにする。なお、先行研究の検討についても、関連する箇所で行うこととする。

①　キャリア教育に関連する用語の定義を確認したうえで、教育環境学におけるキャリア教育およびその研究の位置付けについて、教育学の諸領域との関連を示す。

②　キャリア教育に関わる基本的な法的規定を確認し、教育施策におけるキャリア教育推進に関する我が国の状況を示す。そのうえで、小・中・高等学校学習指導要領における系統的・体系的なキャリア教育の取り扱いについて明らかにする。

③　上記の内容を踏まえ、今後におけるキャリア教育の推進について、研究的および実践的課題の所在について明らかにする。

第 **2** 節

キャリア教育の定義および
育成すべき能力

　以下では、教育環境学構築の方向性を踏まえ、教育環境学の一領域として、キャリア教育およびその研究の位置付けについて考察する。その基礎的作業として、キャリア教育に関する用語の定義を検討しておくことが必要である。キャリア教育の定義については、本書の第 1 章でも扱っており、三村隆男（2004）[4]、日本キャリア教育学会（2008）[5]等でも扱われているが、ここでは、後述するキャリア教育に関する施策との関係で、これまでの答申等を中心にキャリア教育および関連する用語がどのように定義付けられているかを改めて示すことにする[6]。

1　キャリア

　キャリアという言葉は、一般に個人の経歴を意味するが、キャリア教育では、キャリアという言葉の意味を比較的広く捉えている。すなわち、キャリアの意味は、「個々人が生涯にわたって遂行する様々な立場や役割の連鎖及びその過程における自己と働くこととの関係付けや価値付けの累積」（キャリア教育の推進に関する総合的調査研究協力者会議報告書「児童生徒一人一人の勤労観、職業観を育てるために」2004）とされる。

　キャリアには、学校、職業、家庭、市民生活等の全ての生活の中で個人が経験する様々な仕事や役割が含まれる。学校での自主的活動やボランティア活動などの多様な活動による経歴なども含まれる。キャリア教育は基本的に学校が取り組むことから、学校には様々な児童生徒がおり、進路

や職業に対する考えや体験も様々であることから、キャリアの意味を広く捉えることが必要になる。

2　キャリア教育

　キャリア教育の定義は一定していないが、答申等では次のように示されている。すなわち、「望ましい職業観・勤労観及び職業に関する知識や技能を身に付けさせるとともに、自己の個性を理解し、主体的に進路を選択する能力・態度を育てる教育」（中央教育審議会答申「初等中等教育と高等教育との接続の改善について」1999）とされている。また、「『キャリア』概念に基づき『児童生徒一人一人のキャリア発達を支援し、それぞれにふさわしいキャリアを形成していくために必要な意欲・態度や能力を育てる教育』ととらえ、端的には、『児童生徒一人一人の勤労観、職業観を育てる教育』」（キャリア教育の推進に関する総合的調査研究協力者会議報告書「児童生徒一人一人の勤労観、職業観を育てるために」2004）とされている。

　キャリア教育は、児童生徒の将来における社会的・職業的自立を目的として、進路や職業に関する学習を通じてキャリア発達を促す教育である。キャリア教育の目的は、当初児童生徒の勤労観・職業観を育てることに力点が置かれていたが、中央教育審議会答申「今後の学校におけるキャリア教育・職業教育の在り方について」（2011.1.31）によって社会的・職業的自立の力を育成する方向に力点が移っている。

3　キャリア形成

　キャリア形成とは、自己の人生を主体的に設計し、進路を選択決定していくことにより進路が形づくられていくことをいう。キャリア発達のプロセスと結果により、キャリア形成がなされていく。本人が、結果として歩んできた人生の系列という意味以上に、本人が主体的に選択してきた経験、進路、職業などの履歴および本人にとってのその意味や価値を含んで捉え

られる。学校で行うキャリア教育においても、教育活動を通して児童生徒のキャリア形成を充実させていくことが求められる。

4　キャリア発達

　キャリア発達は、「生涯にわたり、社会の中で自らが果たす役割や生き方を展望し、実現していく過程を意味する」（文部科学省『キャリア教育推進の手引』2006）とされている。キャリア発達は、進路選択、進路実現、職業意識など、自己の進路やキャリアに関する諸能力は、年齢や成長に応じて発達していくという考え方である[7]。成人がもつ確固とした職業意識は、最初から誰にでも備わっているのではなく、子どもが進路に対する漠然とした夢やあこがれをもつ段階から、年齢が上がるとともに経験の積み重ねにより、徐々に明確な進路意識や職業意識として発達していく。

　キャリア発達は、職業に関する意識や能力の発達のみならず、生涯における生き方や社会的役割を含めて捉えられる。こうしたことから、キャリア教育は、児童生徒のキャリア発達を促しキャリア形成を支援する教育といえる。

5　キャリア教育と職業教育

　中教審キャリア教育・職業教育特別部会資料（2010）では、キャリア教育は、「社会的・職業的自立に向け、必要な知識、技能、態度を育む教育」であるとし、社会的・職業的自立を目指した教育としている。次いで、職業教育は、「一定のまたは特定の職業に従事するために必要な知識、技能、態度を育む教育」とし、一定の職業に従事することを目的とした教育としている。同資料では、前記のキャリア教育の定義に関して、「職業的自立」は家庭人や市民等としての自立とともに「社会的自立」に含まれるとしつつ、その重要性にかんがみ、「社会的・職業的自立」としている。したがって、職業教育は、職業的自立に資する教育であり、広い意味でキャリア教

育に含まれることになる。

6　キャリア教育と進路指導

　キャリア教育と進路指導との違いについて、キャリア教育は、進路の選択・決定に関わる直接的な進路指導だけでなく、生徒の発達段階に応じた小学校段階からのキャリア発達を促す指導を含んでいる。キャリア教育は、生徒のキャリア発達を促しキャリア形成を支援する教育活動であることから、進路指導はキャリア教育に包含されるといえる。

7　基礎的・汎用的能力

　従来、キャリア発達に関わる諸能力については、4領域8能力[8]で構成される能力がキャリア教育で育成する能力の枠組みとして用いられてきた。しかし、これらの能力が学校教育では固定的に理解される傾向が見られ、生涯を通じて育成する能力という観点が薄かったため、広く社会的・職業的に自立するために必要な基盤となる能力として、中央教育審議会答申「今後の学校におけるキャリア教育・職業教育の在り方について」(2011.1.31) において、基礎的・汎用的能力の考えが示されることになった。基礎的・汎用的能力は、「人間関係形成・社会形成能力」、「自己理解・自己管理能力」、「課題対応能力」、「キャリアプランニング能力」の4つの能力を柱として構成されている。これらの能力は、仕事に就く場合に実際の行動として表れる力を重視したものである。基礎的・汎用的能力という名称については、キャリア発達に関する基礎的能力と、その基礎的能力を広く活用していく汎用的能力の双方が必要であることから、両者を一体的なものと捉えた名称になっている。4つの能力は、それぞれが複合的な能力を包括した能力概念であるとともに、相互に関連した相補的関係にあるといえる。

　以上に示したキャリア教育に関連する用語の定義から分かるように、キャリア教育は、進路目標へのマッチングを図る教育活動だけでなく、児童生徒のキャリア発達を促すことを目的とした教育活動であるといえる。このようなことから、キャリア教育に関する研究は、進路指導に関する研究を包含しつつ教育学の各領域との関連で研究する領域であり、教育環境学に位置付けて研究していくことに意義があるといえる。

第 3 節
教育環境学としてのキャリア教育

　キャリア教育のような一教科の枠内にとどまらない複合的な領域は、教育環境学の研究対象として分析・考察するに相応しいものである。教育環境を研究対象とした文献は、後述する鉤治雄（1997）、堀井啓幸（2003）などにその嚆矢が見られるものの、本章の内容が立脚する教育環境学構築に関する直接の契機は、愛知教育大学と静岡大学の共同教科開発学専攻（後期３年のみの博士課程）が開設されたことによる。教育環境学は、同専攻が設置している４分野の一つである。2012（平成24）年度から開設された同専攻は、教科専門・教科教育・教職専門の専門性の枠を越えて、学校教育が抱える複雑・多様化した諸課題に対応した研究を遂行していくことを目的としている[9]。同専攻は、教科専門と教科教育を融合・発展させた教科学と、教職専門を発展させた教育環境学とで体系化されている。この教科学と教育環境学との体系によって、教科開発学が構成されている。教育環境学は、主に学校教育の諸カリキュラムを開発・実践するための基盤となる教育環境の研究を主とする学問分野であるといえる。

　こうした教育環境学において、キャリア教育については、教育学の諸領域との関係について、学校を取り巻く社会的・文化的環境を視野に入れ、教育制度、教育行政、教育政策、教育経営、教育課程、教育内容、教育方法、教育心理などの面からの研究が行われる（図3-1）。キャリア教育との関連において研究される教育学の諸領域とは、まず学校の外部環境に関わる研究領域として、教育制度、教育行政、教育政策などがある。これらは、制度的、行政的動向との関連でキャリア教育の推進に関する課題に焦点を当てるものである。次に学校の内部環境に関わる研究領域として、教育課程、教育内容、教育方法、教育心理などの領域がある。これらの中には、児童生徒の個人または集団の状況を対象とする研究が含まれる。教育

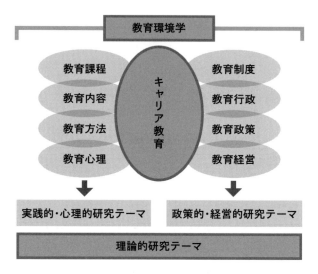

図3-1. 教育環境学におけるキャリア教育と教育学の諸領域

心理の立場から、生徒の教育環境として教員を捉えた文献として、鈎治雄 (1997) [10]がある。鈎は、統計的分析をもとに、教員の言動が生徒の学習や成長に及ぼす一種の潜在的カリキュラムとして機能することを考察している。なお、山﨑保寿・田中直子 (2008) [11]も、キャリア・カウンセリングに関する事例を検討している。

　また、教育経営は、学校外部と内部との両面に関わる研究領域であり、学校経営、教員組織、地域連携などが含まれる。教育経営の立場から、共同教科開発学専攻の趣旨に比較的近い教育環境の問題に論究した文献として、堀井啓幸 (2003) [12]を挙げることができる。堀井は、制度的環境、組織的環境として学校教育を問いなおし、学習環境としての学校の在り方を検討している。堀井は、教育環境に対する検討の帰結を新しい学校建築の動向に置いているため、キャリア教育との関連という観点からの論究は同書の範囲としていない。

第4節
教育施策における
キャリア教育の推進

　キャリア教育は、児童生徒のキャリア発達を支援し、望ましい職業観・勤労観を身に付けさせ、主体的に進路を選択する能力・態度を育てる教育であり、国、教育委員会、学校のそれぞれのレベルで関連的に推進されている。ここでは、我が国の具体的な教育施策として、文部科学省の施策および答申等を中心に、キャリア教育が推進されてきた経緯を概観し、研究対象としてのキャリア教育の推進経緯とその背景について考察する。

1　キャリア教育に関する基本的な法的規定

　2006（平成18）年改正の教育基本法では、改正前に比べ教育の目標を細分化し明確化している。教育の目標を示した第2条では、その2として、「個人の価値を尊重して、その能力を伸ばし、創造性を培い、自主及び自律の精神を養うとともに、職業及び生活との関連を重視し、勤労を重んずる態度を養うこと」と規定している。この規定は、職業観・勤労観の育成を教育の目標として重視するものであり、この目標を達成するためには、児童生徒の職業観・勤労観の育成を図ることが重要であり、キャリア教育の充実が求められることになる。

　教育基本法が示した教育の目標を受けて、学校教育法では、小・中・高校の各学校段階における教育の目的と目標を規定している。中でも、高校の目的と目標の関係については、まず、学校教育法第50条で「高等学校は、中学校における教育の基礎の上に、心身の発達及び進路に応じて、高度な

普通教育及び専門教育を施すことを目的とする」としている。そのうえで、この目的を実現するために達成すべき目標として、第51条2で、「社会において果たさなければならない使命の自覚に基づき、個性に応じて将来の進路を決定させ、一般的な教養を高め、専門的な知識、技術及び技能を習得させること」と規定している。これらの規定から分かるように、生徒の個性に応じて将来の進路を決定させ、専門的な知識・技能等を身に付けさせることは、学校教育の重要な目標といえる。このように、学習指導要領の根拠となる諸法規において、キャリア教育を積極的に推進するための規定がなされている。

2　教育施策におけるキャリア教育の推進

　教育施策におけるキャリア教育の推進状況については、教育基本法の改正により教育振興基本計画が策定される前と後とで区分される。

　まず、教育基本法改正以前におけるキャリア教育施策の推進状況としては、2003（平成15）年に文部科学大臣ほか4閣僚により、教育・雇用・経済政策の連携による総合的人材対策である「若者自立・挑戦プラン」が打ち出された。「若者自立・挑戦プラン」の基本的方向の具体化のために、2004（平成16）年12月には、「若者の自立・挑戦のためのアクションプラン」を策定し、さらに、2005（平成17）年10月には、農林水産大臣を加え一層の連携を目的とした「若者の自立・挑戦のためのアクションプラン」の強化策を打ち出している。同時に、文部科学省は、2004（平成16）年度から「新キャリア教育プラン推進事業」を開始、2005（平成17）年度からは、「キャリア教育実践プロジェクト」を開始している。これは、各都道府県・政令指定都市において、中学校を中心とした職場体験・インターンシップを中心としたキャリア教育の推進を図るものである。文部科学省は2006（平成18）年11月に、教師向けキャリア教育推進の手引きとして、『小学校・中学校・高等学校キャリア教育推進の手引き―児童生徒一人一人の勤労観、職業観を育てるために―』を発行し、キャリア教育の実践に関する具体的方法を学校段階別に示している。なお、児美川孝一郎（2004）[13]は、高

校教育改革の視点から、キャリア教育の展開を検討している。

　次いで、2006（平成18）年12月に教育基本法が改正されると、第17条第1項に基づき、国は教育振興基本計画を策定することになり、各都道府県・政令指定都市も国が策定した教育振興基本計画を踏まえて、独自の教育振興基本計画の策定に努力することになった。第2期教育振興基本計画（2013（平成25）年策定、5年計画）では、社会的・職業的自立を目的としたキャリア教育に関する教育施策が、成果目標4および基本施策13を中心として明確に示されている。特に、基本施策13では、幼児期の教育から高等教育まで各学校段階を通じた系統的・体系的なキャリア教育を充実すること、高等学校普通科におけるキャリア教育を推進することが示されている。普通科の教育課程には、専門学科や総合学科のような産業や職業に結び付く科目が少ないため、普通科におけるキャリア教育の推進は、全国的な課題になっている。普通科におけるキャリア教育の遅れについては、辰巳哲子（2014）[14]が、全国的なキャリア教育施策の展開を受けて、それらが普通科高校における取り組みとしてどのように実施されているかを調査研究している。辰巳は、普通科単独校におけるキャリア教育実施の遅れは、学校外部のリソースの活用、教科組織や学年組織をつなぐ中核組織の創設、各校の生徒の実情に合わせたキャリア教育テキストの作成であることを明らかにしている。これらの課題への対応として、本書の内容では、第6章の高等学校におけるキャリア教育推進のためのカリキュラム・マネジメントで示した事例が参考になるものであろう。

　また、前記教育振興基本計画の次に策定された第3期教育振興基本計画（2018.6.15）においても、幼児教育から高等教育までの各学校段階において系統的・体系的なキャリア教育を推進することを示し、社会的・職業的自立に向けた能力・態度の育成を重視している。以上に述べたキャリア教育に関する教育行政施策等の経緯を表3-2に示す。我が国が直面する人口減少社会や少子高齢化の問題、産業構造の変化や雇用の流動化の問題を踏まえると、今後も、教育振興基本計画をはじめ国・都道府県・市町村の各レベルで、文部科学省や教育委員会が策定する教育施策において、キャリア教育が重視されると考えられる。

表3-2. キャリア教育に関する教育行政施策等の経緯

施策・答申・法規等	内容
2003年6月 「若者自立・挑戦プラン」 2004年度～ 新キャリア教育プラン推進事業	文部科学大臣ほか4閣僚により、教育・雇用・経済政策の連携による総合的人材対策が打ち出される。
2004年12月 「若者の自立・挑戦のための 　アクションプラン」	「若者自立・挑戦プラン」の基本的方向の具体化
2005年10月 「若者の自立・挑戦のための 　アクションプラン」の強化	農林水産大臣を加え一層の連携と強化を目的とした検討 キャリア教育実践プロジェクトのキャリア・スタート・ウィーク開始
2006年11月 『小学校・中学校・高等学校キャリア教育推進の手引き 　―児童生徒一人一人の勤労観、 　職業観を育てるために―』	キャリア教育推進の具体的方法を学校段階別に明示
2006年12月 　教育基本法の改正 2007年6月 　学校教育法の改正	教育基本法第2条2「自主及び自律の精神を養うとともに、職業及び生活との関連を重視し、勤労を重んずる態度を養うこと」と規定
2008年・2009年3月 　小・中・高等学校学習指導要領の改訂	キャリア教育推進に関する配慮点を初めて明示 勤労観・職業観の育成から社会的・職業的自立の方向へ転換
2011年1月 　中央教育審議会答申「今後の学校におけるキャリア教育・職業教育の在り方について」	キャリア教育で育成する基礎的・汎用的能力を明示
2016年12月 　中央教育審議会答申「幼稚園、小学校、中学校、高等学校及び特別支援学校の学習指導要領等の改善及び必要な方策等について」	学校と社会との接続を意識し、子どもたち一人ひとりに、社会的・職業的自立に向けて必要な基盤となる能力や態度を育み、キャリア発達を促すキャリア教育の視点が重要
2017年・2018年3月 　小・中・高等学校学習指導要領の改訂	キャリア教育の充実を一層重視

第5節
学習指導要領における
系統的・体系的なキャリア教育

　キャリア教育に関する以上のような状況から、2008（平成20）年に改訂された現行学習指導要領（高校は2009（平成21）年改訂）では、キャリア教育に関する内容が小・中・高校の各学校段階において、従来以上に系統化・体系化して示されている。ここでは、各学校段階の学習指導要領において、キャリア教育の内容がどのように扱われているか、代表的な箇所の記述について考察する。

1　小・中学校学習指導要領におけるキャリア教育

　まず、小学校では、「第1章総則」の「第4指導計画の作成等に当たって配慮すべき事項」において、「2　（5）各教科等の指導に当たっては、児童が学習課題や活動を選択したり、自らの将来について考えたりする機会を設けるなど工夫すること」とされている。また、「総合的な学習の時間」の「第1目標」においても、横断的・総合的な学習や探究的な学習を通して、自己の生き方を考えることができるようにすることが示されている。こうしたことから、小学校では、各教科・「道徳」・「総合的な学習の時間」を活用して、自らの将来について考える機会を設けることが必要になる。実際、小学校では、「社会科」、「家庭科」、「道徳」、「総合的な学習の時間」等を通じて、親の職業調べ、地域の産業調べ、職場見学などのキャリア教育が行われている。なお、小野間正巳・山﨑保寿（2013）[15]は、教育環境学の視点を踏まえて、小学校における新たなカリキュラムの構成を検討

している。

　次に、中学校でも同様に、「第1章総則」の第4において、「2　(5) 生徒が学校や学級での生活によりよく適応するとともに、現在及び将来の生き方を考え行動する態度や能力を育成することができるよう、学校の教育活動全体を通じ、ガイダンスの機能の充実を図ること」が示されている。中学校では、キャリア教育の一環として導入している職場体験活動などを通じて、将来の生き方を考えさせる学習活動を充実させることが必要になる。中学生は進路選択を行う最初の段階であり、計画的で支援的なガイダンスを行うことが必要になる。

　また、「総合的な学習の時間」に関しても、「第3指導計画の作成と内容の取扱い」の (7) において、職業や自己の将来に関する学習を行う際には、問題の解決や探究活動に取り組むことを通して、自己を理解し将来の生き方を考えるなどの学習活動に配慮することが示されている。このように、中学校では生徒の発達段階に応じて、ガイダンスの機能を充実させたり、探究活動への取り組みなどを通して将来の生き方を考えさせたりすることが必要になる。

　さらに、中学校の「特別活動」においても、キャリア教育に関連する内容が提示されている。例えば、学級活動の内容の「(3) 学業と進路」では、「進路適性の吟味と進路情報の活用」、「望ましい勤労観・職業観の形成」、「主体的な進路の選択と将来設計」など、「特別活動」における学校行事の内容では、「(5) 勤労生産・奉仕的行事」などが示されている。このように、中学校では望ましい職業観・勤労観を育てるために、「特別活動」における職場体験活動やボランティア活動などが重視されている。実際、ほとんど全ての中学校では、望ましい職業観・勤労観を育成するために、キャリア教育の中心的活動として職場体験活動を取り入れている。なお、臼木悦生・田中宏和（2009）[16]は、中学生の職場体験活動の持続可能なモデルを検討している。

　以上が、小・中学校学習指導要領におけるキャリア教育に関連する主な内容であり、高校教育につながるキャリア教育の内容が系統的に示されている。

2　高等学校学習指導要領におけるキャリア教育

　冒頭で述べたとおり、今日、社会構造の変化を背景として、若者の進路に関する状況が大きく変わりつつある。高校生の進学・就職状況、生徒の発達段階等を考慮すると、高校生に対するキャリア教育の必要性が一層高まっているといえる。そのため、高等学校学習指導要領においてもキャリア教育またはそれに関連する内容が随所で扱われている。2009（平成21）年に改訂された高等学校学習指導要領では、小・中・高校の学習指導要領を通じて初めて「キャリア教育」の言葉が使用された。ここでは、「第1章総則」を中心に考察する。

❶「第1章総則」におけるキャリア教育

　高等学校学習指導要領では、「第1章総則」の「4職業教育に関して配慮すべき事項」で、「(1)普通科においては、地域や学校の実態、生徒の特性、進路等を考慮し、必要に応じて、適切な職業に関する各教科・科目の履修の機会の確保について配慮するものとする」とされ、普通科の教育課程においても職業教育への配慮が必要なことが示されている。

　続いて、「(3)学校においては、キャリア教育を推進するために、地域や学校の実態、生徒の特性、進路等を考慮し、地域や産業界等との連携を図り、産業現場等における長期間の実習を取り入れるなどの就業体験の機会を積極的に設けるとともに、地域や産業界等の人々の協力を積極的に得るよう配慮するものとする」とされている。キャリア教育を推進するためには、地域や産業界等との連携を図ったり、産業現場等における長期間の実習、いわゆるインターンシップを取り入れたりすることが必要になる。

❷教育課程の実施に関する配慮事項

　さらに、「第1章総則」の「5教育課程の実施等に当たって配慮すべき事項」では、「(4)生徒が自己の在り方生き方を考え、主体的に進路を選択することができるよう、学校の教育活動全体を通じ、計画的、組織的な進路指導を行い、キャリア教育を推進すること」と述べられている。ここで特筆すべきことは、「キャリア教育」という用語が学習指導要領の文言として直接使われていることである。現行学習指導要領でキャリア教育と

いう用語が明確に使用されていることは、従前の学習指導要領では見られなかった特徴である。

　以上に加え、高等学校学習指導要領では、キャリア教育に関連する内容が「総合的な学習の時間」と「特別活動」に関する目標、内容、指導計画作成の配慮事項等に示されているほか、「社会科」、「家庭科」など多くの教科・科目にキャリア教育に関連する内容が記されている。特に、「特別活動」に関する指導計画作成の配慮事項として、各教科・科目や「総合的な学習の時間」などとの関連、家庭や地域の人々との連携、社会教育施設等の活用を図り、ボランティア活動、就業体験活動、教育相談・進路相談、ガイダンスなどを取り入れて、将来の進路や在り方生き方に関する指導を行うことが重視される。

　キャリア教育の実践的研究としては、「特別活動」と「総合的な学習の時間」との関連に関する内容も対象となる。こうした点について、山﨑保寿（2006）[17]では、高校のキャリア教育に関する事例を検討している。また、専門学科や総合学科に関する教科・科目の内容にも、キャリア教育に関連する事柄が示されている。総合学科に関しては、「指導計画の作成に当たって配慮する事項」として、次の点に留意する必要がある。

❸総合学科の場合の配慮事項

　総合学科に関しては、「指導計画の作成に当たって配慮する事項」として、「(9) 総合学科においては、総合的な学習の時間の学習活動として、原則として生徒が興味・関心、進路等に応じて設定した課題について知識や技能の深化、総合化を図る学習活動を含むこと」とされている。これは、生徒が多様な科目を履修することが可能で進路に関わる様々な能力を身に付けることができる総合学科の特色を踏まえたものである。

　総合学科に関してこのように述べられているのは、次の理由によるものである。つまり、総合学科が1994（平成6）年に初めて開設されたときは、将来の職業選択を視野に入れ生徒の進路への自覚を深める学習を行う趣旨から、「産業社会と人間」および「課題研究」の2科目が原則履修科目として位置付けられた。その後、1999（平成11）年の高等学校学習指導要領改訂において、「総合的な学習の時間」が創設された際に、その内容として、「生徒が興味・関心、進路等に応じて設定した課題について、知識

や技能の深化、総合化を図る学習活動」が示された。この内容が、「課題研究」に通じるものであることから、「課題研究」が原則履修科目から除かれることになった。総合学科においては、このような経緯を踏まえての前記（9）の内容になっている。

第 **6** 節

教育環境学の視点を踏まえた
キャリア教育に関する研究課題

　以上、教育環境学におけるキャリア教育およびその研究の位置付けおよび教育施策におけるキャリア教育の推進状況について明らかにした。それらの内容を踏まえ、教育環境学の視点から今後の研究課題を一覧として列挙すれば、表3-3のように示すことができる。この表に示した研究課題は、研究分野的にも研究方法的にも複合的であり、今後も多様な研究方法によるアプローチが考えられる。

　また、この表に示した研究課題以外にも、キャリア教育に関する学際的研究や国際比較研究などがあり得る。なお、藤岡秀樹（2015）[18]は、日本キャリア教育学会紀要の掲載論文をもとにキャリア教育の研究動向を分析している。それらの中にも、研究者が実践に関わり、その成果を分析検証した研究が見られる。そうした研究動向を視野に入れれば、今後は、表3-3の「Ⅰ．実践的課題」に示した内容について、実践の推進と成果の検証が重要になると指摘できる。

表3-3．教育環境学の視点を踏まえたキャリア教育に関する研究課題

研究分野	キャリア教育に関する研究課題
A．教育制度	・高校の再編統合と普通・専門・総合学科の割合に関する問題 ・学校段階の接続（小中一貫、中高一貫、高大接続）によるキャリア教育の体系化に関する研究
B．教育行政	・自治体レベルにおけるキャリア教育の推進に関する課題 ・教育センターでの研修とその内容に関する問題 ・学校−地域関係の基盤づくり（コミュニティ・スクールなど）に関する問題 ・キャリア教育の充実と教員定数の問題

C.教育政策	・教育委員会による中学生の職場体験活動に関する問題把握 ・市町村教育委員会の教育振興基本計画によるキャリア教育の充実に関する問題 ・キャリア教育に関する教員研修の推進とその課題 ・キャリア教育を中心とした学校の特色化と地域の活性化
D.教育経営	・学校経営目標とキャリア教育の目標との整合性に関する問題 ・キャリア教育の目的・内容に対する教員の共通理解に関する問題 ・教員に対する社会の職業・業種・資格等に関する知識啓発 ・教科横断的なキャリア教育推進のための組織体制 ・地域ボランティアの導入と教育の質保証の問題 ・教員と地域の専門家によるチーム指導の充実 ・キャリア教育に関する教員研修・校内研修の推進 ・地域ボランティアや外部講師の活用によるキャリア教育の充実 ・キャリア教育の推進に関する実証的研究
E.教育課程	・小・中・高校の進路指導の系統性・体系性に関する問題 ・キャリア教育の内容と基礎的・汎用的能力の4つの能力との関連 ・「総合的な学習の時間」と「特別活動」との関連によるキャリア教育の推進 ・キャリア教育の年間計画等、教育課程への位置付けに関する問題 ・キャリア教育のカリキュラム・マネジメントに関する研究 ・キャリア教育の推進と学力向上との関係に関する研究
F.教育方法	・キャリア教育の方法に関する研究 ・キャリア教育に関する地域教材の開発 ・小・中・高校生の発達段階に適したキャリア教育の方法開発 ・基礎的・汎用的能力の育成方法に関する研究 ・職場体験活動やインターンシップの方法に関する研究
G.教育内容	・「総合的な学習の時間」と「特別活動」とを関連させたキャリア教育の内容 ・教科を中心としたキャリア教育の内容に関する研究 ・高校生の進路希望の多様化に応じたキャリア教育 ・キャリア教育の内容と教育成果との関連に関する研究 ・キャリア教育の内容とキャリアプランニング能力との関連に関する研究
H.教育心理	・キャリア・カウンセリングの事例と方法に関する研究 ・進路意識・職業理解とキャリア発達に関する研究 ・青年期の自立とライフステージに関する研究 ・基礎的・汎用的能力の伸長に関する尺度の開発 ・キャリア教育とライフコースとの関係に関する研究 ・ライフモデル事例集の作成と分析
I.実践的課題	・キャリア教育の推進と充実を目指した教員研修プログラムの開発 ・キャリア教育に関するカリキュラム・マネジメントの推進 ・キャリア教育におけるアクティブ・ラーニングの方法の開発 ・地域活性化・地域創生と関連させたキャリア教育のモデル実践 ・地域連携型キャリア教育に関する一層の推進拡大 ・社会的・職業的自立を目的とした実践の成果に関する検証方法の開発

第 7 節
本章のまとめ

　本章では、系統的・体系的なキャリア教育を推進する必要性を踏まえ、キャリア教育の教育行政的動向に関わる諸要因を教育環境学の視点から検討した。特に、キャリア教育の推進に関わる課題を教育環境学の主要な課題として捉えるという問題意識から、教育施策におけるキャリア教育の推進状況、教育基本法から学校教育法への影響、教育環境学におけるキャリア教育の位置付けなどについて明らかにした。本章の内容をまとめれば、次の 3 点になる。

① 　キャリア教育の研究は、教育学の複数の領域にまたがる学際的領域であり、教育環境学の一領域として位置付けられる。教育学の諸領域との関連については、学校の外部環境に関わる学問領域として、教育制度、教育行政、教育政策などがあり、制度的、行政的動向との関連でキャリア教育の推進に関する課題に焦点を当てるものである。また、学校の内部環境に関わる学問領域として、教育課程、教育内容、教育方法、教育心理などの領域があり、児童生徒の個人または集団の状況を対象とする研究が含まれる。

② 　キャリア教育に関わる基本的な法的規定として、教育の目標を示した教育基本法第 2 条の 2 に、職業および生活との関連を重視し勤労を重んずる態度を養うことが規定され、学校教育法、学習指導要領の内容につながっている。国の施策として、教育振興基本計画を中心に、キャリア教育が推進されている。また、小・中・高等学校学習指導要領に基づく系統的・体系的なキャリア教育が行われている。

③ 　今後におけるキャリア教育の推進について、研究的および実践的課題の所在について教育学の研究分野毎に示した。これにより、キャリア教育と教育学の諸領域との関連が一層明確になった。

註

(1) 教育環境学は、学校教育の諸カリキュラムを開発・実践するための基盤となる教育環境の研究を主とする学問分野である。教育環境学の用語としての環境の意味は、主に社会的・文化的環境であるといえる。学校を取り巻く社会的・文化的環境を背景に、教育制度、教育行政、教育政策、教育経営、教育課程、教育内容、教育方法、教育心理などの領域からの研究が行われる。教育環境学は、愛知教育大学と静岡大学の共同教科開発学専攻（後期3年のみの博士課程）が設置している4分野の一つである。2012（平成24）年度から開設された同専攻は、教科専門・教科教育・教職専門の専門性の枠を越えて、学校教育が抱える複雑・多様化した諸課題に対応した研究を遂行していくことを目的としている。同専攻は、教科専門と教科教育を融合・発展させた教科学と、教職専門を発展させた教育環境学とで体系化されている。この教科学と教育環境学との体系によって、教科開発学が構成されている。

(2) 新規卒業者の3年以内の離職率が、中卒者で約7割、高卒者で約5割、大卒者で約3割という状況をいう（巻末資料参照）。第1章で述べたように、最近15年間の間に、全体として早期離職率は減少傾向になってきている。

(3) 調査は、厚生労働省が実施した「雇用の構造に関する実態調査（若年者雇用実態調査）」である。2013（平成25）年の調査対象数は24,245人、有効回答数は15,986人、有効回答率は65.9%である。同調査では、入社1年以内に離職した正社員の離職理由として、「労働時間・休日・休暇の条件がよくなかった」（22.2%）、「人間関係がよくなかった」（19.6%）、「仕事が自分に合わない」（18.8%）、「賃金の条件がよくなかった」（18.0%）が上位を占めている。前回の実施は2009（平成21）年で、上位は、「仕事が自分に合わない」（39.1%）、「賃金や労働時間の条件が良くない」（32.6%）、「人間関係が良くない」（28.3%）であった。

(4) 三村隆男『キャリア教育入門　その理論と実践のために』実業之日本社、2004年

(5) 日本キャリア教育学会編『キャリア教育概説』東洋館出版社、2008年

(6) キャリア教育に関連する用語の説明については、山﨑保寿編『キャリア教育で働く意識を高める―小中学校場面別導入例―』学事出版、2006年、29～31頁で示している。

(7) キャリア発達は、D. スーパーが提唱した職業的発達の概念が基本となっている。

(8) 従来の4領域8能力は、国立教育政策研究所生徒指導研究センター「児童生徒の職業観・勤労観を育む教育の推進について」（2002）において、キャリア発達の観点から、「人間関係形成能力」、「情報活用能力」、「将来設計能力」、「意思決定能力」の4つの能力領域に大別し、それぞれを構成する能力を各2つずつ計8つの能力に整理して示している。

(9) 都築繁幸「設置までの経緯」『文部科学教育通信』No.293、2012年6月、15～17頁

(10) 鈎治雄『教育環境としての教師―教師の認知・子どもの認知』北大路書房、1997年

(11) 山﨑保寿監修・田中直子・NPO法人夢のデザイン塾編『先生のためのキャリア・カウンセリング事例集』学事出版、2008年

(12) 堀井啓幸『現代学校教育入門―「教育環境」を問いなおす視点』教育出版、2003年

(13) 児美川孝一郎「日本における『キャリア教育』の登場と展開―高校教育改革へのインパクトをめぐって―」『法政大学キャリアデザイン学会紀要』第1号、2004年、21～38頁

(14) 辰巳哲子「普通科高校におけるキャリア教育施策の動向―『進路指導・キャリア教育に関する調査』から―」リクルートワークス研究所『Works Review』Vol.9、2014年、106～109頁

⒂ 小野間正巳・山﨑保寿「小学校カリキュラムの新たな構成に関する提案―教育環境学の視点を踏まえた附属浜松小学校の実践に関する考察に基づいて―」『静岡大学教育学部研究報告 人文・社会・自然科学篇』第63号、2013年、161〜170頁

⒃ 臼木悦生・田中宏和「主体間相互支援モデルによる地域連携型キャリア教育の在り方に関する考察―東京・大田区の中学校の事例研究から―」日本キャリア教育学会編『キャリア教育研究』第28号、2009年、1〜8頁

⒄ 山﨑保寿編『キャリア教育が高校を変える』学事出版、2006年

⒅ 藤岡秀樹「日本におけるキャリア教育の研究動向と課題」『京都教育大学教育実践研究紀要』第15号、2015年、249〜258頁

第 4 章

アウトリーチ型
キャリア教育講座の開発実践

大学の出張講座を通じた学校と地域の
連携を推進するキャリア教育とその検証

　我が国では、経済・産業構造の変化やそれに伴う雇用形態の多様化などを背景として、若者の進路に関する状況が大きく変容している。少子・高齢化が加速するとともに社会全体が複雑化・多様化する中で、フリーター、ニートの問題をはじめ、早期離職、ワーキングプアなどの問題が社会問題化している。

　こうした問題に対して、教育基本法に基づき策定された第2期教育振興基本計画では、社会的・職業的自立に必要な能力を育成するために、幼児期の教育から高等教育まで各学校段階を通じた体系的・系統的なキャリア教育を充実することが基本施策として示されている。こうした状況を踏まえると、学校教育において体系的・系統的なキャリア教育を実施していく場合、児童生徒の生活の足場である地域との連携を取り入れることが有効な方法である。中学生の段階は、将来の進路を具体的に考え始める重要な時期であり、中学生の発達段階に配慮し進路意識の啓発を重視したキャリア教育が必要となる。そこで本章では、学校と地域の連携を推進するアウトリーチ型キャリア教育講座の開発と実践を行い、その成果に関する検証結果を示す。

　なお、本章の内容は、後の章で示す地域連携型キャリア教育（松本大学において筆者が地元中学校と連携して実践している）の原型といえる開発実践であるのでここに掲載する。本章の内容は、筆者が研究代表として実施した研究（山﨑・酒井・田中・中村・島田・三ッ谷2016）に基づいている。執筆分担は、山﨑（第1節）、酒井（第3節1，3、第4節、第5節1）、田中（第3節2、第4節）、中村（第2節2，3、第5節2）、島田（第2節1、引用文献）、三ッ谷（第6節）である。共同研究者の了解を得て本書に掲載しているが、本書全体の流れに沿い原論文に若干の加筆修正を施してある。また、本章では引用文献と図表を章末に掲げる。

第1節

アウトリーチ型キャリア教育講座の背景と本章の内容

　各学校においてキャリア教育を充実させようとする場合、キャリア教育は教科としての位置付けがなされておらず、その指導方法・内容には多くの課題が残されている。本章で示すアウトリーチ型キャリア教育講座は、大学が行う一種の出前講座であるが、研究者が持つ専門知を生かしそれを地域に投じることによって、学校と地域との連携を一層推進し、新たな教育環境を構築することを意図している。こうした方法でキャリア教育の方法・内容に関する具体的なモデルを提示することは、教科開発学において教育学と教科学とを架橋する教育環境学に属する課題としても重要であるといえる。

　そこで、筆者らは、中学校教員の多忙化の現状にも配慮し、大学の人的・専門的資源に基づいたアウトリーチ型のキャリア教育を静岡県掛川市に所在するS中学校の2年生38名（内欠席1名）に対して実践することにした。本実践は、生徒の将来の夢に向けて、その実現のプロセスを明確にする活動を行うことを目的としたものである。保護者および地域住民のボランティア、大学院生が支援者として加わることにより、生徒の気持ちに寄り添った活動を進めることを趣旨としている。また、保護者および地域住民が、この講座に参画することを通して、学校の教育活動への参画意識を高めることも本実践の目的の一つにしている。

　このように、本実践は、アウトリーチ型、保護者・地域住民の協力、大学教員・院生の参画といった複合的な方法を取り入れている。そのため、本実践の効果に関する検証方法についても、量的分析とともに質的分析も併用して多面的な観点から検証することを心掛けた。

　筆者らは、本実践に先立ち、S中学校区において、キャリア教育プロジェクトの一環として、「親子で夢づくり講座」を2014（平成26）年12月7日に実施した[1]。会場は、静岡県掛川市H地域生涯学習センターであり、参加者は、5家族11名であった。この「親子で夢づくり講座」を先行実践として、その検証のもとに本実践を行ったものである。なお、本実践を行ったS中学校は、1955（昭和30）年に統合により開設しており、2015（平成27）年度現在は各学年1学級で全生徒数は合計97名（1年生36名、2年生38名、3年生23名）である。本章では、これらの実践の経緯と内容、検証の結果について明らかにする。

第 **2** 節

アウトリーチ型キャリア教育講座の
位置付けと目的

1　アウトリーチ型キャリア教育講座の位置付け

　文部科学省では「児童生徒一人一人のキャリア発達を支援し、それぞれにふさわしいキャリアを形成していくために必要な意欲・態度や能力を育てる教育」（文部科学省2006）を推進し、現行学習指導要領では各教科や特別活動等でキャリア教育を実施することが示されている。例えば、日本キャリア教育学会が刊行する『キャリア教育研究』に2010（平成22）年～2015（平成27）年までに掲載された論文の中で中学校を対象としたものは4本あるが、うち3本は授業や職場体験活動を通じて職業観の変容や進路選択の動機等を分析したものである（米川・津田2010、山田2011、山田2014）。中学校の教科単元と関連付けたキャリア教育実践研究においても同様の傾向が見られる（小松2011、萱野他2011、橋本2011など）。その点、辰巳（2013）はカリキュラムマネジメントの視点からキャリア教育の達成状況得点を調査し「生徒の実態やニーズの把握・課題の明確化」が最も影響があるという指摘は示唆に富む。しかし、日本の中学校教員の多忙化が非常に高い状況においては（国立教育政策研究所2014）、地域連携型キャリア教育（臼木・田中2009）だけではなく、中学校外の機関が参画する「アウトリーチ」が有効であると考えられる。

　アウトリーチの定義を整理した林（2013）は、1990年代後半にアウトリーチという言葉を輸入した際に、「出向いて行う活動」という狭義の意味と「教育普及活動」という広義の意味で捉えられたと説明している。本研究では林（2013）の指摘を踏まえ「アウトリーチ型キャリア教育」を「大

学の人的・専門的資源に基づいて学校現場へ出向いて行うキャリア教育普及活動」と位置付けることにする。

　中学校の教科単元と関連付けたキャリア教育実践研究としては、理科を中核にした小松（2011）や萱野他（2011）、社会を中核にした橋本（2011）などがあるが、いずれも教科単元として実施されていることから、将来の進路を具体的に考える実践研究を目的とはしていない。

　「アウトリーチ型キャリア教育」を扱う先行研究としては、音楽大学で学ぶ大学生が小学校でのアウトリーチ型演奏会を企画した事例を分析した壬生（2013）があるが、中学生を対象としたキャリア教育を扱う本研究とは趣旨が異なる。萱野他（2011）は、附属中学校に他大学の研究者をゲストティーチャーに招いた授業の事例を分析しているが、公立学校への汎用性については言及されていない。家庭科で中学生に希望職種を暫定的に決定させる実践を行った河﨑・川端（2009）は、現職教員である院生が授業を行うことで「アウトリーチ型キャリア教育」と捉えられる。これは、小学校・中学校段階で希望職種の「暫定的決定経験」がない者は、それがある者に比べて職業肯定感や積極性に欠け、「働くこと」自体を回避したがる傾向が認められることを指摘した川端・河﨑（2008）の研究成果を踏まえた実践であるが、高校生とその保護者を対象にしたキャリア教育に関する調査[2]では、高校生の「希望進路」について、親子共に9割が高校生の「希望進路」を共有していると回答する一方で、保護者の「キャリア教育」という言葉の認知度は42％にとどまっている。このことから、キャリア教育の成果を保護者が認識できるような授業を設計することが有効であると考えられる。

　これまで見てきたように、「アウトリーチ型キャリア教育」は教科学の枠組みで蓄積されているものの、学校の教育環境や地域・文化等の影響を加味した授業設計を行うことが重要であり、教育環境学の課題解決として「アウトリーチ型キャリア教育」の実践を分析することには意義があると考えられる。

2　アウトリーチ型キャリア教育講座の概要

　本研究の概要は次の通りである。本実践は、2014（平成26）年12月
にS中学校区での先行実践であるキャリア教育プロジェクトを受け、実施
された。この先行プロジェクトの概要は、下記の通りである。

■日　　時：2014（平成26）年12月7日（日）
　場　　所：静岡県掛川市H地域生涯学習センター
■準備物：模造紙（1家族1枚）、筆記用具（マジック7色等）、職業
　　　　　調べに利用できる参考資料、事前に主催者が作成した「将
　　　　　来ビジョンマップ」（模造紙・掲示用）
■タイムスケジュール
　・14:00　　　　　　　主催者準備
　・14:45 〜 15:00　　　開場
　・15:00 〜 15:15　　　開始式・活動方法の説明
　・15:15 〜 16:30　　　親子で活動「将来の夢づくり」
　・16:30 〜 16:45　　　活動成果の発表
　・16:45 〜　　　　　　終了式・保護者へ今後の説明
　　　　　　　　　　　　参加証の授与・アンケート

　この先行プロジェクトの特徴は、小学生と中学生が教員・学術研究員・
大学院生・保護者らと協働して、模造紙で親子が子どもの夢を確認し合う
ことから始まり、その夢を実現するための道筋を発見し、チャートを作っ
ていくことで自らのキャリア・イメージを具体化していくことと、子ども
自身が全員の前でその具体化したキャリア・イメージをプレゼンテーショ
ンすることでそれを共有することにあった。
　この先行プロジェクトの調査結果においては、受講した全ての子ども
の、夢や職業を実現する方法についての理解が、事前より事後の方がより
高い段階に高まったということが示唆された。また、外部の年長者との関
わりや、数学・社会・情報・音楽・美術といった科目との関連分野におけ
る大学の専門的知見と、子どもの生活を日常的に支える地域住民との連携

がキャリア教育のさらなる可能性を拓くことが示された。特に、子どもにとっては、夢や職業として「〜になりたい」と思い描くことまではできても、実際にこれからの数年間でどのようなプロセスを選択し、実現していけばその夢や職業に到達するのかまでは、理解することは難しい。しかし、このプロジェクトのような学びの中に身を置いて、日常生活では親子で夢や職業について考えるゆとりがあまりなくても、それを自ら主体的に考えていくことで、どの子どもにも自分の持っている夢や職業に至る道筋への見通しを得る可能性があることが看取された[3]。

　このことは、親子での活動やコミュニケーションの深まりはもちろん夢や職業、進路を考える際には基盤となるものであることは疑いないが、その上でさらに専門知に基づく助言を得ることで、より満足度の高いものとなっていることを示唆している。

　本実践はこの先行プロジェクトの見通しを受け、この構造を保持したまま、実施場所をS中学校に設定し、2015（平成27）年5月29日と6月5日の二週にわたってS中学校校長及び教員の協力を得て「総合的な学習の時間」を利用して実施された。本実践の概要は、下記の通りである。

【1週目】「将来ビジョンマップ」の作成（100分）
　■参加者：保護者・地域住民・大学教員・大学院生
　■準備物：模造紙（生徒1人1枚）、筆記用具（マジック7色等）、職業調べに利用できる参考資料、事前に主催者が作成した「将来ビジョンマップ」（模造紙・掲示用）
　■タイムスケジュール
　　①　外部指導者・協力者自己紹介、「将来ビジョンマップ」作成方法の説明（10分）
　　②　「将来ビジョンマップ」の作成（90分）
【2週目】「将来ビジョンマップ」のプレゼンテーション（100分）
　■生徒一人ひとりの「将来ビジョンマップ」のプレゼンテーション日程を保護者会に合わせる。1人5分で発表し、その後、プレゼン内容について、生徒・保護者からの質疑応答を3分で行う。聴き合うプレゼンテーションを心掛ける。

　本実践の一週目には、キャリアや進路に関する資料を数多く用意し、あるいは図書室の資料を活用するだけではなく、S中学校の協力により、ハローワークから詳細な職業別の資料を入手したり、またパソコン室でインターネット回線を利用して調べる準備を整えたりするなど、生徒のキャリアに対するあらゆるイメージ形成に対応可能な環境を整備した。こうした資料の多くは、生徒自身が自由に切り取ることを認め、生徒のプレゼンテーション資料作成に活用できることを保証した。

　生徒はこれらの大量の資料に触れながら、大学教員・学術研究員・大学院生・中学教員・保護者と協働的にコミュニケーションを図りながら、自らのキャリア・イメージを徐々に獲得していった。この際、教員らは子どもの声にできる限り耳を傾け、何ら命令することなく、生徒がキャリア・イメージを自由に描き出せるように留意した。イメージのわかない生徒に対しては、職業やキャリアを概観できるような資料を提示し、その中から希望のキャリアを見出せるように方向付けることも適宜行うように心掛けた。

　本実践の二週目には、生徒らは、前週までに獲得したキャリア・イメージを、同級生に加えて大学教員・学術研究員・大学院生・中学教員・保護者の前でプレゼンテーションした。前週に完成しなかった生徒も、S中学校の協力により、この週までには全員プレゼンテーション資料を完成させた。プレゼンテーション資料については、A1サイズの模造紙1枚に多色ペンを使用したり図を用いたり、場合によっては資料の切り抜きを貼り付けたりするなどの工夫を凝らしたものに仕上げる者が多かった。資料作成が初めてで戸惑う者のために、サンプルを用意して、それを参照しながら作成に取りかかれるように配慮した。プレゼンテーションは、一部の生徒だけでなく、全員が行えるように構成し、多様なキャリア・イメージの開陳によって豊かな可能性を感知できるように構成した。

3　アウトリーチ型キャリア教育講座の目的

　以上が、本実践及び本研究の概要である。本実践の研究目的は主に二つある。一つは、保護者や地域住民が学校改善支援者として成長してゆける仕組みを開発しながら、児童・生徒の「生き抜く力」の獲得可能なプログラムをキャリア教育の枠組みの中で開発すること、もう一つは、児童・生徒が本キャリア教育プログラムに参加することで、自らの将来に具体的なイメージを持つだけではなく、その将来を実現するための具体的なプロセスを獲得する力を身に付けることである。

　前者の目的に関わる背景としては、2004（平成16）年の「地方教育行政の組織及び運営に関する法律」の改正によって、学校運営協議会を設置するコミュニティ・スクールが制度化されて以降、徐々に学校運営協議会を設置する学校は増加している。学校の教育に参画する保護者や地域住民が自らの教育力をスキルアップしながら、児童・生徒の成長を支援していくためには、保護者・地域住民と学校とが連携した教育プログラムの開発が求められている。梶（2010）が学校運営協議会を設置した学校についての調査・分析から明らかにしているように、学校運営協議会の課題として、どちらも回答のうち50％超を占めた「学校運営協議会の存在や活動が保護者地域に余り知られていない」や「会議の日程調整・準備に苦労する」と並んで、40％を占めた「適切な委員の確保・選定に苦労する」という回答が挙げられる[(4)]。この調査・分析が示すように、地域住民や保護者の学校運営への参画意識の向上はコミュニティ・スクールを推進するうえでの課題となっている。

　そこで本研究では、大学がアウトリーチ型キャリア教育として実施可能なプログラムを開発し、そのプログラムを地域住民・保護者・学校・大学で協働的に運営しながら、その成果と課題を検討することで、将来的にコミュニティ・スクールに主体的に参画し得る地域住民・保護者の教育力の充実に資することを目指すこととした。

　後者の目的に関わる背景としては、児童生徒にとって自らのキャリアを主体的に考える機会は比較的限定されており、自らのキャリアをめぐる保護者とのコミュニケーションの機会も同様に限定されていることが挙げら

れる。本研究では、自らのキャリアを主体的に見つめる機会となり得るプログラムを提供することで、キャリア・イメージを明確化すること、さらにそのイメージを実現するステップを具体的に明らかにできる技術を修得することを目指すこととした。

　そもそも「キャリア」という言葉の語源は、厚生労働省も「キャリア形成の意義」を述べる際に言及しているように[5]、中世ラテン語「carraria」＝「轍（わだち）」である。「轍」は本来「馬車が通った後にできる跡」を意味する言葉だが、これを人生に当てはめて「人が辿る行路やその足跡、経歴、遍歴」を意味することとなった。この「career」概念の決定的な特徴は、「保有者・保菌者・運び手」を意味する、自らの意思で形成・変更することが不可能である「carrier」という類似概念とは異なり、自らの意思によって形成・変更が可能な点にある。とりわけバブル経済崩壊後の我が国における経済状況の変化に応じる形でこの観点を導入し、従来のマッチング型の進路指導教育からキャリア発達を支援するキャリア教育への転換が目指されることとなった。実際2004（平成16）年文部科学省の「キャリア教育の推進に関する総合的調査研究協力者会議報告書」においても、進路指導や職業教育と区別する形でキャリア教育の必要性が指摘されているが[6]、リーマンショックを経た現在の状況に対応した在り方模索が新たに求められている。

　本研究では、アウトリーチ型キャリア教育プログラムの開発と、その分析・考察による効果の検証を通じて、地域住民・保護者の教育力の充実と児童生徒に対するキャリア支援の在り方についての一定の示唆を得ることを目指したい。本研究における課題の大きな枠組みにおける目標としては、キャリア教育の方法・内容に関する具体的なモデルを提示し、教科開発学において教育学と教科学とを架橋する教育環境学の課題に応答することである。

第 **3** 節

調査および検証の方法

1　質問紙調査の概要

　本研究では、本活動に参加した生徒及び活動を参観した保護者に対して、今回の取り組みがどの程度子どもたちのキャリア意識の促進に効果があったのか、また、子どもと保護者との間でどの程度キャリア意識に差があるのかを検証するため、二週目の授業後に質問紙調査を実施した。質問内容としては、日頃のキャリア教育の意識や本授業での感想を問うものであり、大きく四つのカテゴリに分類した。それぞれのカテゴリは「A 普段の様子について」「B 授業について」「C 大学教員・大学院生との活動について」「D 学校への支援について」である。これら一つのカテゴリにつき五つの質問項目を設けており、A及びBの質問項目については、生徒と保護者で対応した内容に設計した。得られた回答は、生徒37名（男子18名、女子19名）、保護者30名の計67名であり、有効回答率は100%であった。

2　調査票の構成

　調査票は生徒用と保護者用の二種類を用意し、無記名で回答を得る形式を採った。調査票はカテゴリAからDを含む問1と、自由記述を含む問2から構成されている。問1では、各質問において五件法を採用し、問2の自由記述では今回の授業について自由に感想を述べてもらい、最後に、今後同様の取り組みがあった際にまた参加したいかの意識を「はい・いいえ・どちらともいえない」から問う選択式とした。

　問1を構成する四つのカテゴリはそれぞれ以下の意図を持つ。まず、カ

テゴリA・Bは将来の夢・職業に対し親子間に意識のギャップがあるかを浮き彫りにするもので、カテゴリCはアウトリーチ型キャリア教育が生徒と保護者にもたらす効果を測るために設定された。さらに、カテゴリDは、アウトリーチ型の実践が学校と地域の連携の推進に寄与するものであるかを問うことが目的であった。

　調査に際し、対象校には本調査の目的や、調査への参加は自由意志であること、個人情報に配慮して回収された調査票を扱うことなどについて倫理的に配慮する旨を説明し、同意を得た上で調査を実施した。

3　検証の方法

　質問紙調査により、生徒、保護者から得られた回答を集計した結果、図4-1〜図4-8のようになった。この結果に対する分析手法としてt検定及びχ²検定を用いた。また、授業の感想の自由記述に対して、共起分析を行った。この分析方法を用いることにより、複数の自由記述に対して回答全体を概観できる。以上の分析を用いることにより、得られた効果や課題について述べていく。なお、グラフと表におけるパーセンテージの表記については調査対象者の人数が少ないことから整数値での表記とした。

第 4 節

質問紙調査の結果

1　生徒と保護者のキャリア意識について

❶キャリア意識のギャップ

　表4-1はt検定の結果である。その結果、「A2（お子様は）将来の夢・職業を持っていますか（持っていると思いますか）」「A3 今、学校や塾で学んでいることが、将来の自分（お子様）の夢・職業につながっていると考えていますか」「A4（お子様は）将来の夢・職業に向かって努力したり、生活や勉強の仕方を工夫したりしていますか」の項目について、生徒と保護者との間で有意差が見られ、生徒の平均値の方が高かった。一方、「A1 将来の夢・職業について保護者の方に話すことがありますか」「A5（お子様の）将来の夢・職業を達成するための方法は知っていますか」の項目については、有意差は見られなかった。このことから、保護者が日頃感じているよりも、生徒は夢や職業について考えていたり、努力や工夫をしていると考えていたりする可能性や、逆に生徒自身が普段の生活において十分に努力をしていると過信している可能性も考えられる。すなわち、日頃のキャリア意識について生徒と保護者の間で現状の認識においてギャップが大きいことが示唆される。このことは、家庭で生徒のキャリアを考えていく際に生徒と保護者の意識の共有に課題があり、進路選択に弊害をもたらす可能性がある。そこで、こうしたキャリア意識のギャップについて普段から意識し、生徒と保護者間で理解を深めることや方向性を調整していくことが、キャリア教育としての重要な視点の一つであるといえるだろう。

❷家庭における会話とキャリア意識

　「A 普段の様子について」の質問項目に対して、家庭における保護者との会話と生徒のキャリア意識との関係性について明らかにするため、「A1

将来の夢・職業について保護者の方に話すことがありますか」の項目について「とてもよくあてはまる」「だいたいあてはまる」と答えた生徒22名と、「どちらともいえない」「あまりあてはまらない」「まったくあてはまらない」と答えた生徒15名の2群に分類し、他の項目との間でχ^2検定を行った（表4-2）。その結果、「A4 将来の夢・職業に向かって努力したり、生活や勉強の仕方を工夫したりしていますか」の項目について5％水準で、「A5 将来の夢・職業を達成するための方法は知っていますか」の項目について1％水準で有意な結果となった。このことから、普段から保護者とキャリアについての会話をすることにより、生徒は将来に向けての努力の仕方やそれらを達成するために必要な方法などを知識としてより強く共有していることが考えられる。こうしたことからも、普段からの保護者との会話は子どもの将来の道筋を明確にすることに寄与すると考えられる。

2　アウトリーチ型キャリア教育講座の有効性について

❶生徒における有効性

　生徒について、質問紙調査の回答結果から次の二つの有効性が明らかとなった。

　一点目は、自己の進路の明確化である。図4-2から分かるように、全体的な回答の傾向として授業に対して肯定的なものが多くなっており、今回の授業を通して、生徒自身のキャリアについて考える機会を与えることができたと考えられる。特に、「B1 今後どのようなことをすれば良いかわかりましたか」「B2 今後の進路選択の役に立ちましたか」「B5 どのような勉強をすれば将来の夢・職業に到達できるかわかりましたか」の項目については、およそ80％の生徒について「とてもよくあてはまる」「だいたいあてはまる」のいずれかの回答となっていることが分かる。このことから、改めて自己に顕在化している将来の夢や職業について図示することにより、やりたいことや興味のあることをより具体的に整理でき、また、それらへの道筋をより明確にイメージすることができたものと考えられる。

　二点目は、大学教員や大学院生の参加による、多様な専門的知見を参考

にできた点である。図4-3から分かるように、活動内容や大学教員・大学院生（コーディネーター）が活動へ参加したことについての質問項目への回答結果について、全ての項目において約80％の回答が肯定的なものとなっている。大学教員や大学院生が職業調べや模造紙へのまとめ活動に携わったことについて、生徒の大半が新鮮な経験であり、将来の夢・職業への道筋を考える手助けになったと回答していることから、キャリア教育において、学級担任のみでは職業に関する専門的知識に欠けるという課題について、外部からある程度専門の知見を持った講師が参画することは生徒のキャリア意識を高める活動において効果的であると考えられる。

　以上の二点に加えて、他生徒や保護者の前で発表することによる効果についての有効性も付随的に明らかとなった。図4-3の「C3 将来の夢・希望について発表（プレゼン）することは考えをまとめる上で役に立ちましたか」の回答結果から分かるように、80％以上の生徒は発表する活動が考えをまとめる上で役に立ったと回答している。C4からも、普段聞く機会のないクラスメイトの将来の夢や職業について聞くことにより、知らなかった職業を知ることやこれまで考えなかった将来への選択が広がることが期待できる。

　一方で、若干名ではあるが模造紙へ考えをまとめる活動や人前での発表について否定的な意見も見られた。この結果を踏まえると、クラスメイトや保護者の前で発表することに少なからず抵抗感があったことが推測される。このような生徒の抵抗感はアウトリーチ型の課題として考えられる一方で、これを改善していくためにもまとめる作業のみにとどまらず、人前で発表する経験を積み重ねることで抵抗感を減らしていくことが重要であると考えられる。

　以上の点が、本実践の生徒に対する効果であったと考えられる。

❷保護者における有効性

　保護者についても、質問紙調査の回答結果から次の二点の有効性が明らかとなった。

　一点目は、本実践のような学校の活動へ保護者が参画することにより、今後の活動への参加意欲が見られた点である。本研究の目的にもあるように、将来的にコミュニティ・スクールに主体的に参画し得る地域住民・保

護者の教育力の充実に資するためにも、今回のような学校現場への地域住民の参画は必要不可欠である。

　図4-7（C）の回答に関する以上の考察からは、今回のようなアウトリーチ型授業実践方法やその効果について、保護者が有効性を感じているという認識が得られたが、それが図4-8（D）の回答に反映されている。

　例えば、「D3　今回のような保護者と子どもが一緒に参加する授業は地域の活性化につながると思いますか」、「D4　保護者と子どもが一緒に授業へ参加することは、よいと感じますか」という質問に対して、それぞれ半数近くが「とてもよくあてはまる」と回答しており、「だいたいあてはまる」と合わせると80〜90％にのぼる。このことから、保護者の参加、外部の人間との協働といった開かれた授業形式に対して保護者は極めて肯定的であり、同時に、学校の中での取り組みに対し、その枠を越えた地域への波及効果も期待していることがうかがわれる。

　その一方で、今回の経験を通じて保護者が個人として学校での活動に積極的に協力できるかが問われたD1、D2の質問に対しては、「とてもよくあてはまる」という回答は20％台にとどまった。このことは、D3、D4の質問内容に対し、保護者個人の意識・力量が問われていることに要因があると考えられる。今回のような授業に協力することが地域の活性化や地域住民の学校改善力の向上につながることは理解しながらも、個人としての協力にはまだためらいがあることが推測される。

　それでも、調査票の最後の質問である「またこのような授業があったら参加したいと思いますか」に対しては、90％の保護者が「はい」と回答しており、子どものキャリア形成に対する保護者の意識や、子どもと情報を共有できる機会に対する需要が高いことが明らかとなり、また、地域活性化のツールとしてもこうした授業が機能する可能性が示唆された。

　二点目は、自分の子どもや他者の子どものキャリア意識の様相について保護者が認識できた点である。前述したように、生徒と保護者の間にキャリア意識に関するギャップが見られることがキャリア教育の課題として指摘される。これに対して、授業後の質問紙調査の結果（図4-5、図4-6）から分かるように、今回の授業に参加したことが今後の子どものキャリア形成に関して効果的であったかを問う項目全てに対して、「とてもよくあ

てはまる」「だいたいあてはまる」の回答が70〜90％という高い割合であった。

　特に、「B1　この授業に参加して、お子さんに今後受けさせたい教育についての理解は、深まりましたか」という項目では、「とてもあてはまる」が40％と、5項目のうち最も高く、今回の授業が保護者に対しても有益であると受け止められていることがうかがわれる。

　また、生徒が個人で自分の将来の夢・職業を紙にまとめる活動、人前で発表する活動それぞれについても効果的であるという認識が強く、「C2模造紙に将来の夢・職業への道筋を作っていく活動は、これからの進路を明確にする効果がありましたか」という質問には、「とてもよくあてはまる」が約40％であり、「C3　将来の夢・職業について発表（プレゼン）をすることはお子さんや保護者の方の考えをまとめる上で役に立ちましたか」には、やや増えて50％が「とてもよくあてはまる」と回答した。C3において「とてもよくあてはまる」の回答率が上昇したのは、プレゼンテーションの有効性が子どもに対してだけでなく、保護者に対しても問われていることに起因していると考えられる。これらの点から、保護者が子どもの発表を聞くことにより、子どもの持つ将来の夢や職業への考えを知ることができ、また他の生徒の発表を聞くことにより、自分の子どもとのキャリア意識の比較をすることができたと推測される。

　以上から、本章で示したキャリア教育講座の取り組みは、保護者に対しても学校運営意識の向上に関して有効性があるといえる。

第 **5** 節

分析結果に対する考察

1　共起分析の結果による考察

　アウトリーチ型キャリア教育講座を受けた生徒の感想（自由記述）について、これまでに述べた質問紙調査の結果を踏まえ、考察を行っていく。考察の際には、自由記述の文章の中で、特に出現回数が多かった単語、または単語間の共起が強い単語を中心に考察を行っていく。

　まず、生徒の記述についての分析結果（図4-9）は、共起ネットワークの中心語句として「自分」「明確」が示されており、それらと関連の強い語句として「夢」「職業」「考える」「なる」が示されている。このことから、本授業の効果として、生徒の持つ夢や職業についてより明確に考えさせたことが挙げられる。これに関する具体的な記述としては「今回の授業で自分の将来の夢が明確になってよかった。みんなの意見を聞いて少し考えることもあり、いい体験だった」「自分やクラスのみんなの将来の夢が明確にわかり、いい体験になったと思います」「自分の夢について、どうすればなれるかなど職業への道筋とかが分かったので良かったです」（原文ママ）といった感想が見られた。また、「伝える」「就く」「見つかる」「機会」「考え」の語句も関連性が見られており、実際に模造紙へまとめる作業や他者へと伝える作業を通して、改めて将来について考える機会になったことが示唆される。

　また、「大学教員や大学院生と一緒に活動できて知らなかったことも分かっていい経験になった」といった記述から見られるように、外部からスタッフが参加したことについて肯定的に捉えた感想も見られた。この点から、単に学校の教員が指導するだけではなく、外部から専門性のある講師が活動に加わることにより、より具体性のある将来へのイメージを持てた

可能性がある。これらの結果より、授業を通して生徒は将来の自分の目標をより明確にイメージしており、さらに発表をさせる活動により他生徒の夢や目標の共有、発表準備におけるビジョンの整理が行えたと考えられる。

　次に、保護者について分析結果（図4-10）の考察を述べていく。保護者における共起ネットワークでは、共起ネットワークの中心語句に「他」「聞く」「考える」が強く示されており、これらの関連語句として「お子様」「共々」「親子」「自分」などの語句が関連性を示している点である。保護者が授業を参観できる授業形態にしたことにより、自分の子どもだけでなく、他の生徒の発表を聞くことで、改めて子どものキャリアについて考え直す機会になった可能性が考えられる。具体的な記述としては、「自分の子どもの話は聞いていたが、今回他の子の考え、発表を聞き、とても参考になりました」「普段、家ではあまり会話がないのでこのような機会で本人の夢が聞けてよかったです。他の子の夢も素晴らしいと思いました」「普段の会話にはなかったような内容を聞けてよかったです」という感想が見られたように、普段なかなか将来の夢や目標について話すきっかけを持ちづらい家庭についてもこうした発表機会を設けることで、親子で情報を共有できる機会になったと考えられる。

　その他、「思う」「知る」「職業」の語句についても出現回数が多くなっている。これについて、生徒の発表を通して、保護者自身も職業について知ることができたことが示唆される。

　以上の点を踏まえ、保護者についても今回の授業において子どもの持つ目標の認識やそこに行き着くまでの道筋を共有できたことが本実践の成果として挙げられる。

2　アンケート分析結果に基づく総合的考察

　本プログラムへの参加という限定的な範囲ではあるが、それを通じて、参加した生徒は、それまで漠然としていた自らの将来に対するイメージをより具体的な形態へと展開することが可能となったと見ることができる。このことは、アンケート調査の結果からもうかがえた。

　また、本研究において特筆すべき点は、このキャリア教育プログラムの実践に、大学教員及び大学院生を中心とした年長者の導きや高等教育で得られる知見を関与させることで、生徒の日常的な視点にいわば非日常的な視点をもたらし、そのことを通じてイメージの具体化を加速させる点にある。本実践が「総合的な学習の時間」を中心としたカリキュラム全体の枠組みで実施されたことも、教育環境において調べ学習や他者とのコミュニケーションを前提に置くことでより活発化し、教育環境学の課題への応答可能性を高めた。

　特に思春期の子どもと保護者との関係においては、進路や夢といった子どものキャリアのイメージを共有することが困難になりがちである。普段から保護者と話すことはもちろん重要だが、こうした状態を乗り越えるためには、アウトリーチ型キャリア教育を導入することによって、キャリア教育それ自体が実質的に活性化することも必要である。また、具体的なキャリア・イメージを描きにくい生徒にとっても、他の生徒の多様なキャリア・イメージ群をプレゼンテーションの場で共有できることは、一定の有効性を持ち得る。このことは、保護者にとっても同様の効果を持つ。すなわち、保護者の視野もより具体的に広がることが可能となる。

　本研究においてアウトリーチ型という方法を採用したねらいはここにあり、アンケート結果からもこのことが示唆された。本研究では調査対象数は少ないため、一般的傾向を導出するまでには至らないが、限られた対象からでも構造化を試みることで、生徒の語りの中に将来へのイメージを獲得する要素を見出し、授業実践全体を通じて、そのイメージを支える要素についての示唆を得ることを目指した。

　授業実践の柱の一つとして、生徒によるプレゼンテーションの場においては、他者を受け入れることが重視された。すなわち、同級生が苦労して獲得したキャリア・イメージを、それがどんなに稚拙に見えようとも、それを拒否するような姿勢ではなく、それを肯定し、むしろ同級生を勇気づける姿勢が重視された。プレゼンテーションに際しては、他者のキャリア・イメージが自己のものとは異なっていることを前提としてそれを強調し、他者の形成したキャリア・イメージを肯定的に受け止めることができることを目標とした。この目標は、生徒だけでなく、保護者を含むレシーバー

全員に共有されることも目標とした。生徒にとってキャリア・イメージの
形成とそのプレゼンテーションの際の障壁となり得るのは、同級生だけで
なく周りの大人の拒絶であろうと目されたからである。この環境整備もま
た、アウトリーチ型という方法に基づく産物であるといえる。

第 **6** 節

本章のまとめと今後の課題

　本章では、大学の人的・専門的資源に基づいたアウトリーチ型のキャリア教育講座を中学校で実践した取り組みとその検証結果を示した。本章の内容は、次の3点にまとめられる。

　第1に、本実践では、二つの目的を設定した。一つは、大学が開発したキャリア教育プログラムを、地域住民・保護者・学校・大学が協働的に運用しながら、その成果と課題を検討することにより、将来的にコミュニティ・スクールに主体的に参画する地域住民・保護者の教育力の充実に資することである。もう一つは、生徒がキャリア教育プログラムに参加することにより、自らの将来に具体的なイメージを持つだけでなく、その将来を実現するための具体的なプロセスを明らかにする力を身に付けることである。これら二つの目的に即して、生徒が教員・学術研究員・大学院生・保護者らと協働して、キャリア・イメージを具体化していくことと、生徒自身が全員の前でその具体化したキャリア・イメージをプレゼンテーションすることで、それを共有することができた。その際、先行実践に参加した保護者が本実践の有力なアドバイザーの役割を発揮できるよう配慮したことにより、実践を円滑かつ効果的に実施することができた。

　第2に、実践結果の検証により、生徒については今回の授業によって将来の夢や職業への道筋をより明確にイメージすることができたという点で、本実践が効果的であったことが明らかになった。また、保護者にとっても、外部の人間との協働という開かれた授業形式について、肯定的であるだけでなく、さらに、保護者と子どもが一緒に参加する授業は、地域活性化のツールとしても機能する可能性を持つものであることが明らかになった。

　第3に、本実践が地域と連携したキャリア教育の方法・内容に関する具

体的なモデルを提示したことは、大学教員及び大学院生等を中心とする大学の専門的知見を関与させる中で、中学生が自らの将来に対するイメージをより具体的な形態へと発展させ得るものであることを確認できた。このことから、本実践の取り組みは、教育環境学の視点からも、その進展に寄与し得るものといえる。

　なお、中学2年生という発達段階から、進路についての悩みを持つ生徒もおり、自分の考えを人前で発表することへの抵抗感が起こることも推測される。生徒の学習活動においては、このような抵抗感を軽減することに配慮していくことが、今後もアウトリーチ型の取り組みを実践する場合の課題である[7]。

　また、本実践では調査対象数が少ないことから、今後他の学校でも本実践の成果を踏まえた取り組みを行い、検証の精度を高めることが求められる。その際、実施する学校種としては、本実践が対象としたように、中学生の時期に将来の進路を具体的に考え始めることが多いことから、中学校が望ましいといえる。

註

(1)「親子で夢づくり講座」の実践および検証は、下記報告書により示されている。
静岡大学教育学研究科附属教員養成・研修高度化推進センター（2015）、7〜25頁
(2) 詳しくは、一般社団法人全国高等学校PTA連合会・株式会社リクルートマーケティングパートナーズ（2013）を参照のこと。
(3) この成果については、数量的にも裏付けられている。次を参照のこと。静岡大学教育学研究科附属教員養成・研修高度化推進センター（2015）、11頁以下。
(4) 梶輝行「学校運営協議会における『意見』の実態と運営上の課題」、佐藤晴雄編著（2010）所収、88頁以下。
(5) 厚生労働省 2002『キャリア形成を支援する労働政策研究会報告書』（2015年8月11日アクセス）。(http://www.mhlw.go.jp/houdou/2002/07/h0731-3a.html)
(6) 文部科学省 2004「キャリア教育の推進に関する総合的調査研究協力者会議報告書」14頁以下（2015年8月11日アクセス）。(http://www.mext.go.jp/b_menu/shingi/chousa/shotou/023/toushin/04012801/002/010.pdf)
(7) この点については、後に筆者が実施した地域連携型キャリア教育において、校長、学年主任と十分な打ち合わせを行い、生徒個人による職業調べの段階、グループ活動の段階、全体発表の段階というように段階的な取り組みを行うようにしている。また、発表の際の司会進行を生徒が担当するなどして、生徒同士の抵抗感が少なくなるような配慮を行っている。調査対象者数の課題に関しては、実践の度毎に生徒の負担の少ない自己評価を兼ねた質問紙調査を実施し、調査対象者数を増やすようにしている。

引用文献

○ 一般社団法人全国高等学校ＰＴＡ連合会・株式会社リクルートマーケティングパートナーズ『第6回 高校生と保護者の進路に関する意識調査報告書』2013年
○ 臼木悦生・田中宏和「主体間相互支援モデルによる地域連携型キャリア教育の在り方に関する考察―東京・大田区の中学校の事例研究から―」『キャリア教育研究』第28巻第1号、2009年、1〜8頁
○ 萱野貴広・熊野善介・長友信也・池谷渉・斎藤昭則「中学校におけるキャリア教育実践プログラムの開発：理科」『静岡大学教育学部研究報告. 教科教育学篇』第42号、2011年、119〜131頁
○ 川端亜紀子・河﨑智恵「大学生のライフストーリーにみるキャリア決定プロセス」『奈良教育大学紀要 人文・社会科学』第57巻第1号、2008年、181〜190頁
○ 河﨑智恵・川端亜紀子「卒業後のキャリア発達に寄与するキャリア教育の検討―中学校におけるキャリア教育プログラムの作成―」『学校教育実践研究』第1号、2009年、39〜48頁
○ 国立教育政策研究所編『教員環境の国際比較―OECD国際教員指導環境調査（TALIS）2013年調査結果報告書』明石書店、2014年
○ 小松祐貴「中学校理科におけるキャリア教育の実践：理科の授業で地域の職業人を有効活用するための方策」『教育実践研究』第22号、2012年、147〜152
○ 佐藤晴雄編著『コミュニティ・スクールの研究―学校運営協議会の成果と課題』風間書房、2010年
○ 静岡大学教育学研究科附属教員養成・研修高度化推進センター『平成26年度一般社団法人ふじのくに地域・大学コンソーシアム学術研究助成 静岡県民の学校改善力育成に向けたプログラム開発事業報告書』2015年、7〜25頁
○ 辰巳哲子「キャリア教育の推進に影響を与えるカリキュラムマネジメント要素の検討―全国の中学校に対する調査分析結果から―」『キャリア教育研究』第31巻第2号、2013年、37〜44頁
○ 橋本祥夫「キャリア教育を中核に据えた中学年社会科のカリキュラム改善」『教育実践研究紀要』第11号、2011年、21〜30頁
○ 文部科学省『小学校・中学校・高等学校キャリア教育推進の手引き―一人一人の勤労観、職業観を育てるために』2006年
○ 山﨑保寿・酒井郷平・田中奈津子・中村美智太郎・島田桂吾・三ッ谷三善「アウトリーチ型キャリア教育の実践に関する研究―出張講座を通した学校と地域の連携を推進する授業実践の検証―」『静岡大学教育研究』第12号、2016年、25〜37頁
○ 山田智之「職場体験による中学生進路成熟及び自律的高校進学動機の変容と影響要因」『キャリア教育研究』第30巻第1号、2011年、1〜14頁
○ 山田智之「中学校3年生の自律的高校進学動機の変容」『キャリア教育研究』第33巻第1号、2013年、1〜14頁

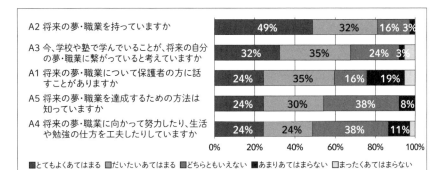

図4-1.「A　普段の様子について」集計結果（n=37）

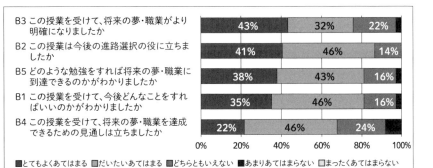

図4-2.「B　授業について」集計結果（n = 37）

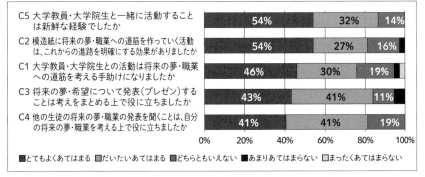

図4-3.「C　活動内容や大学教員・大学院生との活動について」集計結果（n=37）

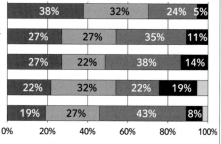

図4-4.「D 学校への支援について」集計結果（n=37）

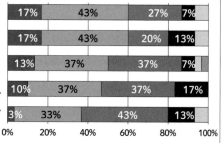

図4-5.「A 普段の様子について」集計結果（n=37）

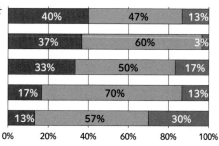

図4-6.「B 授業について」集計結果（n = 37）

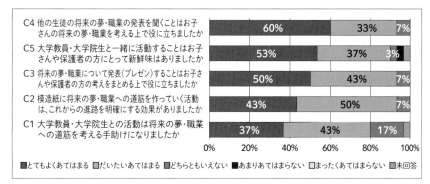

図4-7.「C　活動内容や大学教員・大学院生との活動について」集計結果（n=37）

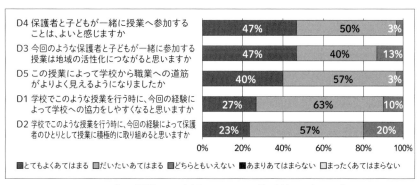

図4-8.「D　学校への支援について」集計結果（n=37）

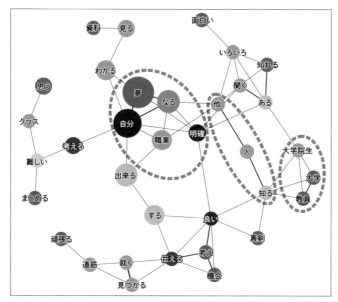

図4-9．共起分析結果【生徒】（n=37）

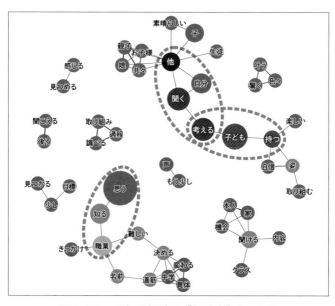

図4-10．共起分析結果【保護者】（n=30）

表4-1.　生徒と保護者における平均値の差の検定結果（n=67）

調査項目	生徒 (n=37)		保護者 (n=30)		t値	
	平均	S.D.	平均	S.D.		
A1.　将来の夢・職業について保護者の方に話すことがありますか	3.54	1.22	3.50	1.14	0.14	
A2.　（お子様は）将来の夢・職業を持っていますか（持っていると思いますか）	4.27	0.84	3.57	1.07	3.01	**
A3.　今、学校や塾で学んでいることが、将来の自分（お子様）の夢・職業につながっていると考えていますか	3.86	1.08	3.40	0.89	1.88	*
A4.　（お子様は）将来の夢・職業に向かって努力したり、生活や勉強の仕方を工夫したりしていますか	3.57	1.07	3.13	0.94	1.75	*
A5.　（お子様の）将来の夢・職業を達成するための方法は知っていますか	3.70	0.94	3.52	0.95	0.79	

＊p<.05　＊＊p<.01

表4-2.　日常における生徒と保護者の会話とキャリア意識に関するχ^2検定結果（n=37）

	保護者と話す (n=22)		保護者と話さない (n=15)			
	とてもあてはまる すこしあてはまる	あまりあてはまらない まったくあてはまらない どちらともいえない	とてもあてはまる すこしあてはまる	あまりあてはまらない まったくあてはまらない どちらともいえない	χ^2値	p値
	回答人数	回答人数	回答人数	回答人数		
A2.将来の夢・職業を持っていますか	20 (54%)	2 (5%)	10 (27%)	5 (14%)	3.42	0.06
A3.学校や塾で学んでいることが、将来の自分の夢・職業に繋がっていると考えていますか	16 (43%)	6 (16%)	9 (24%)	6 (16%)	0.66	0.42
A4.将来の夢・職業に向かって努力したり、生活や勉強の仕方を工夫したりしていますか	14 (38%)	8 (22%)	4 (11%)	11 (30%)	4.88	0.03*
A5.将来の夢・職業を達成するための方法を知っていますか	16 (43%)	6 (16%)	4 (11%)	11 (30%)	7.62	0.01**

＊p<.05 ＊＊p<.01

第 **5** 章

中学校における地域連携型キャリア教育の実践とその考察

「社会に開かれた教育課程」を実現する教育環境の構築を目指して

　我が国では、国際化、情報化、少子・高齢化等の進展により、経済・産業構造の変化とそれに伴う雇用形態の多様化が急速に進んでいる。社会の変化が激しくなる中で、若者の進路や職業に関する状況が複雑化している。我が国全体の人口減少[1]が顕著になり、経済・産業の活性化や地方創世が求められる一方で、若者にとっては、将来の見通しが困難な状況が生まれている。就職と雇用に関して、厚生労働省の「若年者雇用実態調査」では、職場における人間関係の問題、業務内容とのミスマッチの問題などに関するものが早期離職理由の上位である[2]。

　こうした状況の中で、児童生徒が社会の変化に対応し、将来を生きる力を身に付け、主体的に自己の進路を選択・決定できる能力を育成するためのキャリア教育が必要とされている。小・中・高校の各学校段階[3]を通じて、系統的・計画的にキャリア教育[4]を推進することが一層重要になっている。新学習指導要領で「社会に開かれた教育課程」の理念が打ち出された今、「社会に開かれた教育課程」を実現する教育環境の構築は大きな課題である。本章では、中学校における地域連携型キャリア教育の実践を示すことにより、「社会に開かれた教育課程」の在り方について考える。

第 **1** 節

地域連携型キャリア教育の推進と
本章で明らかにする内容

　新学習指導要領（小・中学校2017（平成29）年3月改訂、高校2018（平成30）年3月改訂）で提起されている「社会に開かれた教育課程」の理念を基にすれば、地域と連携したキャリア教育を推進していくことが重要であり、そのためのモデルを提示することが喫緊の課題になっている。さらには、開発した地域連携型キャリア教育のモデルをどのように普及させるかも重要な課題である。社会的環境をはじめとする学校を取り巻く教育環境の変化に対応したキャリア教育の在り方として、地域連携型キャリア教育の効果的な方法を研究開発していく必要がある。筆者は、新学習指導要領の告示以前からキャリア教育を研究し実践してきており、その成果を地域連携型キャリア教育の基本モデルとして示してきた[5]。

　新学習指導要領が打ち出した「社会に開かれた教育課程」の理念と地域連携型キャリア教育の必要性を踏まえ、本章では、中学校における地域連携型キャリア教育に関する実践モデルとその計画の構想を示し、事例校で実施した結果について明らかにする。本章で明らかにする内容は、次の3点である。なお、先行研究についても、関連する箇所で検討することにする。

① 　学習指導要領においてキャリア教育が重視されてきたことを明確にするために、前学習指導要領（小・中学校2008（平成20）年3月改訂、高校2009（平成21）年3月改訂）および新学習指導要領におけるキャリア教育の用語とその重視度について明らかにする。

② 　地域連携型キャリア教育のモデル構築に関して、その必要性、実施方法と具体的内容、普及の方法についての研究構想を示す。

③ 　開発した地域連携型キャリア教育を事例校（中学校）で実施し、そ

の結果について分析・考察する。その際、筆者が開発・実践・検証してきた地域連携型のキャリア教育ガイドブック『実践！調べる・考える・聴きあうキャリア教育』の内容を基本モデルとして、新学習指導要領の理念である「社会に開かれた教育課程」の趣旨を踏まえて実践し、その成果に関する検証結果を示す。

第 **2** 節

学習指導要領における
キャリア教育の用語頻度と重視度

　ここでは、前学習指導要領（小・中学校2008（平成20）年改訂、高等学校2009（平成21）年改訂）および新学習指導要領（小・中学校2017（平成29）年改訂、高等学校2018（平成30）年改訂）において、キャリア教育がどのように扱われているか、その重視度についてキャリア教育に関連する用語の頻度をもとに考察する。

　まず、前学習指導要領において特筆すべきことは、キャリア教育という用語が学習指導要領に初めて使用されたことである。その背景として、2006（平成18）年に改正された教育基本法によって、教育の目標を定めた第2条2において、「自主及び自律の精神を養うとともに、職業及び生活との関連を重視し、勤労を重んずる態度を養うこと」が規定された。教育の根幹となる法律で明確に職業観・勤労観に関する内容が示されたことにより、学校教育におけるキャリア教育の重視度が高まったといえる[6]。

　次いで、2007（平成19）年に改正された学校教育法において、義務教育として行われる普通教育の目標を定めた第21条の10で、「職業についての基礎的な知識と技能、勤労を重んずる態度及び個性に応じて将来の進路を選択する能力を養うこと」が規定され、学習指導要領の文言に影響する要因となった。これらの規定は、前学習指導要領の総則に反映され、高等学校学習指導要領においてキャリア教育という用語が初めて使われるとともに、高等学校をはじめ小・中学校においても教育課程編成に際して各学校で配慮されることになった。

　前高等学校学習指導要領において、キャリア教育という用語が使用された箇所は、「第1章　総則」の「第5款　教育課程の編成・実施に当たっ

て配慮すべき事項」の「4　職業教育に関して配慮すべき事項」であり、そこで、「(3) 学校においては、キャリア教育を推進するために、地域や学校の実態、生徒の特性、進路等を考慮し、地域や産業界等との連携を図り、産業現場等における長期間の実習を取り入れるなどの就業体験の機会を積極的に設けるとともに、地域や産業界等の人々の協力を積極的に得るよう配慮するものとする」（下線筆者）とされた。この項目は、下線部分からも分かるように、普通科の高等学校においても教育課程の編成・実施に当たって配慮すべき事項である。そして、同じく第1章第5款の「5　教育課程の実施等に当たって配慮すべき事項」で、「(4) 生徒が自己の在り方生き方を考え、主体的に進路を選択することができるよう、学校の教育活動全体を通じ、計画的、組織的な進路指導を行い、キャリア教育を推進すること」とされた。このようにして、2009（平成21）年改訂の高等学校学習指導要領で、小・中・高等学校を通じて初めてキャリア教育という言葉が学習指導要領で使用されたのである。

　その後、中央教育審議会答申「今後の学校におけるキャリア教育・職業教育の在り方について」（2011.1.31）において、幼児期の教育から高等教育に至るまでの体系的なキャリア教育の推進の在り方が示された。同答申では、従来からキャリア教育によって育成すべき能力として示されてきた4領域8能力をより一般性の高い基礎的・汎用的能力に再整理し、基礎的・汎用的能力が以降におけるキャリア教育の代表的な能力枠組みとなってきた。基礎的・汎用的能力は、国立教育政策研究所が研究したキャリア発達に関わる諸能力に基づいたものであり、「人間関係・社会形成能力」、「自己理解・自己管理能力」、「課題対応能力」、「キャリアプランニング能力」である。

表5-1. 2008・2009年改訂学習指導要領　キャリア教育関連用語の頻度

校　種 用　語	小学校	中学校	高等学校
キャリア教育	0	0	2
就業体験 （インターンシップ）	0(0)	0(0)	15(0)
職場体験	0	4	0
職場見学	0	0	0
ボランティア	4	6	7
生き方	7	10	34
将来（の生き方）	2	8	5

表5-2. 2017・2018年改訂学習指導要領　キャリア教育関連用語の頻度

校　種 用　語	小学校	中学校	高等学校
キャリア教育	1	1	4
就業体験 （インターンシップ）	0(0)	0(0)	17(0)
職場体験	0	3	0
職場見学	0	0	0
ボランティア	3	4	8
生き方	7	14	55
将来（の生き方）	10	13	29

　また、新学習指導要領では、キャリア教育という用語が小学校で1回、中学校で1回、高等学校で4回使われており、前学習指導要領よりキャリア教育の用語頻度が増加するとともに、「生き方」「将来」という語も前学習指導要領より使われ方が多くなっている。本研究の対象校種である中学校に関しても、キャリア教育という用語が学習指導要領で初めて使われている。中学校新学習指導要領では、キャリア教育という用語が、「第1章総則」における「第4　生徒の発達の支援」の「1　生徒の発達を支える指

導の充実」で、「⑶ 生徒が、学ぶことと自己の将来とのつながりを見通しながら、社会的・職業的自立に向けて必要な基盤となる資質・能力を身に付けていくことができるよう、特別活動を要としつつ各教科等の特質に応じて、キャリア教育の充実を図ること。その中で、生徒が自らの生き方を考え主体的に進路を選択することができるよう、学校の教育活動全体を通じ、組織的かつ計画的な進路指導を行うこと」と示されている。このように、新学習指導要領では、キャリア教育の用語の頻度が多くなっているだけでなく、その文脈が示す内容に関しても、キャリア教育の重視度が増している[7]。前学習指導要領および新学習指導要領におけるキャリア教育関連用語の頻度を表5-1、表5-2に示す。

第 **3** 節

地域連携型キャリア教育のモデル構築の必要性と推進拡大の構想イメージ

1　地域連携型キャリア教育のモデル構築の必要性

　新学習指導要領で「社会に開かれた教育課程」の理念が提起されたことにより、地域連携型キャリア教育の実践モデルを研究開発することの必要性が一層高まっている。この理念は、将来の予測が困難な時代を生きていく児童生徒に必要な資質・能力を育成していくためには、社会的変化を視野に入れつつ、学校と地域社会が総がかりで対応していく必要があることから打ち出されてきたものである[8]。

　「社会に開かれた教育課程」の理念を最初に明確化したのは、中央教育審議会教育課程企画特別部会の「論点整理」(2015.8.26)である。そこでは、「社会に開かれた教育課程」の条件を3つ示しており（表5-3）、その理念は、以降の中央教育審議会答申（2016.12.21）、小学校・中学校の新学習指導要領（2017.3.31）および高等学校学習指導要領（2018.3.30）、特別支援学校学習指導要領(2017.4.28)に引き継がれている。したがって、「社会に開かれた教育課程」の3条件は、新学習指導要領の理念といえるのである。

表5-3.「社会に開かれた教育課程」の３つの条件

① 社会や世界の状況を幅広く視野に入れ、よりよい<u>学校教育を通じてよりよい社会を創るという目標を持ち、教育課程を介してその目標を社会と共有していく</u>こと。
② これからの社会を創り出していく子供たちが、社会や世界に向き合い関わり合い、自らの人生を切り拓いていくために<u>求められる資質・能力とは何かを、教育課程</u>において明確化し育んでいくこと。
③ 教育課程の実施に当たって、地域の人的・物的資源を活用したり、放課後や土曜日等を活用した社会教育との連携を図ったりし、<u>学校教育を学校内に閉じずに、その目指すところを社会と共有・連携しながら実現させること。</u>

（「論点整理」2015傍線筆者）

　このように、新学習指導要領のキーワードである「社会に開かれた教育課程」の理念は、児童生徒に将来必要となる力の育成を地域社会との連携および協働を通じて実現していくことを趣旨とするものである。この理念は、従来以上に、学校の教育課程と地域社会との密接で協働的な関係の構築を目指すものであるといえる。

　新学習指導要領が目指す「社会に開かれた教育課程」の理念は、学校と地域が、教育活動の協働、教育目標の共有、成果の点検と評価、地域還元など、一層緊密な関係を築き児童生徒が将来を生きる力を育もうとするものである。この理念は、児童生徒の職業観・勤労観を育成し職業的・社会的自立を目指すキャリア教育の趣旨と通底するところが多く、「社会に開かれた教育課程」の実現を意図したキャリア教育の展開が、現在、大きな課題となっているのである。

　さらに、人口減少社会の到来と学校における教員の多忙化軽減は、本研究推進に際しての背景の一つである。我が国の将来人口予測に基づけば、国全体の人口が減少の一途をたどる中で、生産年齢人口が減少していくとともに、高齢化率が増加していくことが予想されている。国全体の人口減少は、経済・産業の活性低下、生産年齢層の労働力不足、地方の衰退といった問題だけでなく、少子化による学校規模の縮小や再編統合などこれまでにない様々な問題を招き、学校教育も無縁ではいられない。こうした予測を踏まえ、今後の地方創世に果たす学校教育の役割を考えれば、地域連携型キャリア教育の実践により、地域の活性化、地域住民・教員・保護者・

児童生徒の生きがいと価値の創造、「社会に開かれた教育課程」の理念の実現、教員の多忙化軽減と教育活動の充実につなげていくことが重要になる。

　また、本章で示す実践の背景には、「社会に開かれた教育課程」の開発と実践という今日的課題があり、その一領域となるキャリア教育に関する実践的で有効な研究が未だ十分に蓄積されていない点がある。藤岡秀樹(2015)[9]は、日本キャリア教育学会紀要の掲載論文をもとにキャリア教育の研究動向を分析している。その分析においても、「社会に開かれた教育課程」の理念と同様の趣旨を踏まえた地域連携型のキャリア教育に関する開発的研究は僅少である。筆者は、これまでキャリア教育をテーマとした研究を継続[10]してきており、その一端を教育環境学との関係を視野に入れ考察してきた[11]。本章で示す実践に直接的につながるカリキュラム開発の先行研究・実践として、アウトリーチ型の地域連携型キャリア教育の方法を開発し、その成果を発表してきた[12]。本章で示す実践の意義は、これら一連の研究・実践を継続し、一層普及性の高い地域連携型キャリア教育のモデルを提示することにある。

2　本章で示す実践の構想イメージと年次計画

　本章で示す実践では、前述した「社会に開かれた教育課程」の理念を踏まえ、地域住民主体のキャリア教育の実践モデルを開発する。本章で示す実践は、「社会に開かれた教育課程」の理念の実現を図る有意義な方策について、中学校を事例として具体的に示すと同時に、それを地域住民主体のキャリア教育を開発実践しモデル化することにより、教員の多忙化軽減につながる方策としても活用することを意図するものである。本章で示す実践で開発した地域連携型キャリア教育の実践モデルを新たなガイドブックの形にまとめ、教育委員会・学校等に広く配布するとともに、教員研修を推進することによって、広く普及を図る構想イメージを持つものである。
　本章で示す実践の構想は、概略次の３段階からなる（図5-1）。

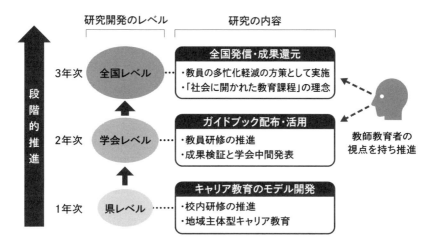

図5-1. 本実践の構想イメージと年次計画の内容

① （１年次）新学習指導要領が提唱する「社会に開かれた教育課程」の理念を踏まえ、中学校における地域との連携・協働の緊密化を図ることによって、一層有効な地域連携型キャリア教育の実践モデルを開発する。この実践モデルは、最終的に地域住民が主体となり、教員の負担を助け充実した教育活動の実現を図るための一方策とすることを目指すものである。

② （２年次）開発実践した地域連携型キャリア教育の成果を検証し、実践モデルに関する研究成果を学会等で発表（中間発表を含む）する。研究成果に基づくキャリア教育の実践方法をガイドブックとしてまとめる。ガイドブックについては、教育委員会・学校等、関係機関に広く配布する。

③ （３年次）作成したガイドブックを活用し、学校単位、教育委員会（県市町村）単位の教員研修を計画し実施する。その際、現職教師の成長を図るために、学校の課題解決、地域と学校の連携促進、新しい情報や方法の提供など、教師教育者が果たす役割を視野に入れる。

3　重要となる教師教育者の役割

　本章で示すような実践を推進拡大していく際に重要となるのは、教師教育者の役割である。今後、本章で示す地域連携型キャリア教育の実践を推進拡大していくには、学校における校内研修、都道府県・市町村の教育委員会レベルにおける教員研修、学会・研修会等における全国発信が欠かせない。特に、前述した構想イメージの2・3年次には、教育委員会レベルや全国レベルの教員研修会において、本章で示す実践の意義、目的、内容、方法、特徴等を教員に理解してもらうことが必要であり、教員研修会における指導者の役割が重要なものとして求められる。

　教師を指導する専門家として、教育研究者、教育委員会指導主事、学校管理職などを総称した教師教育者（Teacher Educator）という概念が注目されている。教師教育者の概念は、オランダのミーケ・ルーネンベルク、ユリエン・デンヘリンク、フレット・A・J・コルトハーヘン等によって明確にされてきたものであり、我が国へは、武田信子、山辺恵理子、入澤充、森山賢一によって翻訳・紹介されている[13]。教師教育者とは、「専門性開発を支援する目的で、教師（を目指す者）を教えたりコーチングしたりするすべての者」であり、「教師教育機関や学校において、教職課程の学生、経験の浅い教師、現職の教師を教え、支援することに責任を負っているすべての者が含まれる」（前記注の訳書）とされている。

　教師教育者の役割は、「教師の教師」、「研究者」、「コーチ（指導員）」、「カリキュラム開発者」、「ゲートキーパー（門番）」（教員志望者の採用を判断する役割）、「仲介者」（組織間や専門家間をつなぎ推進発展させる役割）である。本章で示すような地域連携型キャリア教育の実践を推進拡大していくには、まず、実践の意義、目的、内容、方法、特徴等に関する教員への周知を前提条件として図っていかなければならない。そして、教員への周知という前提条件だけでなく、生徒や地域の実態に応じたさらなる実践の改善や生徒に育成する資質・能力を一層明確化したカリキュラムの開発等も求められる。そのために、「教師の教師」、「コーチ（指導員）」、「カリキュラム開発者」、「仲介者」といった教師教育者の役割が特に重要になる。

　本章で示す実践はもちろんであるが、今後、様々な新しいカリキュラム

を学校に導入する場合、それを円滑に推進拡大するための教師教育者の役
割が注目される。

第 4 節

地域連携型キャリア教育の 開発と実践

　本章で示す実践は、筆者が研究代表として作成したガイドブック『実践！調べる・考える・聴きあうキャリア教育』（研究代表山﨑、2017年）の内容を基本モデルとして実践、検証し、「社会に開かれた教育課程」の理念のもとさらに普遍化させることを目指すものである。2017（平成29）年度が実践構想の 1 年次であり、 2 年次である2018（平成30）年度以降に計画する教員研修につなげる位置にある。 1 年次における地域連携型キャリア教育については、次のように実施した。

① 　実施校　N県M市立S中学校（ 1 年生 5 学級153名）

② 　実施日および内容

　2018（平成30）年 7 ～ 8 月　夏休みの課題として、保護者等身近な職業人への職業インタビューを生徒が実施、レポートにまとめる。

　2018（平成30）年10月11日（木）　職業に関する図書調べを実施［松本大学図書館司書の協力］

　2018（平成30）年10月19日（金）　午後特別活動＋総合的な学習の時間にキャリア教育講座（「将来ビジョンマップ」づくり）を実施［学校評議員等地域住民の協力］、当日事後に自己評価形式の質問紙調査を実施

　2018（平成30）年12月20日（木）・21日（金）「将来ビジョンマップ」発表会（生徒発表、保護者の参観）

③ 　「将来ビジョンマップ」づくりに協力した地域住民は、学校評議員等10名である（表5-4）。地域住民は、名札に肩書きや得意分野を記して、生徒が職業等に関する質問をしやすいようにした。

表5-4. 地域住民等の連携協力者

No	地域等の役職	名札肩書き　得意分野
1	町会連合会長	農業・商業・銀行
2	S地区公民館長	公務員・農業・福祉・植物
3	K地区公民館長	農業・会社員
4	交番所長	警察・公安・通信系企業
5	交通安全協会支部長	農業・飲食・機械
6	保護司	教育・化学・保育士
7	同窓会長	スポーツ選手・建設
8	PTA会長	経営・工芸
9	新聞記者	記者・音楽関係
10	教育委員会指導主事	長野県教育委員会

第 **5** 節

実践成果の検証

1　検証の方法

　地域連携型キャリア教育の成果について、N県M市立S中学校1年生を対象として、2018（平成30）年10月19日（金）に特別活動と総合的な学習の時間に実施したキャリア教育講座（「将来ビジョンマップ」づくり）において、当日の活動終了時に行った自己評価形式の質問紙調査の結果を考察する[14]。中学生を実施対象としたのは、進路や職業を次第に具体的に考え始める時期だからである。このキャリア教育講座（「将来ビジョンマップ」づくり）では、事前に、夏休みの課題として保護者等身近な職業人への職業インタビューを生徒が実施し、レポートにまとめている。実施前週には、松本大学図書館司書の協力により、生徒が職業に関する図書調べを実施している。当日は、学校評議員等地域住民10名が協力した（表5-4）。

　質問紙調査は、1年生全員（5学級）に対して行い、有効回答数153（有効回答率100％）であった。質問項目は、生徒の負担を考慮し、生徒の属性、当日の授業（「将来ビジョンマップ」づくり）に対する取り組み状況10項目（5件法）、職業に対する意識8項目（5件法）、自由記述2項目（「これからの自分の課題や目標について」「今日の授業の感想」）である。

　成果の検証に当たっては、項目別平均値の検討のほか、生徒の属性によって分類した項目回答のクロス表に対してχ^2検定を施し分布状況を検討した。自由記述に対しては、記述内容のカテゴリー化のほかKH Coder[15]を用いてテキストマイニングを施し考察した。ここでは、平均値の比較よる考察と自由記述「これからの自分の課題や目標について」の回答結果について示すことにする。

2　平均値の比較による検証

　質問項目毎に算出した平均値については、「5.当てはまる」から「1.当てはまらない」の５段階で回答したものをそのまま１～５に数値化している。逆転項目は含まれていない。その結果を表5-5に示す。A項目の質問とＢ８の質問は、今回の授業（グループで各自の将来ビジョンをマップ形式で模造紙へまとめる活動）に対する取り組み状況を聞いたものである。Ｂ項目の質問は、一般に将来の職業についての考えを聞いたものである。表から分かるように、全体的に平均値が高かったことから、天井効果があるものの、今回のキャリア教育講座の授業に生徒が熱心に取り組み、効果があったことが分かる。今回の授業の目的がほぼ達成されているといえる。

　平均値が高かった項目は、高い順に、「Ｂ３．自分がなりたい職業に就く方法を知っておくことは大切であると思う」（平均4.83）、「Ｂ８．前の授業の活動（職業の本や資料を調べる活動）が役に立った」（平均4.60）、「Ｂ２．自分がなりたい職業に就くためには、家族や周りの人の協力が必要だと思う」（平均4.55）、「Ａ８．今日の授業により、はじめて知ったことや新たな発見があった」（平均4.54）、「Ｂ４．地域や外部の人の話を聞くことは将来の夢や職業を達成するために役立つと思う」（平均4.53）、「Ａ２．今回の授業は、今後の進路を考えるために役に立った」（平均4.50）であった。これらの項目は、平均値が4.50以上で、開発実施した地域連携型キャリア教育は効果があるといえる。特に、平均値が最も高い「Ｂ３．自分がなりたい職業に就く方法を知っておくことは大切であると思う」は、標準偏差が0.425と全項目の中で最も小さく、実践したキャリア教育の効果が高いことが分かる。

　なお、天井効果が見られた項目については、質問項目を度数分布とワーディングの面から検討し、事後の教育指導に役立てることができるように改善を図る必要がある。

表5-5．地域連携型キャリア教育の授業に関する項目別平均値

質問項目	平均値	標準偏差
A1．　今回の授業に、積極的に参加できた	4.49	0.715
A2．　今回の授業は、今後の進路を考えるために役に立った	4.50	0.724
A3．　今回の授業により、将来の夢や職業が明確になった	4.08	1.126
A4．　今回の授業により、どのような勉強をすれば将来の夢・職業に到達できるかわかった	4.41	0.771
A5．　今回の授業は、将来の夢・職業への道筋を考える手助けになった	4.43	0.823
A6．　外部の人が参加してくれることは役に立った	4.28	0.969
A7．　今後も今回のような授業を行ってほしい	4.37	0.901
A8．　今日の授業により、はじめて知ったことや新たな発見があった	4.54	0.723
A9．　模造紙にまとめる活動は、進路について考えるために役立った	4.30	0.826
A10．グループで活動することは、進路について考えるために有意義だった	3.99	0.987
B1．　自分がなりたい職業に就くための方法が理解できたと思う	4.33	0.915
B2．　自分がなりたい職業に就くためには、家族や周りの人の協力が必要だと思う	4.55	0.713
B3．　自分がなりたい職業に就く方法を知っておくことは大切であると思う	4.83	0.425
B4．　地域や外部の人の話を聞くことは将来の夢や職業を達成するために役立つと思う	4.53	0.760
B5．　保護者や家族に将来の夢や職業について話すことは大切だと思う	4.37	0.906
B6．　友達の将来の夢や職業について知っておくことは大切だと思う	4.13	0.968
B7．　自分がなりたい職業に就くためには、学校の先生に相談することや協力してもらうことが必要だと思う	3.89	1.036
B8．　前の授業の活動（職業の本や資料を調べる活動）が役に立った	4.60	0.737

　反対に、平均値が低かった項目は、低い順に、「B7．自分がなりたい職業に就くためには、学校の先生に相談することや協力してもらうことが必要だと思う」（平均3.89）、「A10．グループで活動することは、進路に

ついて考えるために有意義だった」（平均3.99）、「Ａ３．今回の授業により、将来の夢や職業が明確になった」（平均4.08）であった。これらの項目は、標準偏差がそれぞれ、1.036、0.987、1.126で、他の項目の標準偏差より大きいことから、回答のバラツキ（分散）が大きいことを表している。平均値が低く回答のバラツキ（分散）が大きいことから、他の項目より「１」「２」と答えた生徒が多いことを表している。

　すなわち、この結果は、「Ｂ７．自分がなりたい職業に就くためには、学校の先生に相談することや協力してもらうことが必要だと思う」という考えは、多くの生徒が当てはまると思っているものの、そうは思わない生徒もある程度は存在するということを示している。同様に、「Ａ10．グループで活動することは、進路について考えるために有意義だった」、「Ａ３．今回の授業により、将来の夢や職業が明確になった」についても、そうは思わない生徒が一定数いることを表している。

　なお、「１」「２」と答えた生徒については、授業の効果が上がらなかったと捉えるよりも、自分を謙虚に正確に見つめている、今回の学習でうまくいかなかったところを正直に答えている、進路や職業についてのグループ活動が苦手かも知れない、などと理解した方がよいだろう。これらの生徒に対しては、指導上の配慮点として、学習内容よりも、生徒の取り組みの様子や気持ちの面に配慮するなどして、今後の成長を見守っていくことが大切になる。

3　男女別の差による検証

　質問項目全体の中で、多くの項目について、男女別の有意な差は見られなかったが、２つの項目については有意な差が見られた。各棒グラフの横に添えた数字は度数（人数）である。

　まず、今回のキャリア教育の授業に関する生徒自身の取り組み状況に関して、有意な差が見られなかった項目の中から、今回の授業全般に関して質問した２つの項目を取り上げる。「Ａ１．今回の授業に、積極的に参加できた」（男女別 χ^2 検定n.s.）、「Ａ２．今回の授業は、今後の進路を考え

るために役に立った」（男女別 χ^2 検定 n.s.）の２項目である。これらの項目の平均値が高く「４」「５」と答えた生徒が多いことから、男女とも今回の授業に積極的に参加しており、今後の進路を考えるために役に立ったと考えている生徒が多いことが分かった。２項目のグラフ（度数分布）を図5-2、図5-3に示す。

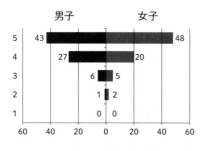

図5-2. A1男女別分布図（χ^2検定n.s.）

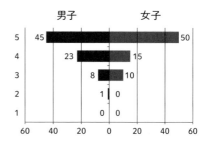

図5-3. A2男女別分布図（χ^2検定n.s.）

　次に、次の２つの項目において5％水準で男女別の分布に有意な差が見られた。「Ａ４．今回の授業により、どのような勉強をすれば将来の夢・職業に到達できるかわかった」および「Ｂ３．自分がなりたい職業に就く方法を知っておくことは大切であると思う」である。図から、どちらの質問項目も、女子の方が「5.当てはまる」と答えた生徒が多いことが分かる。これを自由記述欄で確認すると、女子の方が、職業希望として「看護師」など資格を要する職業への希望が多く見られ、その資格を得るための上級学校への進学希望が書かれていた。こうした生徒は、将来の職業と資格を結び付けて考えており、どのような勉強をすればなりたい職業に就くことができるかに関心が高いと考えられる。有意な差が見られた２項目のグラフ（度数分布）を図5-4、図5-5に示す。

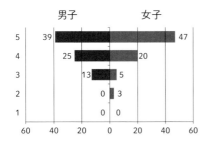

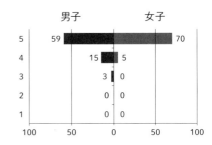

図5-4. A4男女別分布図（χ^2検定p<0.05）　　図5-5. B3男女別分布図（χ^2検定p<0.05）

4　共起ネットワーク図による検証

　次に、生徒の自由記述「これからの自分の課題や目標について」について、KH Coderを用いて学年全体の傾向を分析した。その際、KH Coderの機能により、生徒が書いた表現のゆれを修正するために言葉の統一を施してある。共起語を探すためのJaccard係数[16]は、初期設定にしたがい0.2以上とした。

　共起ネットワーク図（一つひとつの文章の中でどのような言葉が同時に使われているかについて調べ、全体の中で結び付きの強い言葉同士を線で結んだもの）から、生徒が使用した言葉には、大きく4つのまとまりがあることが分かる（図5-6）。

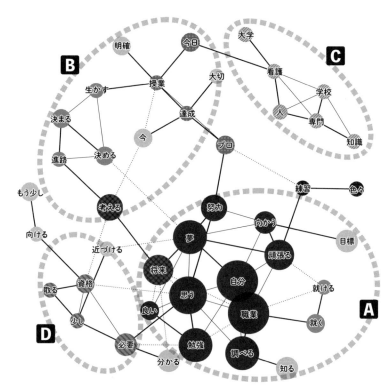

図5-6. KH Coderによる共起ネットワーク図

　A群は、「自分」「職業」「調べる」「頑張る」「勉強」などがまとまりを作っており、自分の職業について調べたり、勉強したり頑張りたいという気持ちが強い生徒が多いことを表している。それらが「将来」という言葉に結び付いていることから、生徒が職業について調べ、勉強し、頑張ることを自分の将来に向けて考えていることが分かる。

　B群は、「今日」「授業」「明確」「決める」「達成」などがまとまりを作っており、今日の授業によって職業や進路について明確になった生徒が多いことを表している。それらが「考える」「将来」という言葉に結び付いてA群とつながっていることから、今日の授業によって、生徒が将来について考えることにつながったことが分かる。

　C群は、「学校」「大学」「看護」「専門」「知識」などがまとまりを作っており、進路として大学や専門学校、看護の職を目指している生徒がいることが分かる。これらの生徒は、進路や進学について具体的に考えていると思われる。

　D群は、「資格」「必要」「取る」などがまとまりを作っており、資格を取ることが必要と考えている生徒がいることが分かる。これらの生徒も具体的な進路や必要な資格について見通しを持っているものと考えられる。これらの具体的な内容も、地域住民が協力した当日の活動によって生徒の考えが促進されたり深まったりしており、地域連携型キャリア教育の成果といえる。

　以上の考察は、学年の生徒全体の自由記述の中で多く使われている言葉について、それらの結び付きを分析したものである。教師の指導姿勢として、生徒の中には、こうした全体傾向に合わない生徒もいることに注意を払う必要がある。例えば、将来の職業についてうまく調べられなかった生徒、将来の進路や職業が不明確な生徒、周りは将来の進路に向けて頑張ろうとしているのに自分は頑張る気持ちを持てなかった生徒などもいると思われる。そうした生徒に対しても、担任をはじめ教師が温かく支援していく姿勢を持つことが重要になる。

5　今後の展望

　本章で示した実践によって得られた知見に基づけば、地域連携型キャリア教育を実施するために、まず、実施方法、意義、目的、事前指導、事後指導、地域連携の方法、見込まれる教育効果等に関する教師側への説明が必要であり、その際、研究者側が理論知と研究知に基づいた系統的な説明を行うことが重要である。教師側の十分な理解に基づいて地域連携型キャリア教育を実施していくことにより、地域連携やキャリア教育の推進に関する教師の力量が向上していくことになる。

　また、推進拡大の2年次には、開発実践した地域連携型キャリア教育の成果をガイドブックにまとめ、3年次には、ガイドブックを活用し、学校

単位、教育委員会（県市町村）単位の教員研修を実施する構想イメージである。こうした方法で、現職教師の成長を図ることが、学校の課題解決、地域と学校の連携促進、新しい情報や方法の提供などの点で重要になる。作成したガイドブックは、学部の教員養成や卒業研究においても利用が可能である。

　このように、開発実践型の研究に関しては、地域連携とその将来的な普及という視点を置くことにより、一層意図的に、教員養成の教材として活用したり、教員研修の資料として利用して教育界に還元したりして、教員の力量形成の一層の向上につなげていくことができる。

第 **6** 節

本章のまとめ

　本章では、教育基本法の改正以降キャリア教育が重視されてきている動向を踏まえ、新学習指導要領の理念である「社会に開かれた教育課程」の観点から、地域連携型キャリア教育の実践を行い、その検証結果を示した。本章の内容は、次の3点にまとめられる。

① 　キャリア教育の用語は、前回改訂の高等学校学習指導要領において初めて使用され、新学習指導要領においてもキャリア教育に関連する用語の使用回数が増加している。学習指導要領でキャリア教育の用語が使われている文脈においてもキャリア教育の重視度が高まっている。

② 　地域連携型キャリア教育のモデル構築に関して、これまでの研究成果と実践事例に基づいた3年計画の推進拡大の構想イメージを示した。今後は、開発したモデルの提示と教員研修等による普及が重要になる。

③ 　開発した地域連携型キャリア教育を事例校で実施し、質問紙調査の結果について項目別平均値および共起ネットワーク図により検証した。項目別平均値では、「B3．自分がなりたい職業に就く方法を知っておくことは大切であると思う」の平均値が最も高く、標準偏差が0.425と最も小さかった。平均値が4.5を超えた項目が多く、キャリア教育の効果が高いことが明らかになった。共起ネットワーク図では、生徒が職業について調べたり勉強したりしたことを自分の将来に向けて考えていること、キャリア教育の授業によって将来について考えることにつながったこと、進路として大学や専門学校を進路や資格と結び付けて具体的に考えている生徒がいることが明らかになった。これらの具体的な内容も、地域住民が協力した当日の活動によって深まっ

　ており、地域連携型キャリア教育の成果といえる。

註

(1) 我が国の人口は、2008（平成20）年に12,808万人がピークで、その後は減少に転じ、2060年は約3分の2に減少して8,674万人になると予測されている。反面、65歳以上人口の総人口に対する比率は、26.7％から39.9％に上昇する。（厚生労働省編『平成27年版厚生労働白書―人口減少社会を考える―』厚生労働省、2015年より）

(2) 調査は、厚生労働省が実施した「雇用の構造に関する実態調査（若年者雇用実態調査）」である。2013（平成25）年の調査対象数は24,245人、有効回答数は15,986人、有効回答率は65.9％である。同調査では、入社1年以内で離職した正社員の離職理由として、「労働時間・休日・休暇の条件がよくなかった」（22.2％）、「人間関係がよくなかった」（19.6％）、「仕事が自分に合わない」（18.8％）、「賃金の条件がよくなかった」（18.0％）が上位を占めている。前回の実施は2009（平成21）年で、上位は、「仕事が自分に合わない」（39.1％）、「賃金や労働時間の条件が良くない」（32.6％）、「人間関係が良くない」（28.3％）であった。

(3) 文部科学省の学校基本調査では、2018（平成30）年度（2018（平成30）年5月1日現在）における中卒者の高校進学率は99.4％、高卒者の大学・短大進学率は57.9％、高卒者の就職率は17.6％である。各学校においては、児童生徒の進路希望とともに、各学校段階における進路状況を十分に踏まえてキャリア教育を推進していく必要がある。

(4) キャリア教育の定義については、三村隆男『キャリア教育入門　その理論と実践のために』実業之日本社、2004年、日本キャリア教育学会編『キャリア教育概説』東洋館出版社、2008年など。キャリア教育は、児童生徒の将来における社会的・職業的自立を目的として、進路や職業に関する学習を通じてキャリア発達を促す教育である。

(5) 研究代表山﨑保寿『実践！調べる・考える・聴きあうキャリア教育』2017年
山﨑保寿・酒井郷平・田中奈津子・中村美智太郎・島田桂吾・三ッ谷三善「アウトリーチ型キャリア教育の実践に関する研究―出張講座を通した学校と地域の連携を推進する授業実践の検証―」『静岡大学教育研究』No.12、2016年3月、25〜37頁

(6) 改正教育基本法第17条第1項に基づき、教育振興基本計画（2018.7.1以降5年毎に策定）が定められた。教育振興基本計画の基本的方向1では、「社会全体で教育の向上に取り組む」ことを掲げ、これを実現するために、「人材育成に関する社会の要請に応える」ことを目標とし、そのための施策として、地域の人材や民間の力も活用したキャリア教育・職業教育、ものづくりなど実践的教育を推進することが示された。

(7) 新学習指導要領におけるキャリア教育の用語に関しては、本文に述べた通りであるが、幼児期の教育からの体系的なキャリア教育の推進という視点で見ると、幼稚園教育要領に関しても、キャリア教育に関連する変化が見られる。2008（平成20）年改訂幼稚園教育要領では、「職業」という用語は使われていなかったが、2017（平成29）年改訂幼稚園教育要領では、前文が新たに加わり、教育基本法第2条2の「個人の価値を尊重して、その能力を伸ばし、創造性を培い、自主及び自律の精神を養うとともに、職業及び生活との関連を重視し、勤労を重んずる態度を養うこと」が示されている。

⑻　山﨑保寿『「社会に開かれた教育課程」のカリキュラム・マネジメント―学力向上を図る教育環境の構築―』学事出版、2018年2月
　　山﨑保寿編『「社会に開かれた教育課程」を実現する教育環境』静岡学術出版社、2018年7月

⑼　藤岡秀樹「日本におけるキャリア教育の研究動向と課題」『京都教育大学教育実践研究紀要』第15号、2015年、249 〜 258頁

⑽　山﨑保寿「キャリア教育教員研修に関する課題」『高校教育』第38巻第15号、学事出版、2005年12月、44 〜 46頁
　　山﨑保寿「新しい進路指導としてのキャリア教育の概念」『カリキュラム開発研究』（長野県カリキュラム開発研究会紀要）第6集、2006年12月、15 〜 18頁
　　山﨑保寿『キャリア教育が高校を変える―その効果的な導入に向けて―』学事出版、2006年
　　山﨑保寿『キャリア教育で働く意識を高める―小・中学校場面別導入例―』学事出版、2006年
　　山﨑保寿『キャリア教育の基礎・基本―考え方・実践事例・教材・重要資料集―』学事出版、2013年
　　その他、神奈川県および静岡県におけるキャリア教育の推進に関わるガイドブックの作成（神奈川県2004 〜 2005年、静岡県2008 〜 2010年）に研究顧問として携わった。

⑾　山﨑保寿「第8章　教育環境学の領域としてのキャリア教育の位置付けに関する考察―キャリア教育の教育行政的動向を踏まえて―」愛知教育大学大学院共同教科開発学専攻編『教科開発学を創る』愛知教育大学出版会、2017年3月、147 〜 162頁

⑿　山﨑・酒井・田中・中村・島田・三ッ谷「アウトリーチ型キャリア教育の実践に関する研究―出張講座を通した学校と地域の連携を推進する授業実践の検証―」『静岡大学教育研究』No.12、2016年3月、25 〜 37頁

⒀　ミーケ・ルーネンベルク、ユリエン・デンヘリンク、フレット・A・J・コルトハーヘン；武田信子｜山辺恵理子監訳、入澤充｜森山賢一訳『専門職としての教師教育者―教師を育てるひとの役割、行動と成長―』玉川大学出版部、2017年

⒁　質問紙調査の倫理的配慮に関しては、事前に実施校の校長および学年主任に調査票を検討してもらい、調査票の内容と回答方法に問題がないことを確認し、回答を統計的に処理することを伝えている。

⒂　KH Coderは、テキスト分析のためのフリーソフトウェアとして提供されており、本稿で示した分析は、現時点での最新版であるKH Coder 3（樋口耕一）を用いた。

⒃　Jaccard係数は、2つの集合に含まれている要素のうち共通要素が占める割合を表す数値である。2つの集合の積集合の要素数を和集合の要素数で除した数値で表される。J(A,B) ＝｜A∩B｜／｜A∪B｜。Jaccard係数は、0から1の間の値であり、Jaccard係数が大きいほど2つの語の共起度が高くなる。Jaccard係数の計算式から分かるように、Jaccard係数は、抽出する2つの語の共起関係で決まるため、その2つの語が使われていない文章が多数あったとしても影響を受けない。（樋口耕一『社会調査のための計量テキスト分析―内容分析の継承と発展を目指して―』ナカニシヤ出版、2014年を参照）

第**6**章

高等学校におけるキャリア教育推進のためのカリキュラム・マネジメント

キャリア教育および主権者教育を中心にした実践とその支援

　　新学習指導要領でカリキュラム・マネジメントの推進が重視されていることから、小・中学校はもちろん、高等学校においてもカリキュラム・マネジメントの在り方に関心が集まっている。高等学校では、教科の壁が高いことから、具体的なカリキュラム・マネジメントの実施モデルと推進の方策を示す必要がある。

　　そこで、本章の前半では、高等学校におけるカリキュラム・マネジメント推進の根拠として、2018（平成30）年改訂学習指導要領の関連内容を確認する。この改訂でカリキュラム・マネジメントの重視と組織的推進が明確に打ち出されたことにより、各学校では、カリキュラム・マネジメントを有効化する方策を模索していることだろう。そのためには、カリキュラム・マネジメントの推進に関わる小・中学校とは異なる高等学校の特徴を明らかにしておく必要がある。

　　後半では、カリキュラム・マネジメントの考えに基づいて進める教育活動の例として、キャリア教育と主権者教育を取り上げる。キャリア教育は、高校生のキャリア発達とキャリア形成を促す教育活動であり、高等学校における重要な実践課題となっている。同様に主権者教育についても、高校教育の重要な実践課題であり、事例を挙げて推進のための有効なモデルと支援策を提示する。

第 1 節

高等学校における
カリキュラム・マネジメントの推進

1　学習指導要領によるカリキュラム・マネジメントの根拠

　中学校卒業者の約98％が高等学校に進学している現状から、高等学校教育の基本は、教育課程における「共通性の確保」と「多様性への対応」である。そのため、高等学校には、全日制・定時制・通信制の課程が置かれ、普通科・専門学科・総合学科の各学科において、それぞれの課程と学科の目的と特色に応じて、総体的に多様な生徒の学習を可能にしている。

　平成期最後となる学習指導要領改訂の方向を示した中央教育審議会答申「幼稚園、小学校、中学校、高等学校及び特別支援学校の学習指導要領等の改善及び必要な方策等について」（2016.12.21）では、「共通性の確保」と「多様性への対応」を軸にした教育課程の編成の要点について、カリキュラム・マネジメントの在り方を示し次のように述べている。すなわち、「特に高等学校では、生徒一人一人の進路選択や、地域や社会の現状や見通しを踏まえて、各学校において育てたい生徒の姿を明確にし、教科・科目選択の幅の広さを生かしながら、教育課程を通じて育んでいくことが求められる。例えば、校是や校訓などをより具体化して育成する資質・能力を設定し、それを基に教育課程の改善・充実を図るという文化を高等学校の中に作り、教職員全体で学校の特色づくりを図っていくことが、カリキュラム・マネジメントにおいて必要となる」と述べている。とりわけ、カリキュラム・マネジメント推進の趣旨として重要なことは、新学習指導要領が目指すアクティブ・ラーニング（主体的・対話的で深い学び）の有効で円滑な導入を図るために、年間を通して教育課程の条件整備活動を行っていく

ことである。高等学校においては、生徒の発達段階に応じ、育成する資質・能力を明確化し、それを基に教育課程の改善・充実を図るカリキュラム・マネジメントを組織的に推進し、教職員全体で学校の特色づくりを図っていくことが重要になる。

　同答申を受けて改訂された新学習指導要領では、総則第1款「高等学校教育の基本と教育課程の役割」において、小中学校と同様に、次のようにカリキュラム・マネジメントの在り方と推進の重要性を示している。すなわち、「各学校においては、生徒や学校、地域の実態を適切に把握し、教育の目的や目標の実現に必要な教育の内容等を教科等横断的な視点で組み立てていくこと、教育課程の実施状況を評価してその改善を図っていくこと、教育課程の実施に必要な人的又は物的な体制を確保するとともにその改善を図っていくことなどを通して、教育課程に基づき組織的かつ計画的に各学校の教育活動の質の向上を図っていくこと（以下「カリキュラム・マネジメント」という。）に努めるものとする」と述べている。このように、カリキュラム・マネジメントの導入と推進の重要性については、高等学校の場合も小中学校と同様に新学習指導要領で明確に示されている。カリキュラム・マネジメントは、カリキュラムのPDCAとその推進に関する条件整備活動であり、組織連携、地域連携、教科等横断的視点を考慮する組織的活動であるといえる。

2　高等学校の特性と留意点

　しかし、小・中学校と異なり、高等学校には次のような特性がある。それは、学区が広く学区内の生徒全てが自校の生徒とは限らないこと、教員数が多くそれぞれの教員の独立性が高いこと、教科の専門性があり教科組織の壁が高いこと、相対的に校長のリーダーシップが浸透しにくいことなどである。また、全日制、単位制、定時制などの課程や普通科、専門学科、総合学科などの学科の制度的特性があり、その特性に応じた改善は可能であるが、特性を越えた改善には制度の壁があることも大きな制約になっている。

　そのため、カリキュラム・マネジメントの推進に関する全校的な校内研修の機会を設けたり共通理解を図ったりすることは、小中学校と比べて必ずしも容易ではない。こうした高等学校の特性がある中で、カリキュラム・マネジメントを実現していくためには、後述するように、一教員が先駆的に実施するカリキュラム・マネジメントを管理職が尊重し、カリキュラム・マネジメントの方法論を持った教員をカリキュラム・マネジメント推進組織の中核に置くなど管理職が支援しつつ、学校全体の取り組みも含めてカリキュラム・マネジメントを階層的に推進する考えが重要になる。

　さらに、高等学校独自の特性として、高等学校は科目の履修と修得の関係に単位制が適用されているため、単位の認定に関わる教育課程の運用に当たって幾つかの留意点がある。その一つが、学校外における学修等の単位認定に関わる事項である。学校外における学修等の単位認定が認められるのは、学校教育法施行規則に定める各教科および学校設定科目についてであり、「総合的な探究の時間」と「特別活動」に対しては適用されないことになっている。そのため、学校外学修をそのまま「総合的な探究の時間」や「特別活動」の履修と見なしたり、単位を認めたりすることはできない。ただし、この場合でも、就業やボランティア等に関わる体験的な学習を「総合的な探究の時間」または「特別活動」の内容の中に、最初から計画的に位置付け、学校外で実施することは問題がないとされている。

　こうした高等学校の特性や課題を考慮してカリキュラム・マネジメントを組織的に推進していくことが必要になる。

3　カリキュラム・マネジメントの階層的推進が重要

　前述したように、高等学校独自の特性や課題がある中で、カリキュラム・マネジメントを実現していくためには、一教員が先駆的に実践するカリキュラム・マネジメントを尊重しつつ、学校全体の取り組みも含めてカリキュラム・マネジメントを階層的に推進する考えが必要になる。すなわち、授業のカリキュラム・マネジメントから学校全体のカリキュラム・マネジメントへ広げていく考えとそのプロセスが重要となる。

　一般に紹介されているカリキュラム・マネジメントの事例は、学校全体

で推進するカリキュラム・マネジメントの在り方について示したものが多い。カリキュラム・マネジメントに関する論究の多くは、学校全体で推進することを想定したものであり、今日、新学習指導要領との関連で重視されているカリキュラム・マネジメントの在り方に関しても学校全体で組織的に推進することが基本的方向となっている。これは、カリキュラム・マネジメントが各学校において学校経営の一環として行われていることから、カリキュラム・マネジメントの大枠が学校経営のPDCAサイクルであると捉えれば当然のことといえる。

　しかし、高等学校では、教科担任が特色ある授業づくりのために自主的に行っているカリキュラム・マネジメントもあれば、学年単位で「総合的な探究の時間」の条件を整えるために行うカリキュラム・マネジメントもある。そのため、個別の授業におけるカリキュラム・マネジメント、教科単位や学年単位で行うカリキュラム・マネジメント、学校全体で取り組むカリキュラム・マネジメントなどがあり、それらを階層的に捉えて推進する考えが重要になる。

　したがって、高等学校においてカリキュラム・マネジメントを実現しようとする場合、その内容と範囲、担当する教員や組織によって、学校の状況に応じた階層的段階またはそのタイプがあると考えた方が現実に適合している。小中学校に比べて規模が大きく独自の学校文化を持つ高等学校では、カリキュラム・マネジメントの実現までに次のようなプロセスがある。①教員個人の力や発想を生かす段階（表6-1のAの段階）、②それを教科・学年・分掌いずれかの組織として展開する段階（BまたはCの段階）、③学校全体で目的的にカリキュラム・マネジメントを推進する段階（Dの段階）

　そこで、高等学校で見られる様々なカリキュラム・マネジメントの在り様を授業、教科、学年、学校という階層的な視点で見ると実態をより反映した区分ができる。そのタイプが、表6-1に示したA．授業タイプ、B．教科タイプ、C．学年タイプ、D．学校タイプである。

表6-1. カリキュラム・マネジメントの階層的タイプ

領域	内容（PDCA）	担当する主体
A. 授業タイプ	授業に関する諸条件の配慮と整備 （例：担当教科に関するカリキュラムの開発，評価の工夫，地域・保護者ボランティアの配置）	授業担当者 担任
B. 教科タイプ	教科主体による諸条件の配慮と整備 （例：教科の特色化のためのカリキュラム・マネジメント）	教科主任
C. 学年タイプ	学年主体による諸条件の配慮と整備 （例：学年の特色化のためのカリキュラム・マネジメントの推進）	学年主任
D. 学校タイプ	学校全体による諸条件の配慮と整備 （例：研修テーマを浸透させるためのカリキュラム・マネジメントの推進）	教務主任 教頭・校長
各タイプの 組み合わせ		

4　授業のカリキュラム・マネジメントから学校全体のカリキュラム・マネジメントへ

　表6-1で重要になるのは、Aタイプの取り組みを含めたカリキュラム・マネジメントの考え方である。高等学校の教科担任にとって、カリキュラム・マネジメントは、日々の授業を充実するための営為でもある。個々の授業に関していえば、授業の実施に際するより良い条件整備を図ること自体がカリキュラム・マネジメントの重要な一面である。それは、カリキュラム実施に備えてのより良い条件整備に相当するものであり、教育効果を高めるための条件整備活動でもある。例えば、授業による教育効果を上げるために計画的に行われる外部人材の活用、ティーム・ティーチングなど教員組織の連携、授業の充実のための地域人材や企業・公的機関等の活用、民間教材の活用、web教材やデジタル教材の活用などが、カリキュラム・マネジメントの一環としての重要な条件整備活動といえる。高等学校では、

個々の教員レベルで行われているカリキュラム・マネジメントに対しても、管理職の働きかけや支援により教科間相互の関連や「総合的な探究の時間」「特別活動」との関連を図ることにより、学年や学校全体の取り組みにつなげていくことが可能になる。そうした先導的な教員をカリキュラム・マネジメント推進組織の中核に配置することも重要である。

　また、学校が新たな教育課題に取り組もうとする場合、学校内に先導的な実践が進んでいれば、管理職の働きかけと支援によって学校全体の取り組みが円滑に進むことが研究的に明らかにされている⁽¹⁾。Dタイプのように学校全体のカリキュラム・マネジメントを推進しなければならない場合であっても、Aタイプの取り組みのような先導的な実践が行われていれば、教務主任・教頭・校長等の支援によって、学年、教科、学校全体をAタイプの取り組みをモデルとしてリードすることができるのであり、学校全体にカリキュラム・マネジメントがより円滑に広がっていくのである。

　その際、学校の課題状況に対する教職員の危機感の共有、先駆的に取り組む教員の存在とその実践、そして課題解決につながる実践事例の共通理解などが、学校の課題解決と特色ある学校づくりを目指したカリキュラム・マネジメントを推進するための強力な原動力となる。

第 **2** 節

高等学校学習指導要領における
キャリア教育

1　学習指導要領の改訂によるキャリア教育の重視

　　ここでは、前学習指導要領（高等学校2009（平成21）年改訂）および新学習指導要領（高等学校2018（平成30）年改訂）において、キャリア教育がどのように扱われているか、その重視度についてキャリア教育に関連する箇所をもとに明らかにする。

　　まず、前学習指導要領において特筆すべきことは、キャリア教育という用語が小・中・高等学校を通して学習指導要領において初めて使用されたことである。前学習指導要領において、キャリア教育という用語が使用された箇所は、「総則」の「第5款　教育課程の編成・実施に当たって配慮すべき事項」の「4　職業教育に関して配慮すべき事項」であり、そこで、「(3) 学校においては、キャリア教育を推進するために、地域や学校の実態、生徒の特性、進路等を考慮し、地域や産業界等との連携を図り、産業現場等における長期間の実習を取り入れるなどの就業体験の機会を積極的に設けるとともに、地域や産業界等の人々の協力を積極的に得るよう配慮するものとする」（下線筆者）とされた。

　　この項目は、下線部分からも分かるように、普通科の高等学校においても教育課程の編成・実施に当たって配慮すべき事項である。そして、同じく「総則」第5款の「5　教育課程の実施等に当たって配慮すべき事項」で、「(4) 生徒が自己の在り方生き方を考え、主体的に進路を選択することができるよう、学校の教育活動全体を通じ、計画的、組織的な進路指導を行い、キャリア教育を推進すること」とされた。これらの内容は、2018（平

成30）年改訂の新学習指導要領にも引き継がれており、学校の教育活動全体を通じて行う計画的、組織的な進路指導は、まさしくキャリア教育のカリキュラム・マネジメントといえるものである。

　ここで、先の章で示したキャリア教育に関連する用語の頻度について、高等学校の学習指導要領で使われたものを取り上げ整理してみよう。

表6-2. キャリア教育関連用語の頻度（高等学校学習指導要領）

改訂年	平成21年改訂	平成30年改訂
キャリア教育	2	4
就業体験（インターンシップ）	15（0）	17（0）
職場体験	0	0
職場見学	0	0
ボランティア	7	8
生き方	34	55
将来（の生き方）	5	29

　表6-2から分かるように、2009（平成21）年改訂では、キャリア教育という用語が高等学校で2回使われていたものが、2018（平成30）年改訂では4回に増えている。改訂によりキャリア教育の用語頻度が増加するとともに、「生き方」「将来」という語も多く使われている。

　さらに、2018（平成30）年改訂の高等学校学習指導要領では、公民科に新設された科目「公共」の内容の取り扱いについて、「教科目標の実現を見通した上で、キャリア教育の充実の観点から、特別活動などと連携し、自立した主体として社会に参画する力を育む中核的機能を担うことが求められることに留意すること」が特記されている。教科目標の実現と「特別活動」などとの連携に配慮することは、キャリア教育のカリキュラム・マネジメントによって実現していくものである。

　また、中央教育審議会答申「今後の学校におけるキャリア教育・職業教育の在り方について」（2011.1.31）において、幼児期の教育から高等教育に至るまでの体系的なキャリア教育の推進の在り方が示された。同答申

では、従来からキャリア教育によって育成すべき能力として示されてきた4領域8能力をより一般性の高い基礎的・汎用的能力[2]に再整理し、基礎的・汎用的能力が以降におけるキャリア教育の代表的な能力枠組みとなってきた。基礎的・汎用的能力は、国立教育政策研究所が研究したキャリア発達に関わる諸能力に基づいたものであり、「人間関係・社会形成能力」、「自己理解・自己管理能力」、「課題対応能力」、「キャリアプランニング能力」の4つの能力を柱とするものである。キャリア教育のカリキュラム・マネジメントでは、これらの能力の育成を目指して、学校内外の諸条件を整え、カリキュラムのPDCAとその推進に関する条件整備活動、特に、組織連携、地域連携、教科等横断的視点等に配慮することが重要になる。

2　キャリア教育のカリキュラム・マネジメント推進の支援・改善策

　そこで、キャリア教育を進めるためのカリキュラム・マネジメントについて、その課題と支援・改善策の例をカリキュラム・マネジメントのPDCAサイクルに沿って示すことにする。表6-3に掲げた事例は、カリキュラム・マネジメントのPDCAを明解にするために、実際を簡略化して示したものである。将来就きたい職業について、講師のミニ講義を聴き、就業体験などの活動を振り返り「10年後の私」について自己の考えを作文し、発表するという活動に関するものである。この活動に関するカリキュラム・マネジメントの課題と支援・改善策をPDCAのプロセスに沿って示したものである。

　表6-3における支援・改善策の欄から分かるように、教科等横断の視点や地域との連携をはじめ、計画性、組織性、改善性などの要素に配慮することがカリキュラム・マネジメント充実のための鍵になる。

表6-3. カリキュラム・マネジメントのプロセスにおける課題と支援策（キャリア教育）

	課　　題	支援・改善策
P	・教科等横断の視点が弱く、教科の内容と関連付けられていない。 ・活動が前年度踏襲になりがちである。 ・評価と改善まで含めたカリキュラム・マネジメントの考えが弱く、担当者まかせになっている。	・カリキュラム・マネジメントを明確に意識し、Pの段階から組織的な対応を図る。 ・生徒が主体的に活動するためのガイダンスを行い、生徒のニーズを早期に把握する機会を作る。 ・前学年の課題と反省点を次学年の計画に反映させる。
D	・学校行事等の目前の活動に準備と時間を取られている。 ・個々の活動に有機的関連がなく、何を目指すのかが不明確。 ・生徒のニーズに合った外部講師を呼ぶことができない。	・生徒と学校の実態に即した年間計画を作成し、先を見通した準備と運用を組織的に行う。 ・地域との連携を深め、人材バンクとネットワークを作る。 ・NPO法人や企業等の活動情報を把握し、外部組織と連携して充実を図る。地域コーディネーターの活用を図る。
C	・生徒自身の考えの深まりや行動の変容について振り返る機会が設けられていない。 ・課題があっても検討が不十分なため改善に結び付いていない。	・学習促進的評価の観点から振り返りで行った生徒の自己評価を生かす。 ・多角的・多面的に振り返りができるよう助言者・ワークシート等を工夫する。 ・教員側の振り返りの機会を活動直後に設定する。
A	・今年度の課題が下の学年に引き継がれていないため改善が進まない。 ・就業体験とミニ講義とを関連付けた指導が弱い。教科の協力が必要。	・分掌組織を生かし、年度末に次学年教員を含めて改善計画を立てる機会を設定する。 ・次学年の生徒の実態に合わせた活動を提案する。 ・地域の人材活用を改善案に取り入れる。学校と地域をつなぐ地域コーディネーターの活用につなげる。

3　「勤労観・職業観の育成」から「社会的・職業的自立」への転換

　新学習指導要領について、キャリア教育の実施に関して特に留意すべきことは、キャリア教育の目的が、「勤労観・職業観の育成」から「社会的・職業的自立」の一層の重視へと変化していることである。例えば、新科目「公共」の内容に関連して、「特別活動」では、ホームルーム活動の内容に「学校生活と社会的・職業的自立の意義の理解」の項を設け、また、「一人一人のキャリア形成と自己実現」に関して、勤労観・職業観の育成とともに社会参画意識の醸成の重要性を示している。新学習指導要領では、キャリア教育を「勤労観・職業観の育成」を基盤としながらも、「社会的・職業的自立」の力を重視して育成する方向へと変化している。なお、キャリア教育の方向が「勤労観・職業観の育成」から「社会的・職業的自立」の力を育成する方向へと向いていることは、教育基本法の定めによって策定されてきた第1期（2008（平成20）年）から第3期（2018（平成30）年）の教育振興基本計画の施策内容においても同様である。

　そのため、高等学校におけるキャリア教育は、主権者教育など将来の社会的自立に向けた教育活動と関連させて実施することが肝要である。以下、事例を挙げて将来の社会的自立に向けた主権者教育のモデルとその支援策を紹介する。

第 **3** 節

高等学校における主権者教育の
事例と支援策

1　主権者教育の目的

　主権者教育は、生徒が将来社会の中で自立し、他者と連携・協働しなが
ら、社会を生き抜く力や地域の課題を解決する力を社会の構成員の一人と
して主体的に担う力を養うことを目的とする教育である。主権者教育の内
容は、生徒が社会参加するために必要な知識、技能、価値観を身に付ける
ことであり、その方法として、市民と政治との関わりを各教科、「総合的
な探究の時間」、「特別活動」で教科等横断的に学ぶことが重要になる。

　その場合、単に政治の仕組みについて必要な知識を習得させるだけでな
く、主権者として必要な能力を育みつつ、生徒に地域の良さや愛着の気持
ちを育て、地域の振興に参画する活動を取り入れるよう配慮することなど
も含めた教育が必要である。現在、公職選挙法の改正により、2016（平成
28）年から18歳選挙権が導入されたことにより、社会的自立を目指した
キャリア教育の観点からも主権者教育の導入の重要性が高まっている[3]。

2　地域と連携した主権者教育の事例

　ここでは、主権者教育に先進的に取り組んでいる事例校として、S県立
H高等学校に焦点を当てる。H高校は、S県中南部に所在し、創立百年を
超す全日制高校であり、普通科（5学級）と理数科（1学級）を併置した
学校である。H高校は、文武両道の進学校であり、調和のとれた人間教育、

将来の地域リーダーの育成などを目標とした教育を実践している。生徒は、明朗活発で学習に対して真摯に取り組んでおり、生徒のほとんどが大学進学希望である。

　H高校は、2015（平成27）年度よりS県教育委員会の学力向上アドバンススクール事業の指定を受け、将来地域社会に貢献する人材、特に地域医療を担う人材の育成を目指し、H高校が同事業の目標として掲げる「地域に大きく貢献する伝統校」の実現に向け、医療系大学・医療機関と連携したインターンシップなどの取り組みを行っている。

　H高校では、公民科のM教諭[4]を中心として、主権者教育に力を入れ、「現代社会」（1年）および「政治・経済」（3年）の授業で、カリキュラム・マネジメントの考えに立ち、地域連携を活用しアクティブ・ラーニングを取り入れた実践を行っている。実践の方法として、地域の教育環境を生かし、地域の行政機関および民間企業からの講師招聘、地域活性化のためのフィールドワーク、レポート、学習成果報告書の作成とプレゼンテーションなどを取り入れ、課題発見・課題解決型の授業を展開している。こうした地域の教育環境を学校の教育活動に生かすことこそがカリキュラム・マネジメントの取り組みであり、学校と地域との関係に新しい展開を生んでおり、新たな教育環境の構築につながっている。

　さらに、学習の成果を模擬請願の形で地域自治体に提出したり、市長の出前授業を実施したりなどの活動により、地域との連携が一層強まっている。M教諭の取り組みは、管理職の支援により事業申請と予算の確保がなされ、学年・学校全体のカリキュラム・マネジメントにつながっている。これらの活動は、2016（平成28）年からの18歳選挙権の導入に伴う主権者教育の必要性から生まれたものである。この実践では、様々な地域の教育環境を生かした学習とともに、STOCKリーグ[5]やバーチャル投資といった特色ある方法を組み合わせた学習を行っている（表6-4、表6-5）。

表6-4. H高校における実践（現代社会年間学習計画：平成27年度関連部分、M教諭による）

時期	学習内容	備考
6月	4〜5名のグループを結成 日経STOCKリーグ申し込み （対象生徒83名、17グループ）	日経STOCKリーグ参加時の 共通テーマの明示（地域創生）
8月	「環境問題」、「環境・情報倫理」に ついての探究学習（グループ学習）	グループ内の役割の明確化、 環境への関心の意識化
10月	S県M市市長による出前授業 （10月2日（金）実施）	各HR1時間ずつ実施
11月	企業訪問（11月9日（月）実施）	オープンスクールの振替日に実施
11月	野村ホールディングス出張授業 （11月13日（金）実施）	参加者40名（放課後）、 新たな知識を次の学習へつなげる
12月	日経STOCKリーグ向けのレポートの 作成と提出	特徴点をレポートへ反映させる
1月	学習成果報告書（模擬請願）に 向けてのグループ学習	レポートの内容を、 模擬請願向けに修正
2月	学習成果報告書の作成と提出 （2月18日（木）実施）	各グループ責任者20名（放課後）

表6-5. H高校における実践の概要（平成26 〜 28年、M教諭による）

	学年 （単位）	事例・テーマ	実施日	内容
政治・経済	3年 (2)	① 中央銀行の金融政策について（経済・金融）	平成26年 11月21日	「日本銀行の金融政策の是非」についてペアワークとグループワークを実施。
		② 公職選挙法改正に伴う選挙（投票）権拡大について（主権者教育）	平成27年 9月8日	選挙（投票）権年齢が引き下げられたことについてどう考えるか、グループワークを実施。M市選挙管理委員会の協力により、選管担当者による15分程度の講義を授業時間内で実施。
		④ 日本の民主政治の課題（主権者教育）	平成28年 6月22日	社会的選択論を踏まえ、座標軸と二次元表を用いて、候補者の情報分析を実践。ワールド・カフェの手法を活用した協働的学習を実施。
現代社会	1年 (2)	③ 現代経済の仕組みおよび政治的教養の育成について（主権者教育・模擬請願）	平成28年 1月20日	学習の振り返り、M市周辺地域の諸課題の再確認、グループ活動で思考のツールを活用し意見を集約。学習成果報告書にまとめ模擬請願を実施（2月18日放課後、生徒代表がM市市長に提出）。

　そして、表6-6は、本実践の特色を学習の内容面と方法面からまとめ、推進のための支援を示したものである。本実践では、主権者教育を推進するために、市長の出前授業、地域活性化のためのフィールドワーク（企業訪問等）、模擬請願、学習成果報告書の作成など、地域の教育環境を生かした様々な活動を行っている。この実践は、学校教育の目的を地域社会と共有して、人材育成を図るキャリア教育の一面を持つものであり、新学習指導要領が目指す「社会に開かれた教育課程」[6]の好適なモデルといえる。

表6-6.　H高校における実践の特色とカリキュラム・マネジメント推進の支援

内容的特色	主権者教育（公職選挙法改正、模擬請願等に関する内容）、経済・金融教育（STOCKリーグ、バーチャル投資等）、キャリア教育（地域の産業、民間企業・公共機関との連携、人材育成）
方法的特色	アクティブ・ラーニングとカリキュラム・マネジメントの連動的推進、グループ活動、フィールドワーク（企業訪問等）、調査探究活動、市長出前授業、地域の講師活用（行政機関・民間企業）、レポート作成、学習成果報告書作成、学習成果のプレゼンテーション
推進の支援	管理職の支援（主権者教育の学年・学校全体への拡大、事業申請と予算の確保、人材配置、教育委員会との連絡調整）、市行政の支援（市長の出前授業、市役所職員の派遣、地域活動への協力、学校の取り組みに関する広報）、大学教員の専門知の提供（主権者教育に関する内容知・方法知の提供、質問紙調査の分析）

　以上が、管理職、市行政、専門家（大学教員）の支援により教員が行っていたカリキュラム・マネジメントの実践が学校全体の取り組みに発展した主権者教育の内容である。地域の実情を通して生徒が将来の生き方をより具体的に考える契機になり、社会参画意識や社会的自立の意識を醸成していく実践であり、主権者教育を中心としたキャリア教育の例であるといえる。

第4節
実践成果の検証

　本実践の成果について、生徒の自己評価形式の質問紙調査を実施した[7]。調査の時期は2016（平成28）年3月であり、調査対象は本実践の授業履修者83人である。回答者は78人で回答は全て有効回答であった。

　調査内容は、本実践による学習の効果について、問題解決の方法や判断力の向上、グループ学習の効果、企業訪問や市長出前授業などの地域連携、STOCKリーグやバーチャル投資などの特色ある学習方法、学習成果報告書の作成などの観点から、45項目について質問した。

1　肯定率順による考察

　図6-1は、肯定率（「5当てはまる」＋「4やや当てはまる」）の高い順に、上位12項目を示したものである。グラフ中の数字は、回答者の度数（人数）である。肯定率（5段階の4と5）の高かった項目は、「STOCKリーグで様々な知識を得ることができた」（64人＝82.1％）、「国や地方の問題に関する理解が深まった」（61人＝78.2％）、「市長の出前授業で様々な知識が得られた」（57人＝73.1％）であった。こうした結果から、この実践では、STOCKリーグや市長の出前授業などの特徴的な学習方法や地域と連携した学習に高い肯定率が見られた。生徒が将来の自立や社会を生きるための力を身に付けるという点で、こうした特徴的な学習方法を計画的に取り入れることは効果があるといえる。

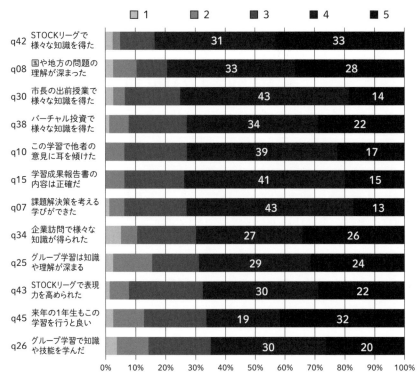

図6-1. 本実践による学習の効果(「5当てはまる」+「4やや当てはまる」=肯定率順、n=77〜78)

　また、国や地方の問題に関する理解が深まっていることは、本実践が地域連携を基盤とした展開でありながらも主権者教育に関する全国的な動向を視野に入れて実践してきたことによる成果が表れていると考えられる。本実践は、"Think globally, act locally"の理念に立った優れた取り組みであり、主権者教育の先進的事例として、また、新学習指導要領が理念としている「社会に開かれた教育課程」の実現を目指す場合のモデルとして、他校の参考になるものである。地域と連携したキャリア教育としても大きな意義を持つ実践であるといえる。

2　因子分析および重回帰分析に基づく考察

　さらに、本実践の学習の効果に関する要因を探るために、調査結果のデータに対して因子分析を施した。データの背景にある要因を明らかにすることができれば、他の高等学校が本実践を参考にする際の手掛かりをより詳細に提供することができる[8]。因子分析表については、山﨑（2018）[9]で示してあるので、ここでは省略し、抽出された8つの因子について、因子名の一覧とその意味を示す（表6-7）。

表6-7. 主権者教育の効果に関する因子名

因子名	因子の意味
F1「多様な学習の総合効果」	地域の教育環境を生かし特色ある実践を取り入れた多様な学習による効果
F2「学習意欲の向上効果」	グループ学習やSTOCKリーグに取り組んだことで学習意欲が向上した効果
F3「外部的刺激による効果」	市長の出前授業や企業訪問など学校外の刺激が生徒にもたらした学習効果
F4「グループ学習の効果」	グループ学習により生徒の思考力・判断力・表現力等が高まった効果
F5「客観的資質の向上効果」	公民的資質につながる傾聴力や論理的表現力等の客観的資質の向上効果
F6「バーチャル投資学習の効果」	本実践の特徴の一つであるバーチャル投資の学習により高まった効果
F7「学習成果報告書の効果」	本実践の特徴の一つである学習成果報告書の作成による論理的表現の効果
F8「対比と類比表現の効果」	本実践の特徴の一つである学習成果報告書の作成による対比等表現の効果

　表6-7に示した8因子の中で最も寄与率が高い第1因子は、因子を構成する項目の意味が本実践による多様な学習を実践したことによる効果を表すものである。これは、地域の教育環境を生かした学習とSTOCKリーグやバーチャル投資といった特色ある方法を組み合わせた学習による総合的な学習効果といえる。
　そこで、因子分析の結果を踏まえ、本実践による学習の効果の中でも、

第１因子が「多様な学習の総合効果」であることから、総合効果F1に対する他の因子からの影響を重回帰分析によって調べることにした[10]。因子得点は、各因子を構成する項目の項目得点（「当てはまる」＝５点〜「当てはまらない」＝１点）の平均値を用いた。

　重回帰分析に先立って、各因子得点の平均値、標準偏差、分布状況を確認した。表6-8および図6-2がその結果である。因子得点の分布状況については、８因子の変化を一覧するために一つのグラフにまとめ、それぞれの因子得点平均値について、その上下に１標準偏差分を示すようにした。なお、欠損値については、リスト毎に除去する方法をとった。

表6-8. 本実践による学習の効果に関する因子の因子得点平均値・標準偏差

因子	因子得点平均値	標準偏差	N
F1	3.44	0.605	77
F2	3.82	0.801	77
F3	3.41	0.822	77
F4	3.38	0.793	77
F5	3.71	0.604	77
F6	3.47	0.790	77
F7	3.34	0.715	77
F8	3.27	0.727	77

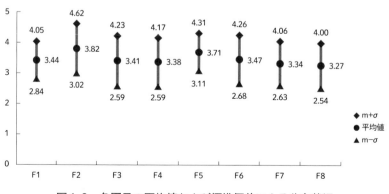

図6-2. 各因子の平均値および標準偏差による分布状況

　この重回帰分析では、F2、F3、F4、F5、F6、F7、F8を独立変数、F1を従属変数としてそれぞれの影響関係を調べた。全体の線形構造として、図6-3のような重回帰分析のパスモデルを設定し、有意なパス経路を調べることにした。なお、前述した因子分析および以下の分析を含めて、これらの分析は、IBM SPSS Statistics 21を用いた。重回帰分析の方法は、強制投入法とステップワイズ法を試み、それぞれの結果を検討したうえで、強制投入法の結果を採用した。

　表6-9は、従属変数F1に対する独立変数F2、F3、F4、F5、F6、F7、F8からの寄与の状況を示したものである。標準化偏回帰係数βが有意なパス経路としては、F2、F3、F6からF1への有意なF7からF1へ有意傾向の寄与が見られた。図6-3は、有意なパス経路を実線で、有意でないパス経路を破線で示したものである。

表6-9. 主権者教育の効果に関する重回帰分析（従属変数：F1）

独立変数	標準化偏回帰係数β	p	共線性統計量 VIF
F2	0.495	0.000	2.937
F3	0.207	0.008	1.980
F4	0.038	0.610	1.943
F5	0.038	0.633	2.161
F6	0.186	0.021	2.166
F7	0.122	0.099	1.873
F8	-0.016	0.819	1.776

$F(7,70)=40.042$　　　$p=0.000$　　　$R^2=0.800$

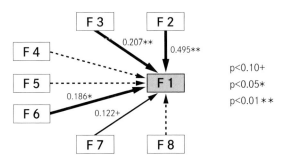

図6-3.「多様な学習の総合効果」へのパス経路

　この重回帰分析の結果、F1「多様な学習の総合効果」に対して、F2「学習意欲の向上効果」、F3「外部的刺激による効果」、F6「バーチャル投資学習の効果」から有意な寄与があることが明らかになった。その反面、F1に対して、F4、F5、F8からの寄与はいずれも有意ではなかった。この結果は、調査対象とした生徒に限定されるものではあるが、F2、F3、F6の因子が意味する内容が、学習の意欲や刺激に関する内容であるため、他の因子に比してF1への寄与が強いことを示していると考えられる。寄与が弱かったF4、F5、F8の内容は、グループ学習や傾聴力・論理的表現力、対比と類比表現などからなり、他の学習方法をとった場合でも比較的可能な効果を表すものである。

　本実践では、様々な地域の教育環境を生かした学習とともに、STOCKリーグやバーチャル投資といった特色ある方法を組み合わせた学習を行っており、それらがF1「多様な学習の総合効果」につながっている。地域と連携し、多様な学習方法を取り入れた主権者教育の実践は、社会参画意識や社会的自立の意識の醸成につながっていくものであり、主権者教育を中心としたキャリア教育の例であるといえる。

3　自由記述の分析に基づく考察

　次に、本実践に関して、生徒がどのような感想を抱いたかについて分析し、学習の効果について考察する。自由記述の質問文は、「この学習を通じ、自分自身にどのような変化（成長）があったと思いますか？　意見・感想を自由に書いてください」である。

　回答結果の分析に当たっては、KH Coder[11]を用いてテキストマイニングを施した。図6-4は、生徒が用いた言葉のうち頻度が上位の抽出語リストである。

抽出語	品詞／活用	頻度	
自分	名詞	24	
地域	名詞	19	
問題	ナイ形容	19	
考える	動詞	18	
レポート	サ変名詞	13	
思う	動詞	13	
知る	動詞	13	
意見	サ変名詞	11	
学習	サ変名詞	9	
作成	サ変名詞	9	
持つ	動詞	9	
体験	サ変名詞	9	
グループ	名詞	7	
今	副詞可能	7	
良い	形容詞	7	
企業	名詞	6	
協力	サ変名詞	6	
国	名詞C	6	
深い	形容詞	6	
地方	名詞	6	
抱える	動詞	6	
株式	名詞	5	
興味	名詞	5	
経験	サ変名詞	5	
社会	名詞	5	
力	名詞C	5	

図6-4. 抽出語リスト（頻度5以上）

　図6-4から分かるように、「自分」「地域」「問題」「考える」「レポート」という語が多く使われており、地域の問題を考えることが本実践で生徒の間に強く意識されたことを表している。そこで、KH Coderの機能の一つであるKWICコンコーダンスによって原文における使われ方を調べ、本実

践の特徴を表す回答を抽出すると次のような文章が得られた。

「市長の講話で市の今や未来について考えることができた。グループや社会の中で、自分がどのような役割を持つべきかを深く知ることができた。」

「自分自身だけではなく、広い視点を使って、国や地域の抱える問題について、深く考えることができた。」

「自分の住んでいる地域の問題を探すところから始まり、その問題をどのように解決し、未来につなげていくのかができて良かった。」

「グループの人達と協力してレポートなどを作るのはとても大変だったけれど、良い体験になった。」

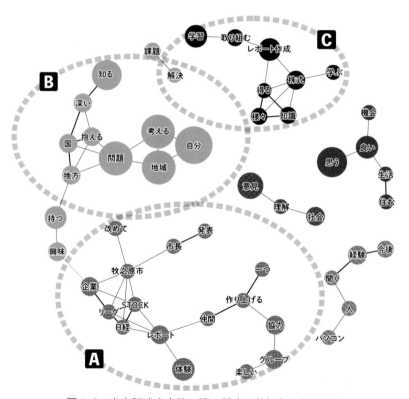

図6-5.　自由記述文全体の語に関する共起ネットワーク

　これらの文章からも、地域の教育環境を生かし多様な学習方法を工夫した本実践の取り組みが、生徒の考えを深め、地域と国の関係や地域の問題の解決を考えることにつながったことを確認できる。

　次に、生徒の回答の全文を対象として、語と語の関係を表す共起ネットワークを作成した。その際、共起語を探すためのJaccard係数[12]は、初期設定にしたがい0.2以上とした。図6-5がその結果である。

　この図では、関係の深い語群の中でも大きいまとまりのものを楕円で囲んである。A群は、「市長」「企業」「STOCK」「体験」「レポート」「グループ」「協力」などの語が関係しており、市長の出前授業やSTOCKリーグなどの特徴的な学習やグループで協力する学習を取り入れた体験的な学習方法が生徒に印象的であったことを表している。A群の内容を前述で明らかにした因子分析の結果と対照すると、F2「学習意欲の向上効果」およびF4「グループ学習の効果」が意味する内容と比較的良く対応している[13]。

　B群は、「自分」「地域」「問題」「国」「地方」「考える」「知る」などの語が関係しており、本実践により、生徒が地域の問題や国と地方の関係などを自ら考えるようになってきたことを表している。B群の内容を前稿で明らかにした因子分析の結果と対照すると、F1「多様な学習の総合効果」およびF3「外部的刺激による効果」が意味する内容と比較的良く対応している。

　C群は、「レポート作成」「学習」「取り組む」「株式」「学ぶ」「知識」などの語が関係しており、株式に関する学習を取り入れたりレポート作成を行ったりしたことが、生徒の様々な学びにつながり、その過程で知識が得られたことを表している。C群の内容を前稿で明らかにした因子分析の結果と対照すると、F1「多様な学習の総合効果」およびF4「グループ学習の効果」が意味する内容と比較的良く対応している。

　以上のように、統計分析によって抽出した因子の意味するものが、自由記述に書かれた生徒の感想と良く対応していることが明らかになった。抽出した因子は、本実践の学習効果に関する要因であるので、本実践の学習効果が生徒にも認識されていることが分かる。

　このように生徒の自由記述を共起ネットワークにより把握できる関係語群として見ると、本実践は、特徴的な学習やグループで協力する学習を取

り入れたり、レポート作成を行ったりしたことが、生徒に地域の問題や国と地方の関係などを主体的に考える効果があったといえる。こうした分析からも、地域と連携し、多様な学習方法を取り入れた主権者教育の実践は、キャリア教育として社会参画意識や社会的自立の意識の醸成につながる意義深いものである。

第5節

本章のまとめ

　本章では、高等学校におけるカリキュラム・マネジメントの推進に関する特性を明らかにしたうえで、キャリア教育と主権者教育に関わる事例を示した。本章の内容をまとめれば、次の4点になる。

　第1に、小・中学校と同様に、高等学校においてもカリキュラム・マネジメントの推進が求められているが、高等学校の特性として教科の専門性や教科組織の壁が高いことなどや課程・学科といった制度的特性があり、カリキュラム・マネジメントの推進と浸透が必ずしも容易ではない。そのため、授業を中心として行われている条件整備活動や地域連携などもカリキュラム・マネジメントとして捉え、カリキュラム・マネジメントを階層的に推進していく考えが重要になる。

　第2に、高等学校学習指導要領の文言において、キャリア教育に関連する用語が、2009（平成21）年改訂に比べ、2018（平成30）年改訂では増加するとともに、内容的にも重視される傾向が強まっている。キャリア教育に関するカリキュラム・マネジメント推進の支援・改善策としては、教科等横断の視点や地域との連携をはじめ、計画性、組織性、改善性などの要素を取り入れることが、カリキュラム・マネジメント充実のために重要である。学校と地域をつなぐ地域コーディネーターの活用につなげていくことも、カリキュラム・マネジメント充実のための一つの鍵になる。

　第3に、主権者教育は、生徒が将来社会の中で自立し、他者と連携・協働しながら、社会を生き抜く力や地域の課題を解決する力を社会の構成員の一人として主体的に担う力を養うことを目的としており、キャリア教育の一環としても位置付けられる。本章で示した事例から、教科等横断的な視点に立ち、地域の教育環境を生かし地域と連携した教育活動を取り入れることによって、生徒の主体性や国と地方の問題に関する理解が深まって

いる。本章で示した事例は、新学習指導要領の理念である「社会に開かれた教育課程」を目指した好適なモデルといえる。

　第4に、質問紙調査の結果から、重回帰分析による分析では、本実践で様々な地域の教育環境を生かした学習とともに、STOCKリーグやバーチャル投資といった特色ある方法を組み合わせた学習を取り入れたことが、「多様な学習の総合効果」の因子につながっていた。自由記述の分析でも、多様な方法により地域の教育環境を生かした本実践の取り組みが、生徒の考えを深め、地域と国の関係や地域の問題の解決を考えることにつながっていた。本実践は、特徴的な学習やグループで協力する学習を取り入れたり、レポート作成を行ったりしたことが、生徒に地域の問題や国と地方の関係などを主体的に考える効果があったといえる。また、社会参画意識や社会的自立の意識の醸成につながっていく実践であり、主権者教育を中心としたキャリア教育の例であるといえる。

註

(1) 山﨑保寿「総合的な学習のカリキュラム開発の動向と課題―高等学校―」新井郁男編『カリキュラム開発の促進条件に関する研究』教育開発研究所、2012年、83～98頁

(2) 基礎的・汎用的能力とは、キャリア発達に関する基礎的能力と、その基礎的能力を広く活用していく汎用的能力の両方が重要であることから、両者を一体的なものと捉えたものである。基礎的・汎用的能力は、「人間関係形成・社会形成能力」、「自己理解・自己管理能力」、「課題対応能力」、「キャリアプランニング能力」の4つの能力を柱として構成されている。これらの能力は、分野や職種にかかわらず、社会的・職業的に自立するために必要な基盤となる能力であると考えられている。

(3) 2015（平成27）年6月に公職選挙法が改正され、選挙権年齢が20歳から18歳に引き下げられた。改正公職選挙法は、2016（平成28）年6月から施行され、国政選挙としては初めて、同年7月の参議院議員選挙で適用された。18歳選挙制の導入に際して、総務省・文部科学省による副教材『私たちが拓く日本の未来―有権者として求められる力を身に付けるために―』2015年、教師用指導資料『私たちが拓く日本の未来―有権者として求められる力を身に付けるために―指導資料』2016年が作成されている。

(4) M教諭は、研究生として大学に派遣され、筆者は指導教員として研究指導を行った。筆者は、H高校が実施した「実社会との接点を重視した課題解決型学習プログラム」の推進委員を務めた。本書に掲載した分析は筆者が行ったものである。

(5) STOCKリーグは、日経が提供している中・高・大学生向けのコンテスト形式による株式学習プログラムである。STOCKリーグは、野村ホールディングスの協賛で行われており、支給される仮想資金を元手に実際の株価に基づいて、インターネットで株式売買のシミュレーションを行い、ポートフォリオの作成、運用を体験するシステムである。株の模擬売買を体験することによって、株式投資について学ぶとともに、経済・金融の仕組み、働きを理解していくことを目的としている。

(6) 山﨑保寿『「社会に開かれた教育課程」のカリキュラム・マネジメント―学力向上を図る教育環境の構築―』学事出版、2018年。同書では、「社会に開かれた教育課程」に必要な3つの条件を示し、その3条件をカリキュラム・マネジメントのPDCAサイクルに明確に位置付けることによって、「社会に開かれた教育課程」を実現していく方途を示した。

(7) 質問紙調査の実施に際する倫理的配慮として、筆者とM教諭が事前に調査項目の内容を検討し、データを統計的に処理して分析するものであることを学校側の了解を得たうえで実施した。

(8) 量的分析を行う際に留意したいことは、質問紙調査の結果から明らかになる重要度の高い項目と背後要因や影響関係との違いについてである。例えば、ある学校を対象とした質問紙調査を行ったとして、質問項目A「校長の学校経営方針を重視していますか」と質問項目B「あなたは創意工夫をこらした授業改善を行っていますか」という項目が設定されているとする。その場合、質問項目Aに関しては校長の経営方針を重視するのが一般的であることから、肯定率が高い結果が出ると考えられる。そのため、「5非常に当てはまる」「4やや当てはまる」などの5件法で回答した場合には、肯定率（5＋4）や平均値が高くなり、質問項目Aは、重要性が高いと認識されることになる。

　　しかし、質問項目Aは質問項目Bと必ずしも相関が高いとは限らないであろう。校長の学校経営方針を重視することが、創意工夫をこらした授業改善を行うことと必ずしも強く連動するとは限らないからである。むしろ、質問項目Aと相関がより高いのは、質問項目C「学力を伸ばすために学年の目標を共有していますか」といった項目や質問項目D「校内研修に主体的に参加して力量向上を図るようにしていますか」といった項目、また、質問項目E「どの学習者にもわかる授業が大切と考えますか」といった項目であろう。つまり、創意工夫のある授業改善を行う背後要因には、目標の共有化や校内研修の有効化、教員の熱意などが考えられることになる。

　　このことからも分かるように、重要度の高い項目は、記述統計（度数、%、最大値、最小値、平均値など）で明らかにすることができるが、それは、背後の要因と一致するとは限らない。より影響力の強い要因や連動する要因、隠れた要因などに関しては、相関、因子分析、重回帰分析等々によって解明していくことが必要になる。

　　以上に述べたことから示唆されるように、質問紙調査に対する量的分析の結果には、重要度の大小と影響力の大小とが混在しているので、それらを区別するよう考察を記述する際に十分留意することが必要である。重要度の大小は記述統計によって、%が高い／低い、肯定率・平均値が高い／低いなどで分かるのであるが、影響力の大小や背後要因は、因子分析などの多変量解析を施さないと解明しにくいのである。

　　このことは、例えていえば、組織運営のトップパーソンとキーパーソンの違いのようなものである。トップパーソンは重要度が高く出るので分かりやすく、分掌関係で誰であるかはほぼ明瞭であり組織の多くの人が認識している。当然、組織の上下関係におけるトップパーソンの影響力は強いのであるが、それが組織内で影響力を持つ人の全てかというとそうでもない。実際に影響力を持っている人間をキーパーソンといい、それはトップパーソンと同一とは限らない。組織内の人間関係で決め手となる人、学校カウン

セラーや養護教諭などが、なくてはならない働きをしている場合には、その人こそキーパーソンといえる。

　このように考えると、質問紙を作成する場合において、トップパーソンの重要度を測るための質問項目なのか、キーパーソンの影響力を探るための質問項目なのかによって、質問の内容、質問の方法（選択式、（4／5）件法、記述式）、尺度の構成などが異なることになる。

　また、他の項目への影響力が大きい項目は、相関係数を例にとっても分かるように、分散が大きく出る場合が多いので、5件法で聞いた場合には、肯定率や平均値がやや低く見えることがある。つまり、肯定率や平均値がそれほど高くなくても、他の項目への影響力が強い項目が隠れていることがある。このように、重要度以外に、影響力という面を考えると、他の項目との相関を調べること、項目間に何らかの差があった場合にそれが有意であるかどうかの検定を行うことの意味がある。こうした点に留意し、量的分析を行う際には、回答結果の度数分布や分散・標準偏差の状況、項目間の関連に常に気を配ることが重要になるといえる。

(9) 山﨑保寿「地域の教育環境を生かした『社会に開かれた教育課程』の実現とその可能性―新学習指導要領の理念を踏まえて―」松本大学地域総合研究センター編『地域総合研究』第19号Part1、2018年7月、7〜19頁

(10) バリマックス回転を施した場合、抽出された因子は、因子間の独立性が前提となるのであるが、ここでは、因子得点として項目得点の平均値を用いているので、総合効果F1に対する他の因子の寄与を調べた。

(11) KH Coderは、テキスト分析のためのフリーソフトウェアとして提供されており、本稿で示した分析は、現時点での最新版であるKH Coder 3（樋口耕一）を用いた。

(12) Jaccard係数は、0から1の間の値であり、Jaccard係数が大きいほど2つの語の共起度が高くなる。Jaccard係数は、抽出する2つの語の共起関係で決まるため、その2つの語が使われていない文章が多数あったとしても影響を受けない。（樋口耕一『社会調査のための計量テキスト分析―内容分析の継承と発展を目指して―』ナカニシヤ出版、2014年参照）

(13) 潜在的な要因を探ることで抽出された因子分析の結果と感想文として記述された語群関係との対照に際しては、それぞれの持つ意味内容に十分留意した。

第7章

キャリア教育の視点を踏まえた高校生の科目選択および進路意識の特徴

理数科と普通科生徒のキャリア意識の比較を中心として

　現代の社会は、科学技術が急速に発達し新たな知識の創造が常に求められる知識基盤社会といわれる。知識基盤社会では、科学技術教育や理数教育の重要性がますます高まっており、2008・2009（平成20・21）年改訂および2017・2018（平成29・30）年改訂の両学習指導要領においても理数教育の充実が重点項目の一つに置かれている。学校教育において科学技術教育や理数教育の充実を様々な形で図ることにより、科学技術の発展と知識基盤社会を牽引しうる人材の育成が目指されている[1]。とりわけ、高等学校段階における理数的に優れた才能や適性を持った人材の教育は、キャリア教育に関しても次代を担う有為な人材の育成と確保に関わる重要な課題である。これらの課題へ対応する学科制度として、我が国では高等学校段階における理数教育の充実を図るため、1968年から重点的な高等学校に理数科を設置してきた[2]。1968年に31校の設置から発足した理数科は、高等学校における理数教育推進の中核的役割を担い、2014年には182校に達している[3]。

　本章では、キャリア教育の視点から理数教育の重要性を踏まえ、理数科と普通科の生徒の進路意識に関する調査結果を中心に考察する。理数科生徒の特徴として、理数科への入学の理由、将来の職業を考えた時期、異なる課程・類型の生徒からの影響、将来の職業と科目選択の意識の関係等について明らかにする。

第 1 節

理数教育の推進と本章で明らかにする内容

　科学技術が急速に発達する状況の中で、理数教育の一層の充実を図るために設置されたのがスーパーサイエンスハイスクール（SSH）である。2002（平成14）年度から理数科設置校を中心に指定されたSSHの事業[4]は、折しも我が国の学力低下が叫ばれる中、学力向上フロンティア・ハイスクール[5]をはじめとする各種の学力向上施策と相まって進展してきた。SSH事業は、将来国際的な舞台で活躍できる科学技術系人材の育成を図るため、2001（平成13）年に定められた第 2 期科学技術基本計画[6]を踏まえ、文部科学省の指定により理数系教育を重点的に行う高校として開始されたものである[7]。SSHの取り組みにより、理数科のカリキュラム開発を目的とした学校設定科目の導入、地元大学を中心とした高大連携の推進、理数科課題研究や科学系部活動の活性化などが行われた[8]。最近では、第 2 期教育振興基本計画（2013.6.14）で理数系人材の養成のためにSSH（スーパーサイエンスハイスクール）の取り組みを充実させることが示され、第 3 期教育振興基本計画（2018.6.15）では、先進的な理数教育を行う高等学校の支援という表現で引き継がれている。

　このように、理数科およびSSHへの期待が強い一方で、それらの高校に在籍する生徒が自己の将来像に対してどのような考えを持っているか、理数科と普通科における生徒の進路意識はどのように違うのかといった問題に関しては必ずしも十分に明らかにされてきたわけではない。後述するように、本研究の内容に関連する先行研究として、国立教育政策研究所によるプロジェクト研究、大学入試センター研究開発部による共同プロジェクト研究、北海道大学大学院教育学研究科教育行政学研究グループによる

研究、鈴木規夫・柳井晴夫による高校生の進路意識に関する研究、岡部善平による科目選択制に関する研究を挙げることができる。これらの研究においても、理数科と普通科における生徒の進路意識の問題という面に関してはなお考究の余地がある。

　以上の研究状況を踏まえ、本章では、SSHの母体となっている高等学校理数科生徒の進路意識について、教育課程における科目選択との関係を含めて普通科生徒と比較しつつ明らかにすることを目的とする。高校生の段階における進路意識の醸成は、教育課程における科目選択との関係を契機とすることが多く、また、第3章で述べた教科開発学等の学問分野で研究開発された教科・領域は、基本的に選択的教科・領域として置かれる可能性が高いと考えられるからである。教科開発学で開発した教科・科目の選択科目としての可能性を踏まえ、科目選択の決定要因を明らかにすることは意義がある。

　そこで本章では、静岡県内の理数科設置校から5校を選定し、質問紙調査を実施した結果を分析することによって、次の内容を明らかにする。

① 　理数科と普通科における生徒の進路意識として、学科（理数科・普通科）や職業を決めた時期の違いについて考察し、理数科高校生にはどのような進路意識の特徴があるかを探る。

② 　教科開発学で開発した教科・科目の選択科目としての可能性を踏まえ、科目選択の決定要因を明らかにし、筆者が実施した先行研究の結果と比較し、理数科と普通科における生徒の科目選択意識の違いを明確にする。

③ 　キャリア教育の視点を踏まえ職業と社会に関する意識について分析し、筆者が実施した先行研究の結果と比較し、理数科と普通科における生徒の意識の違いについて明らかにする。

第 **2** 節

本章の内容に関する先行研究の状況

　前述した先行研究のうち、まず、国立教育政策研究所のプロジェクト研究は、中学校・高等学校における理系進路選択に関する全国実態調査および訪問調査・ヒアリング調査を実施したものである[9]。同研究は、理系進路選択に関する全国的な総合的調査を行ったものであり、中学校・高等学校における各教科・科目で育成する資質・能力の内容と理系進路選択との関係について考察している。同研究は、各教科・科目で育成する資質・能力との関係という視点で進路選択を捉えている点は本質的であり理系進路選択の実態を総合的調査によって明らかにしているものの、因子分析等を用いた進路選択の要因に関する解明については十分に行われていない。

　次に、大学入試センター研究開発部による共同プロジェクト研究は、鈴木規夫・柳井晴夫によって、全国の高等学校を対象として12,788人の高校生を調査し、高校生の適性と進路意識に関する分析を行ったものである[10]。鈴木・柳井は、基本となる構成概念として、「適性重視の進路展望」と「学力重視の進路展望」を導き出し、それらを外生的潜在変数とした共分散構造分析により、進路実現の不安要因との影響関係を明らかにしている。同研究は、生徒の進路意識に関する因果関係モデルを構築して要因間の関係を考察した点は高く評価されるものの、高校生全体が対象であり、理数科生徒との差を明らかにするという点では研究の余地が残されている。

　続いて、北海道大学大学院教育学研究科教育行政学研究グループによる研究は、望月美和子・横井敏郎・市原純によって、総合学科高校を対象として科目選択と進路選択に関する調査研究を実施したものである[11]。望月等は、普通科と職業学科に並ぶ第三の学科として導入された総合学科について、北海道内3校を対象にした調査研究により、生徒の主体性に任さ

れた科目選択は生徒からの評価が高いこと、総合学科を希望して入学して
きた生徒は系列を重視して科目選択する生徒が多いこと、総合学科生全体
として興味関心で科目選択する生徒が多いことなどを明らかにしている。
総合学科は、生徒が将来の職業選択を視野に入れた進路への自覚を深めさ
せる学習を重視する学科であり研究対象として重要である。同調査研究に
おいては、進路選択の要因に関する統計的分析を加えることよってさらな
る解明が可能である。

　また、岡部善平による科目選択制に関する研究は、行為論の視点から
高校生の科目選択の過程を時系列的観察によって詳細に分析したもので
ある[12]。同研究は、学校側が用意する科目選択のパターンに対して生徒
がその限定的な選択状況に適応しつつ意味充実を図ろうとする適応過程を
実証的に解明したものである。同研究は、高校生の選択制カリキュラムへ
の適応行動を実証的かつ理論的に明らかにしており高い到達点に達した研
究であるが、理数科と普通科という視点での分析は考察の対象とされてい
ない。

　以上の検討から分かるように、先行研究の状況は、高等学校の教育課程
と生徒の進路選択について、理数科と普通科における生徒の進路意識の差
に関する考究や科目選択の決定要因に関する考察が十分になされていると
は言い難い。

第 **3** 節

質問紙調査の枠組み

1　調査対象校の選定と調査対象校の概要

　筆者は、20年以上にわたり、高校生の進路意識について研究してきた[13]。本章では、理数科生徒の進路意識を明らかにするために、理数科を有する高校の生徒を対象として質問紙調査を実施した結果について示す。質問項目は、筆者が実施してきた先行研究[14]の項目を主とし、時代の変化と本研究の趣旨を反映した項目を若干加えて実施した[15]。調査対象校は静岡県の全日制高校の中で理数科を設置している高等学校から、県東部地区1校、中部地区1校、西部地区1校の3校を選んだ。これにSSHの指定を受けている2校（県中部地区1校・西部地区1校）を加えた合計5校を調査対象校とした。調査は、高校2年生に対して実施した。調査対象校の概要は、次の通りである。

　A高校は、静岡県中部地区に位置し、1学年普通科5学級、理数科1学級の進学校である。A高校は、所在する地理的関係から少子化の影響を受け、最近は学級数が減少してきている。

　B高校は、西部地区にあり、1学年普通科7学級、理数科1学級の進学校である。文部科学省からSSHの指定を受け、理数教育に力を入れた教育を行っていることが地域に認識されている。

　C高校は、西部地区に所在し、現在は1・3年9学級、2年10学級（理数科は各学年1学級）の中堅的な進学校である。比較的都市部に所在するため、大規模を維持している。

　D高校は、東部地区に所在する伝統校である。地理的関係から少子化の強い影響を受け地区内の隣接する高校と統合した。1学年普通科5学級、理数科1学級の進学校である。

　E高校は、静岡県中部地区に所在し、普通科6～7学級（1年7学級、2・

３年６学級）、理数科１学級の進学校である。文部科学省からSSHの指定を
受け、理数教育に力を入れた教育を行っていることが地域に認識されている。

2　調査票の構成

　調査票は先行研究[16]に基づき、質問の趣旨、回答方法、主な分析方法
を表7-1のように構成した。そのうち、ここで分析するのは、高校生の科
目選択および進路意識の関係を明らかにするために設定した設問１〜２、
３〜６、９〜11、14〜16、19である。これらの中で、分析方法として
重回帰分析を施すために用いる設問については、独立変数と従属変数の関
係を階層的に配置できるように構成されている。

表7-1.　調査票の構成

設問	質問の趣旨	回答方法	主な分析方法
1〜2	属性	選択式	%単純集計 群分け(独立変数) クロス表　χ^2検定
3〜6	入学理由・理数科・普通科選択理由・コースの決定理由について	選択式	%単純集計 群分け(独立変数) クロス表　χ^2検定
7〜8	成績と評価してくれる人物について	選択式	%単純集計 群分け(独立変数) クロス表　χ^2検定
9〜11	科目選択の不安と科目選択決定理由、履修したい科目について	5段階式 選択式	因子分析 t-検定・分散分析 重回帰分析
12〜13	異なる課程・類型の影響について	選択式	%単純集計 群分け(独立変数) クロス表　χ^2検定
14〜16 19	将来就きたい職業について	5段階式 選択式	因子分析 t-検定・分散分析 重回帰分析
17	学校の進路指導について	選択式	%単純集計 群分け(独立変数) クロス表　χ^2検定
18	受ける必要がある教育レベルについて	選択式	%単純集計 群分け(独立変数) クロス表　χ^2検定
20〜22	高等学校で実現したいこと・キャリア教育への要望などについて	自由記述	テキストマイニング等

3　調査の実施時期と回答状況

　質問紙調査は、各調査対象校の協力を得て、2013（平成25）年12月
下旬から2014(平成26)年1月初旬にかけて実施した。対象とした生徒は、
表7-2のように高校2年生の理数科204名、普通科文系191名、普通科理
系202名の合計597名で、回答率は100％であり、全て有効回答であった。
性別は、男子367名、女子228名、無回答2名であった。

表7-2. 回答者数

学校名	A高校		B高校※	C高校		D高校	E高校※	合計	
理数科	41		42	40		40	41	204	
普通科	80		77	77		80	79	393	
男子	77	(1)	76	75	(1)	62	77	367	(2)
女子	43		43	41		58	43	228	
合計	121		119	117		120	120	597	

※はSSH、（ ）は一部無回答、有効回答率100％

第4節
理数科および普通科生徒の進路意識

1　学科（理数科・普通科）を決めた理由

　まず、入学した学科（理数科・普通科）を決めた理由について、高校別および理数科と普通科の生徒とで差があるかを調べた。高校別の結果は表7-3のようになり、χ^2検定の結果、有意差は見られなかった。科別については、χ^2検定の結果、表7-4のように理数科生徒の方が、「自分の学力を重視したから」という生徒が有意に少なく、「保護者や学校・塾の先生に勧められたから」という生徒が有意に多いという結果であった。これは、理数科へ入学した生徒については、生徒本人よりも学科の状況に詳しいと考えられる保護者や学校・塾の先生に勧められることが有意に多いことを表している。その背景には、調査対象とした静岡県においては、理数科の社会的位置が高いことが影響していると考えられる。

表7-3. 学科（理数科・普通科）を決めた理由（高校別人数）

	A高校	B高校 ※	C高校	D高校	E高校 ※	合計
1. 将来の進路を重視	47	34	42	64	40	227
2. 自分の学力を重視	49	54	39	29	46	217
3. 趣味や適性を重視	11	20	20	13	19	83
4. 保護者や先生の勧め	8	6	11	10	10	45
5. 学びたい科目があった	2	2	2	1	2	9
6. その他	4	3	2	3	3	15
合計	121	119	116	120	120	596

$\chi^2(16)=10.782$、ns、※はSSII

表7-4．学科（理数科・普通科）を決めた理由（科別）

	1. 将来の進路 を重視	2. 自分の学力 を重視	3. 趣味や適性 を重視	4. 保護者や 先生の勧め	5. 学びたい科 目があった
理数科	87 1.514	48▽ −4.862＊＊	34 1.319	30▲ 4.709＊＊	4 −0.653
普通科	140 −1.514	169▲ 4.862＊＊	49 −1.319	15▽ −4.709＊＊	11 0.653

$\chi^2(4)=38.690$ 、p<.01 、上段は人数、下段は調整された残差
（▲有意に多い、▽有意に少ない）　＋p<.10、＊p<.05、＊＊p<.01

2　将来の職業を考えた時期

　現在考えている職業に就きたいと考えた時期について、理数科と普通科の生徒とで差があるかを調べた。χ^2 検定の結果、表7-5のように理数科生徒の方が、小学校段階で考えたという生徒が有意に多いという結果であった。これは、理数科の生徒の方が小学校段階から将来の職業を考えており、将来の職業に対する意識が比較的高いことを表しているといえる。

表7-5．将来の職業を考えた時期

	小学校	中学校	高1	高2	未定他
理数科	31▲ 2.984＊＊	69 1.001	39 −1.482	32 −1.359	36 −0.546
普通科	28▽ −2.984＊＊	113 −1.001	93 1.482	77 1.359	74 0.546

$\chi^2(4)=12.166$ 、p<.05、上段は人数、下段は調整された残差
（▲有意に多い、▽有意に少ない）　＋p<.10、＊p<.05、＊＊p<.01

第5節

進路意識の基底として
他課程・類型からの影響等

1　異なる課程・類型からの影響

　生徒は、高校の段階で様々な影響を受けて進路意識を形成していく。その基底の一つとして、異なる課程・類型の生徒からの影響があると考えられる。そこで、生徒が自校における異なる課程・類型の生徒から影響を受けたかどうかについて、学校別の差があるかを調べた。χ^2検定の結果、表7-6のようにC高校では「1.影響を受けていない」が有意に多く、「3.学校行事・部活動での人間形成に影響」を受けているが有意傾向で他の高校より少なく、「4.講演会等で職業観や職業選択に影響」を受けているが有意傾向で他の高校より少ないという結果であった。また、D高校では、「1.影響を受けていない」が有意傾向で少ないという結果であった。こうした有意差が見られる理由として、C高校は静岡県内の理数科設置校としては後発組であり、理数科の特徴が調査対象とした他の高校以上に際立っていないことが考えられる。また、D高校は伊豆半島随一の進学校として、校内における理数科の存在が大きく生徒のまとまりがよいので相互の影響が多いことが考えられる。これらは、主に学校の教育課程と進路指導との影響関係により差が生じているものと考えられる。

表7-6.　自校の異なる課程・類型の生徒から影響を受けたか

	A高校	B高校※	C高校	D高校	E高校※	合計
1.影響を受けていない	79 1.336	66 −1.418	84▲ 3.241**	62▽ −2.265*	70 −0.826	361
2.選択科目・課題研究 など学習面に影響	15 −1.154	22 0.802	13 −1.470	25 1.641	20 0.152	95
3.学校行事・部活動で の人間形成に影響	15 −1.456	26 1.544	13 −1.754+	26 1.544	21 0.086	101
4.講演会等で職業観や 職業選択に影響	9 1.501	4 −0.874	2 −1.716+	5 −0.399	9 1.445	29
合計	118	118	112	118	120	586

$\chi^2(12)$=23.681、p<.05、※はSSH　下段は調整された残差
（▲有意に多い、▽有意に少ない）　+p<.10、*p<.05、**p<.01

2　高校別科目選択の不安

　本研究で調査した学年は、高校２年生であり、３年次の科目選択を行い将来の進路を強く意識する時期である。生徒は、在籍校の教育課程にしたがって、将来の進路に応じた科目選択を行うと同時に、科目選択に際しての様々な不安も抱えている。そこで、生徒の科目選択および将来の職業意識に関する因子分析を行う前提的作業として、進路意識の基底に関わる科目選択の課題について、科目選択に関する不安がどのように異なるのかを調べた。ここでは、科目選択の根底にある意識に焦点を当てるため、調査対象校全体の中での学校単位の状況を分析する。

　科目選択の不安に関する質問項目は、「自分の進路が決まらないこと」、「自分の学力が不安なこと」、「保護者と意見が一致しないこと」、「希望する選択科目がないこと」の４項目であり、各項目について、「あてはまる」から「あてはまらない」の５段階の尺度を用いて質問した。

表7-7. 科目選択に関する不安（学校別）

（有意差のある平均値の最大と最小を網掛け）　　＋p<.10、＊p<.05、＊＊p<.01

科目選択の不安	グループ	回答者数	平均値	標準偏差	分散分析
自分の進路が決まらないこと	A高校	121	2.992	1.568	自由度 グループ間　4 グループ内　588 F値　　0.485 有意確率0.747n.s.
	B高校	117	2.966	1.548	
	C高校	117	3.188	1.514	
	D高校	119	2.950	1.495	
	E高校	119	3.050	1.401	
	合計	593	3.029	1.504	
自分の学力が不安なこと	A高校	121	4.504	0.877	自由度 グループ間　4 グループ内　592 F値　　11.209 有意確率0.000＊＊
	B高校	119	3.647	1.363	
	C高校	117	4.248	1.008	
	D高校	120	4.325	0.842	
	E高校	120	4.208	1.092	
	合計	597	4.188	1.088	
保護者と意見が一致しないこと	A高校	121	2.240	1.329	自由度 グループ間　4 グループ内　591 F値　　3.111 有意確率　0.015＊
	B高校	119	1.857	1.202	
	C高校	116	2.241	1.336	
	D高校	120	2.142	1.218	
	E高校	120	1.850	1.018	
	合計	596	2.065	1.234	
希望する選択科目がないこと	A高校	121	2.058	1.234	自由度 グループ間　4 グループ内　592 F値　　0.719 有意確率0.579n.s.
	B高校	119	1.941	1.181	
	C高校	117	2.154	1.222	
	D高校	120	2.050	1.166	
	E高校	120	1.933	1.083	
	合計	597	2.027	1.177	

　科目選択の不安に対して、各高校を要因とした一元配置分散分析を施したところ、表7-7のような結果が得られ、「自分の学力が不安なこと」、「保護者と意見が一致しないこと」の2項目について有意差が見られた。すな

わち、科目選択における自分の学力に関する不安はA高校において高く、保護者と意見が一致しないことに関しては、全体的に平均値が低いもののC高校において高いという結果であった。これらは、前述した学校の状況および学校の教育課程と進路指導との影響関係による差であると考えられる。

第6節
科目選択および将来の職業意識に関する因子分析

1　科目選択の要因

　調査した学年は、高校２年生であり、３年次の科目選択を行い将来の進路を強く意識する時期である。生徒は、在籍校の教育課程にしたがって、将来の進路に応じた科目選択を行っており、それが進路意識の基底につながっていると考えられる。そこで、先行研究[17]に基づき科目選択の要因として設定した18項目に対して、因子分析（主因子法→プロマックス回転）を施して解析した。因子分析を施す理由としては、設定した項目群の中で類似する項目をまとめ科目選択の要因を絞り込み明確化するためである。抽出する因子数については、先行研究を踏まえ４因子を指定した。

表7-8. 科目選択の要因に関する因子分析結果

項目の趣旨	F1	F2	F3	F4
科目への自分の適性を考慮した	.798	.036	.079	-.071
その科目の好き嫌いを考慮した	.796	-.125	-.017	-.140
科目への知的興味を考慮した	.597	-.159	.162	-.018
自分の学力を考慮した	.483	.254	-.038	.160
仲の良い友人の意見を考慮した	-.007	.755	-.053	-.107
先輩の意見を考慮した	.004	.617	-.101	.017
学校の先生や塾の教師の意見を考慮した	-.094	.599	.284	-.134
保護者（家族）の意見を考慮した	.047	.460	.064	.072
自分の進路を考慮した	.051	.001	.836	.084
進学・就職の受験科目を考慮した	.041	.098	.693	-.162
将来の職業を考慮した	.004	-.054	.500	.447
社会へ出てから必要だから	-.051	-.046	.063	.681
資格を取得するために必要だから	-.048	-.006	-.029	.670
（先行研究と同様の結果を網掛け） F1		.266	-.069	.331
因子間相関（プロマックス回転） F2			-.033	.188
累積寄与率41.2% F3				.345

　因子分析の結果、4因子とその因子負荷量は表7-8のようになった。因子の命名に当たっては、因子負荷量の高い項目の趣旨を考慮して、第1因子を「適性の因子」、第2因子を「人間関係の因子」、第3因子を「進路の因子」、第4因子を「必要性の因子」と命名した。抽出された因子は、項目の順序等が入れ替わっているものの先行研究（山﨑1999）とほぼ同じであり、安定した因子であることが明らかになった。なお、α係数は、第1因子からそれぞれ0.743、0.673、0.746、0.635、4因子による累積寄与率は41.2％であった。

2　職業と社会に対する意識に関する因子分析

　キャリア教育の視点を踏まえると、調査した高校2年生は、将来の職業と社会に対してどのような意識を持っているかを明らかにすることが重要

である。将来の職業と社会に対する意識も進路意識の基底につながっていると考えられる。そこで、将来の職業と社会に対する意識として先行研究[18]に基づき設定した10項目に対して、因子分析（主因子法→プロマックス回転）を施して解析した。抽出する因子数については、先行研究を踏まえ3因子を指定した。因子分析の結果、3因子とその因子負荷量は表7-9のようになった。因子の命名に当たっては、因子負荷量の高い項目の趣旨を考慮して、第1因子を「職業理解の因子」、第2因子を「役割意欲の因子」、第3因子を「社会的関心の因子」と命名した。抽出された因子は、先行研究とほぼ同じであり、安定した因子であることが明らかになった。なお、3因子による累積寄与率は45.0%であった。

表7-9. 職業と社会に対する意識に関する因子分析結果

項目の趣旨	f1	f2	f3
大体の給料や勤務時間を知っている	.835	-.155	.137
その職業に就くためにどのような資格が必要かを知っている	.715	.134	-.102
仕事の内容をよく理解している	.682	.177	-.046
自分の就きたい職業が社会で果たしている役割について考えている	.056	.758	.019
自分の能力や適性がその職業に向いているかよく考えている	.057	.686	-.150
将来社会の一員としての責任を果たそうとしている	-.059	.527	.250
社会や政治の動きに関心がある	.099	-.077	.621
科学や学問の発見や技術の進歩に関心がある	-.037	-.021	.480

（先行研究と同様の結果を網掛け）　因子間相関　　f1　　.632　　.162

f2　　.440

（プロマックス回転）　　累積寄与率　45.0%

3　理数科と普通科における因子得点の差

　以上の因子分析の結果に基づいて、理数科と普通科とで因子得点の平均値に差があるかどうかを t 検定（等分散の検定→ t 値）によって調べた。次の表7-10および表7-11がその結果である。この結果、科目選択の要因に関しては、Ｆ２「人間関係の因子」とＦ３「進路の因子」において有意

差が見られ、職業と社会に対する意識に関しては、ｆ３「社会的関心の因子」において有意差が見られた。すなわち、Ｆ２「人間関係の因子」に関しては、理数科より普通科の方が平均値が有意に高く、Ｆ３「進路の因子」およびｆ３「社会的関心の因子」に関しては、理数科の方が普通科より有意に高いという結果であった。このことから、将来の進路選択につながる科目選択について、理数科の生徒は、友人・先輩や教師・保護者の勧めなどの人間関係の影響によって行うよりも、将来の進路・職業や受験科目を考慮して行っていること、また、社会・政治の動きや科学・学問の進歩にも比較的高い関心があることが明らかになった。

　ここで、Ｆ２「人間関係の因子」に関して、理数科より普通科の生徒の方が平均値が有意に高いという結果について、この因子得点が高い生徒が科目選択や進路選択において人間関係の影響を受けやすく受動的な傾向があるとすれば問題である。もちろん、この問題は、普通科だけでなく理数科の生徒においてもＦ２「人間関係の因子」の因子得点が高い生徒に関しては同様である。この点について、パス解析による次の結果は、このような問題への対策に関する示唆を与えている。

表7-10. 科目選択の要因別因子得点の差

		N	平均値	標準偏差	t 値
F1	理数科	207	3.5411	.91216	-.792
	普通科	386	3.6010	.81493	
F2	理数科	206	2.3786	.84273	-3.571 **
	普通科	384	2.6406	.85316	
F3	理数科	202	4.0545	.89022	3.239 **
	普通科	385	3.7965	.93007	
F4	理数科	207	2.6739	1.02455	-1.943 +
	普通科	387	2.8424	.99726	

+p<.10、*p<.05、**p<.01

表7-11. 職業と社会に対する意識に関する因子得点の差

		N	平均値	標準偏差	t 値
f1	理数科	207	2.9791	.99735	-.675
	普通科	386	3.0337	.90614	
f2	理数科	206	3.5777	.86995	.204
	普通科	384	3.5634	.77683	
f3	理数科	206	3.4442	.91893	3.387 **
	普通科	385	3.1753	.91986	

+p<.10、*p<.05、**p<.01

4　階層的配置による因子間のパス解析

　調査票の構成のところで述べたように、抽出された科目選択の要因に関する4因子（F1、F2、F3、F4）および職業と社会に対する意識に関する3因子（f1、f2、f3）は、調査票の作成の段階で階層的に配置できるように構成したものである。すなわち、前者が科目選択という高校の教育課程における実際の行動に基づく要因を因子として明らかにしたものであり、後者がそうした実際の行動を基礎とした将来の職業と社会に対する意識を因子として明らかにしたものである。

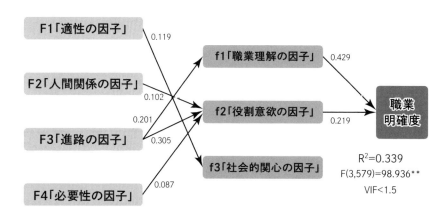

図7-1. 階層的に配置した因子間のパス解析結果

　これら階層的に配置された各因子と「職業明確度」（「あなたは将来の職業について現在どの程度に決めていますか」）を組み合わせてパスダイアグラムを設定し、重回帰分析を繰り返して、最終的に有意なパス経路として得られたものが図7-1である。

　図1から明らかなように、最終的に「職業明確度」につながる有意なパス経路としてf1「職業理解の因子」を経由するものとf2「役割意欲の因子」を経由するものが得られた。このうち、F2「人間関係の因子」からf2「役割意欲の因子」を経由するパス経路の所在は、F2「人間関係の因子」の因子得点が高い生徒が科目選択や進路選択において人間関係の影響を受けやすく受動的な傾向がある場合に対する方策の在り方を示唆している。すなわち、人間関係の影響を受けやすい生徒であっても、むしろ人間関係を通じてソーシャルスキルやコミュニケーションスキルを身に付けることによって職業がもつ社会的役割や責任などの役割意欲を高めることができれば、生徒の主体的な職業の明確化につながる可能性があることが示唆される。このことは、高校における授業および進路指導が生徒の進路選択や職業選択に与える影響が大きいことを考慮すると、高校の授業および進路指導の実践に対する有効な示唆を与えているといえる。

5　今後の課題

　以上の考察を踏まえると、今後の研究的課題と実践的課題の所在を次のように指摘することができる。

　まず、今後の研究的課題として、表7-1に示した調査票の構成から分かるように、本章で示した研究成果は調査データの一部であり、調査データの未解析部分に対してはさらなる分析を加える必要がある。その場合、生徒の進路選択および科目選択に関しては、高校の授業が大きいことから、調査対象校の教育課程との関連を一層詳細に検討することが考えられる。こうした視点からの分析は、本研究の内容と教科開発学との接点を捉えるうえで重要な課題である。

　次に、今後の実践的課題として、理数教育の充実を理数科およびSSHの取り組みを中心として推進していく場合、その成果を地域や一般高校へ

も普及させていくことが必要である。ここでは、特に、その場合の鍵概念として共創[19]の理念が重要になることを指摘したい。共創とは、学校等が、その内外における共生の概念を基盤としつつ、互いの知を意図的に交流させることでさらに創発を生み、互いに成長していく相互作用の関係である。

　今後は、理数科やSSHにおける学習活動、学校間連携、教員研修など多様な機会を生かして共創の理念を取り入れ、優れた人材の育成を、共創的関係の拡大の観点から研究していくことが重要になる。そして、第2期教育振興基本計画をはじめとして、第3期教育振興基本計画に示されている理数教育充実の方向[20]を踏まえれば、理数科等を中心として科学技術人材を体系的に育成するとともに、女子生徒が理数系に進む割合が少ない状況の改善を図ること等が今後の実践的課題として挙げられる。

第 **7** 節

本章のまとめ

　本章では、科学技術教育や理数教育の重要性を背景として、理数科と普通科の生徒の進路意識について、調査研究により科目選択と将来の職業に対する意識を視点として分析した。本章で明らかにされた内容をまとめれば、次の 6 点になる。

①　入学した学科（理数科・普通科）を決めた理由について、高校別の有意差は見られなかったが、理数科へ入学した生徒は、学科の状況に詳しいと考えられる保護者や学校・塾の先生に勧められることが有意に多いという結果であった。

②　将来の職業を考えた時期については、理数科生徒の方が、小学校段階で考えたという生徒が有意に多いという結果であり、将来の職業に対する意識が早期から比較的高いといえる。

③　進路意識の基底として、生徒が自校における異なる課程・類型の生徒から影響を受けているかについて学校別の有意な差が見られた。また、科目選択に際しての不安に関しても学校別の有意な差が見られた。これらは、主に学校の教育課程と進路指導との関係により差があると考えられる。

④　科目選択の要因として設定した 18 項目に対して因子分析を施した結果、F 1 「適性の因子」、F 2 「人間関係の因子」、F 3 「進路の因子」、F 4 「必要性の因子」の 4 因子を抽出した。また、将来の職業と社会に対する意識として設定した 10 項目に対して、因子分析を施した結果、f 1 「職業理解の因子」、f 2 「役割意欲の因子」、f 3 「社会的関心の因子」の 3 因子を抽出した。これらの因子は、先行研究と同様であり安定した因子構造であることが明らかになった。

⑤　理数科と普通科とで因子得点平均値の差を調べたところ、将来の進

　　路選択につながる科目選択について、理数科の生徒は、友人・先輩や
　　教師・保護者の勧めなどの人間関係の影響によって行うよりも、将来
　　の進路・職業や受験科目を考慮して行っていること、また、社会・政
　　治の動きや科学・学問の進歩にも比較的高い関心があることが明らか
　　になった。

⑥　各因子を階層的に配置したパス解析の結果、F2「人間関係の因子」
　　から f2「役割意欲の因子」を経由する有意なパス経路の所在は、人
　　間関係の影響を受けやすい生徒であっても、人間関係やそれがもたら
　　すコミュニケーションの機会を活用して職業がもつ社会的役割や責任
　　などの役割意欲を高めることができれば、生徒の主体的な職業の明確
　　化につながる可能性が示唆された。

註

⑴ 科学技術・学術審議会人材委員会「知識基盤社会を牽引する人材の育成と活躍の促進に
　向けて」（2009.8.31）

⑵ 高度経済成長に伴う産業構造の高度化を背景として、科学技術教育の充実が求められて
　いたことから、中央教育審議会答申「後期中等教育の拡充整備について」（1966年10月）
　において、生徒の適性・能力・進路に対応するとともに、職種の専門的分化と新しい分
　野の人材需要とに即応するよう教育内容の多様化と高等学校の職業教育課程の充実と多
　様化を求めることが提言された。理数に関する学科は、理科教育及び産業教育審議会答
　申「高等学校における理科・数学に関する学科の設置について」（1967年10月3日）を
　受けて1968（昭和43）年4月から設置された。理数に関する学科の役割は、科学と数学
　に興味をもち、しかもその学習に対する相応の能力・適性があり、この方面の学習をよ
　り深めたいと希望する生徒に対して科学的、数学的な能力を高めることであり、そのよ
　うな教育によって、我が国の科学技術教育の振興を図ることにある。（物理教育編集委員
　会「高等学校における理科・数学に関する学科の設置について」『物理教育』第15巻第5
　号、1968年、225頁参照）

⑶ 2014（平成26）年度全国理数科高等学校校長会会員校数（http://www.choshi-h.jp/
　general/info/pdf/2014-zenkoku-risuka.pdf　最終確認2014.9.24）に基づく。

⑷ SSHは、SELHi（スーパー・イングリッシュ・ランゲージ・ハイスクール）とともに、
　特定分野について生徒の高度な能力育成を目的として文部科学省の事業により指定され
　てきた。これらの事業は、文部科学省が出した「確かな学力の向上のための2002アピー
　ル『学びのすすめ』」（2002.1.17）により、文部科学省が主導してきた学力向上施策の
　一端を担ってきた。SELHi事業が2009年度で終了したのに対して、SSHの事業につい
　ては現在も継続しており、2013（平成25）年度までの累計指定校数は368となっている。

⑸　文部科学省による2003（平成15）年から3年間の事業として、学力向上に関する研究開発の成果を普及させるため、学力向上に総合的に取り組むモデル地域とフロンティアハイスクールを指定し他の学校への成果普及が図られた。

⑹　科学技術基本計画は、科学技術基本法に基づき5年に一度策定されている。第2期科学技術基本計画（2001～2005年）は、初等中等教育における科学技術教育の振興、高等学校における理科等の教育内容の充実を含めた内容で、2001（平成13）年3月30日に閣議決定された。

⑺　初年度である2002（平成14）年度はSSHとして26校が指定され、現2013（平成25）年度は201校が指定された。

⑻　中川和倫「SSHでここまでできた：高大連携の推進・進路意識の高揚・課題研究の活性化（スーパーサイエンスハイスクール3年間の成果と課題）」日本科学教育学会『年会論文集』第29号、2005年、301～304頁

⑼　後藤顕一（研究代表）「中学校・高等学校における理系進路選択に関する研究」『国立教育政策研究所年報』第22号、2012年8月、19～20頁

⑽　鈴木規夫・柳井晴夫「因果関係モデルによる高校生の進路意識の分析」『教育心理学研究』第41巻第3号、1993年、324～331頁

⑾　望月美和子・横井敏郎・市原純「総合学科高校の科目選択と進路選択に関する調査研究」北海道大学大学院教育学研究科教育行政学研究グループ『公教育システム研究』第6号、2007年2月、55～78頁

⑿　岡部善平『高校生の選択制カリキュラムへの適応過程』風間書房、2005年

⒀　山﨑保寿「高校生の進路意識と科目選択の関係に関する実証的研究」『日本教育経営学会紀要』第36号、1994年6月、71～81頁

山﨑保寿「単位制高校における生徒の科目選択意識に関する調査研究―普通科高校4校と単位制E高校との比較研究―」『日本高校教育学会会報』第2号、1995年3月、22～27頁

山﨑保寿「普通科高校生における選択科目の決定要因と進路意識の関係に関する研究―学校の属性および生徒が受けたい教育程度を視点として―」『学校経営研究』第20巻、1995年4月、101～111頁

山﨑保寿『高等学校における選択制の拡大と進路指導』協同出版、1999年

山﨑保寿「高校生の進路希望と総合的な学習の時間の効果に関する分析」『信州大学教育学部紀要』第108号、2003年3月、59～68頁

山﨑保寿「高校生の進路意識に関する研究―総合的な学習の時間の先進校における調査に基づいて―」『信州大学教育学部紀要』第109号、2003年9月、45～54頁

山﨑保寿「進路指導におけるキャリア・カウンセリングの生かし方」夢のデザイン塾編『高校教職員向けキャリア・カウンセリング事例集』夢のデザイン塾、2006年3月、10～13頁

山﨑保寿「新しい進路指導としてのキャリア教育の概念」『カリキュラム開発研究』（長野県カリキュラム開発研究会紀要）第6集、2006年12月、15～18頁

山﨑保寿・野村真澄・向井稔「高等学校理数科生徒の進路意識に関する研究―スーパーサイエンスハイスクールの成果と課題を踏まえて―」愛知教育大学・静岡大学『第4回教科開発学研究会発表論文集』2014年3月、29～32頁など。

⒁　山﨑保寿『高等学校における選択制の拡大と進路指導』協同出版、1999年

⒂　質問項目の構成は、関連する先行研究を検討したうえで、主に山﨑が実施してきた質問紙に基づいた。調査の実務と集計を向井稔が、統計分析を山﨑が主に担当した。本稿の

内容は、山﨑の分析と考察に基づくものである。

⒃ 山﨑保寿、前掲書、1999年

⒄ 山﨑保寿、前掲書、130 ～ 131頁

⒅ 山﨑保寿、前掲書、132 ～ 133頁

⒆ 共創とは、生活・学習・交流などの場での共生を基盤としつつ互いの知が交流することでさらに創発され互いに成長していく相互作用の関係である。

⒇ 中央教育審議会答申「第2期教育振興基本計画について」(2013.4.25) および第2期教育振興基本計画 (2013.6.14) で、理数系人材の養成に向けた取り組みを総合的に推進するとともに、女子生徒・学生向けのガイダンスの充実等により、女性が理数系に進む割合が少ない状況の改善を図ることを示している。

第8章

キャリア教育に関する
学習指導要領の内容変化

キャリア教育推進の背景となる教育環境に関する検討

　我が国における最近20年間程度の変容を見ると、少子高齢化の進行、生産年齢人口の減少などによる人口問題が顕在化する一方で、グローバル化の浸透、技術革新の進展、AI化の拡大など、経済・産業等の構造が急速に変化してきている。こうした社会形態の変化は、学校教育における理数教育や外国語教育の重視、教育の情報化の推進、アクティブ・ラーニングの導入などの動きをもたらすとともに、フリーター・ニート問題やワーキングプア問題などの社会問題[1]とも関連して、国レベルの施策として、学校教育においてキャリア教育を重視する方向にもつながっている。

　キャリア教育推進の背景となる教育環境という視点で見ると、国レベルで展開されているキャリア教育の推進施策などの動向は、キャリア教育に関わる社会的環境として捉えられる。本章では、国レベルで展開されているキャリア教育の推進施策の中でも重要な位置を占める学習指導要領の内容について、キャリア教育の時期区分に基づいた分析により、学習指導要領の内容変化を明らかにする。

第 **1** 節

国レベルのキャリア教育の推進と 本章で明らかにする内容

　キャリア教育を重視する動向は、文部科学省（国）→都道府県・政令市教育委員会→市町村教育委員会→各学校という階層的な影響関係により、国レベルの施策が地方教育委員会を経て各学校に及んでいる。現在、小学校での職場見学、中学校での職場体験活動、高等学校での就業体験活動等を通じた体系的なキャリア教育の推進が図られている。このように、各学校で具体的なキャリア教育の取り組みが行われ、広範囲にキャリア教育が推進されている背景には、文部科学省をはじめ国レベルの様々な教育行政施策が展開されていることが影響している。国から各学校に及ぶ階層的な影響関係で推進されているキャリア教育については、2008・2009（平成20・21）年改訂の学習指導要領と 2017・2018（平成29・30）年改訂の学習指導要領では、その内容の扱いに変化が見られる。その教育行政的な動向を背景にした変化を明らかにすることは、教育環境の一面として現在の学校教育が置かれている状況を理解し今後キャリア教育を推進していくために重要である。

　キャリア教育に関する上記の状況を踏まえ、本章で明らかにする内容は、次の 3 点である。なお、本章で焦点を当てるのは、主に国レベルのキャリア教育に関する施策と学習指導要領についてである。学校レベルのキャリア教育に関する実践事例とその考察については、別章で示している。

① 　キャリア教育の定義を改めて確認し、2006（平成 18）年の改正教育基本法によるキャリア教育への影響について、学校教育法および学習指導要領との関連を通して考察する。

② 　キャリア教育に関する教育行政的動向について、先行研究で行われ

た考察の枠組みとして、教育行政的動向を背景にした時期区分について検討し、学習指導要領の改訂とそれらの時期区分との関係を明らかにする。

③　②で明らかにした時期区分の特徴を踏まえ、2008・2009（平成20・21）年改訂の学習指導要領と2017・2018（平成29・30）年改訂の学習指導要領を考察の対象とし、キャリア教育に関連する内容の変化を明らかにする。

第 **2** 節

教育基本法の改正と教育振興基本計画の策定による教育行政的構図

1　キャリア教育の定義

　キャリア教育の定義については、第1章でも示したところであるが、キャリア教育スタート年（2000年）の契機となった中央教育審議会答申では次のように示されている。キャリア教育は、「望ましい職業観・勤労観及び職業に関する知識や技能を身に付けさせるとともに、自己の個性を理解し、主体的に進路を選択する能力・態度を育てる教育」（中央教育審議会答申「初等中等教育と高等教育との接続の改善について」1999.12.16)とされている。続いて、「『キャリア』概念に基づき『児童生徒一人一人のキャリア発達を支援し、それぞれにふさわしいキャリアを形成していくために必要な意欲・態度や能力を育てる教育』ととらえ、端的には、『児童生徒一人一人の勤労観、職業観を育てる教育』」（キャリア教育の推進に関する総合的調査研究協力者会議報告書「児童生徒一人一人の勤労観、職業観を育てるために」2004.1.28）と定義されている。

　この定義が示すように、キャリア教育の目的は、児童生徒が社会の変化に対応し、将来を生きる力を身に付け、主体的に自己の進路を選択・決定できる能力を育成していくことである。そのために、将来の社会的・職業的自立に向けて、望ましい職業観・勤労観および職業に関する知識や技能を身に付けさせるためのキャリア教育が必要とされている。キャリア教育は、児童生徒の将来における社会的・職業的自立を目的として、進路や職業に関する学習を通じてキャリア発達を促す教育であるといえる。小学校・中学校・高等学校の各学校段階を通じて、系統的・計画的にキャリア教育

を推進することが一層重要になっているのである。

　キャリア教育で育成を目指す能力は、現在、中央教育審議会答申「今後の学校におけるキャリア教育・職業教育の在り方について」（2011.1.31）により、「人間関係形成・社会形成能力」「自己理解・自己管理能力」「課題対応能力」「キャリアプランニング能力」を基本とする基礎的・汎用的能力[2]とされている。

　このように、キャリア教育は、児童生徒のキャリア発達を支援し、望ましい職業観・勤労観を身に付けさせ、将来の社会的・職業的自立に向けて主体的に進路を選択する能力・態度を育てる教育である。改正教育基本法第17条の規定を受けて5年毎に教育振興基本計画が策定され、キャリア教育の推進が教育振興基本計画に明示されていることを踏まえると、学習指導要領の改訂を契機に、後述するようにキャリア教育の方針の変化を踏まえた取り組みが必要とされている。

2　教育基本法の改正と教育振興基本計画によるキャリア教育施策の構図

　教育基本法の改正とそれに伴う教育振興基本計画の策定に関する教育行政的動向は、キャリア教育に関する国レベルの動きであり学校教育を取り巻く教育環境の一面を考察するうえで重要である。そこで以下では、まず、教育基本法改正以前におけるキャリア教育施策の推進状況を整理し、続いて、教育基本法改正以後における教育行政的動向について考察する。

　教育基本法改正以前におけるキャリア教育の政策としては、2003（平成15）年に文部科学大臣ほか4閣僚により、教育・雇用・経済政策の連携による総合的人材対策である「若者自立・挑戦プラン」が打ち出された。「若者自立・挑戦プラン」の基本的方向の具体化のために、2004（平成16）年12月には、「若者の自立・挑戦のためのアクションプラン」を策定し、さらに、2005（平成17）年10月には、農林水産大臣を加え一層の連携を目的とした「若者の自立・挑戦のためのアクションプラン」の強化策を打ち出している。同時に、文部科学省は、2004（平成16）年度から「新キャリア教育プラン推進事業」を開始、2005（平成17）年度からは、

「キャリア教育実践プロジェクト」を開始している。これは、各都道府県・政令指定都市において、中学校を中心とした職場体験・インターンシップを中心としたキャリア教育を推進することを図るものである。文部科学省は2006（平成18）年11月に、教師向けキャリア教育推進の手引きとして、『小学校・中学校・高等学校キャリア教育推進の手引き―児童生徒一人一人の勤労観、職業観を育てるために―』を発行し、キャリア教育の実践に関する具体的方法を学校段階別に示している。

　次に、こうした中、国会の審議を経て改正教育基本法が2006（平成18）年12月22日に公布・施行された。同法第2条では、「教育は、その目的を実現するため、学問の自由を尊重しつつ、次に掲げる目標を達成するよう行われるものとする」として五つの目標を示し、これにより、改正前以上に具体的に学校教育が達成すべき目標を明確化したのである。特に、その二として掲げられた「個人の価値を尊重して、その能力を伸ばし、創造性を培い、自主及び自律の精神を養うとともに、職業及び生活との関連を重視し、勤労を重んずる態度を養うこと」は、学校教育と職業との関連を重視し勤労を重んずる態度の養成を求めたものであった。これらの条文の内容は、学校教育法をはじめ学習指導要領にも反映され、学校教育ではキャリア教育の重要性が一層高まってきたのである。

　さらに、同法第17条では、「政府は、教育の振興に関する施策の総合的かつ計画的な推進を図るため、教育の振興に関する施策についての基本的な方針及び講ずべき施策その他必要な事項について、基本的な計画を定め、これを国会に報告するとともに、公表しなければならない」と定め、教育の振興に関する総合的・計画的な推進を図るための基本計画を定め公表することと規定している。続く同条第2項では、「地方公共団体は、前項の計画を参酌し、その地域の実情に応じ、当該地方公共団体における教育の振興のための施策に関する基本的な計画を定めるよう努めなければならない」とし、地方公共団体の実情に応じ国の基本計画を参酌したうえで教育の振興に関する計画を定めるよう努めることとしている。

　このように、国の教育振興基本計画でキャリア教育の推進に関する施策が明記され、それを参酌して策定された地方教育委員会の教育振興基本計画にキャリア教育推進のより具体的な施策が位置付いているという構図に

なる。

3　教育基本法から学校教育法への影響

　以上のような教育基本法の改正は、学校教育法の改正と学習指導要領の改訂にも反映され、学校教育へ影響している。教育基本法の改正後における関連法改正に関する動きとして、教育再生会議第一次報告「社会総がかりで教育再生を－公教育再生への第一歩－」(2007.1.24) が関連法の改正を提言した。この提言を踏まえた中央教育審議会答申「教育基本法の改正を受けて緊急に必要とされる教育制度の改正について」(2007.3.10) を受けて、教育３法といわれる教育職員免許法、地方教育行政の組織及び運営に関する法律とともに学校教育法が改正（2007.6.27公布）された。

　キャリア教育に関しても、教育基本法に示された教育の目標により、学校教育と職業との関係が明確化されたことは、次のように学校教育法に反映されている。教育基本法が示した教育の目標を受けて、学校教育法では、小学校・中学校・高等学校の各学校段階における教育の目的と目標を規定している。中でも、高等学校の目的と目標の関係については、まず、学校教育法第50条で「高等学校は、中学校における教育の基礎の上に、心身の発達及び進路に応じて、高度な普通教育及び専門教育を施すことを目的とする」としている。そのうえで、この目的を実現するために達成すべき目標として、第51条２で、「社会において果たさなければならない使命の自覚に基づき、個性に応じて将来の進路を決定させ、一般的な教養を高め、専門的な知識、技術及び技能を習得させること」と規定している。これらの規定から明らかなように、生徒の個性に応じて将来の進路を決定させ、専門的な知識・技能等を身に付けさせることは、学校教育の重要な目標として位置付いている。このように、学習指導要領の根拠となる諸法規において、キャリア教育を推進するための規定がなされている。

4　教育基本法から教育振興基本計画への影響

　教育基本法第17条第1項に基づき、今後の教育施策を計画的に推進するために、第1期教育振興基本計画（2008.7.1）が定められた。第1期教育振興基本計画が策定した基本的方向1では、「社会全体で教育の向上に取り組む」ことを掲げ、これを実現するために、「人材育成に関する社会の要請に応える」ことを目標としている。そのための施策として、地域の人材や民間の力も活用したキャリア教育・職業教育、ものづくりなど実践的教育を推進するとしている。

　同様に、基本的方向2では、「個性を尊重しつつ能力を伸ばし、個人として、社会の一員として生きる基盤を育てる」ことを掲げ、これを実現するために、学習指導要領を踏まえ「規範意識を養い、豊かな心と健やかな体をつくる」ことを目標としている。そのための施策として、子どもたちの勤労観や社会性を養い、将来の職業や生き方についての自覚に資するよう、小学校段階からのキャリア教育、特に、中学校を中心とした職場体験活動を推進するとしている。このように、当時の社会背景や第1期教育振興基本計画の策定前に出された中央教育審議会答申[3]の影響もあり、第1期教育振興基本計画でのキャリア教育施策は、職業観・勤労観の育成に主眼が置かれている。

　続く第2期教育振興基本計画（2013.6.14）では、社会的・職業的自立を目的としたキャリア教育に関する教育施策が、成果目標4および基本施策13を中心として明確に示されている。特に、基本施策13では、幼児期の教育から高等教育まで各学校段階を通じた体系的・系統的なキャリア教育を充実すること、高等学校普通科におけるキャリア教育を推進することが、社会的・職業的自立を主眼に置いて示されている。社会的・職業的自立に向けた能力・態度の育成の方向は、第3期教育振興基本計画（2018.6.15）においても踏襲されている。

　第1期から第3期におけるキャリア教育の方向の変化は、関連する用語に関する次の数的推移によっても知ることができる。用語の後括弧内の数字が使用頻度である。第1期教育振興基本計画では、「勤労観や社会性」（2）、「勤労観・職業観」（1）、「社会的自立」（1）、第2期教育振興基本計

画では、「勤労観・職業観」（1）、「社会的・職業的自立」（9）、「社会的自立」（7）、第3期教育振興基本計画では、「勤労観・職業観」（0回）、「社会的・職業的自立」（6）、「社会的自立」（3）となっている。用語の頻度的にも、勤労観・職業観が後退し、社会的・職業的自立が多くなっていることが分かる。

　例えば、第3期教育振興基本計画では、「今後の教育政策に関する基本的な方針」を5つ示し、その中で、「幼児教育から高等教育までの各学校段階において体系的・系統的なキャリア教育を推進するとともに、高等学校段階以降においては、地域や産業界との連携の下、職業において求められる知識や技能、技術に関する教育の充実を図り、今後の社会的・職業的自立の基盤となる基礎的・汎用的能力や、生涯にわたり必要な学習を通じて新たな知識や技能、技術を身に付け、自らの職業人生を切り拓いていく原動力を育成することが重要である」と述べている。このことから、幼児教育から高等教育までの各学校段階において体系的・系統的なキャリア教育を推進すること、社会的・職業的自立の基盤となる基礎的・汎用的能力を育成することの方向性が明らかである。

　これらの重点的方向が、実際に学校教育でどのように実現してきているか、さらなる検証が必要であるが、以下本稿ではキャリア教育の時期区分と学習指導要領の文言に焦点を当て、キャリア教育の方向転換について明らかにする。

第 **3** 節

キャリア教育の教育行政的動向の時期区分に関する先行研究とキャリア教育の転換

1　辰巳（2018）による 3 区分とその内容

　我が国におけるキャリア教育の教育行政的動向に関する経緯を考察した研究としては、本田由紀（2009）[4]、浦上昌則（2010）[5]、吉武聡一・西山久子（2011）[6]、岡野亜希子（2013）[7]、赤坂武道（2013）[8] などがある。また、国立教育政策研究所生徒指導研究センター（2011）[9] では、文部科学省（国）の立場からキャリア教育の推進に関わる施策の経緯を示している。ここでは、キャリア教育に関する教育行政的動向について、時代区分を示して考察している先行研究として、次の文献を取り上げる。

　まず、辰巳哲子（2018）[10] は、進路指導からキャリア教育への移行を考察するに当たり、キャリア教育の実質的なスタート年を2000（平成12）年としたうえで、キャリア教育の実施状況を 3 期に区分している。すなわち、第 1 期（2000 ～ 2002年度）を高卒者の職業生活への移行を課題に進路指導改革として実施された時期、第 2 期（2003 ～ 2011年度）を政策場面で早期離職（高卒者の半数）・フリーター増加問題が共有され、経済産業省が役目を終えて地域と学校現場でのキャリア教育が強調された時期、第 3 期（2012 年度以降）を職業観・勤労観の育成への傾斜から社会的自立の重要性への移行が促進された時期である。

　辰巳は、村上純一（2016）[11] の区分を参考に、高校現場に与えたインパクトからキャリア教育の実施状況に応じて時期を区切ったものである。両者の重なりのある時期区分であるため妥当性が高いものであるといえる。村上は、政策ネットワーク論におけるイシュー・ネットワークの概念

を視点に、キャリア教育政策におけるアクター間の関係を分析している。これは、教育の政策展開において見られる強固な政策共同体に対して、より幅広く参加や相互作用を包含する概念であるイシュー・ネットワークに着目したものである。村上は、政府関係政策文書に初めて「キャリア教育」の用語が登場した1999（平成11）年末の翌2000（平成18）年をキャリア教育の実質的なスタート年としたうえで、キャリア教育の時期区分を①2002年度まで、②2003・2004年度、③2005～2007年度、④2008～2011年度、⑤2012年度以降の5区分としている。

2　村上（2016）による5区分とその内容

　村上は、キャリア教育政策の変化について、「はじめは文部省／文部科学省の所掌範囲の中で『進路指導の見直し』として開始されたキャリア教育政策であったが、その後、厚生労働省や経済産業省、内閣府といった他省庁も関わる中で『国を挙げての若者支援政策の一環』として捉えられるようになり、特に初等中等教育段階での勤労観、職業観育成がその中核を成すものとなった。さらに、近年では高等教育段階にも射程を広げ、職業面のみならず社会的自立をも視野に入れた政策として展開されるようになっている」ことを指摘している。この村上の捉え方は、本稿でキャリア教育に関する教育行政動向を、文部科学省（国）→都道府県・政令市教育委員会→市町村教育委員会→各学校という階層的な影響関係から国レベルの動向を考察することと通じている。

　さらに、村上の時期区分は、省庁間のイシュー・ネットワークの構図がどのように変化したかを各時期について明らかにしたものである。①の時期は、キャリア教育が文部省／文部科学省を中心とした進路指導改革としてスタートし、この時期の終盤に厚生労働省と共同で「高卒者の職業生活の移行に関する調査研究」を実施したことを明らかにしている。②の時期には、文部科学省を中心としたキャリア教育政策は、2003（平成15）年の「若者自立・挑戦戦略会議」設置により大きく変貌したことを明らかにしている。すなわち、文部科学省による小学校から高校までの組織的・系

統的なキャリア教育の推進とともに、厚生労働省による小学校・中学校・高等学校への支援施策、経済産業省による「起業家教育促進事業」の取り組みと支援事業のキャリア教育への組み込みなどが行われたことを明らかにしている。

　続いて村上は、③の時期に「若者自立・挑戦プラン」を発展・具体化させた「若者の自立・挑戦のためのアクションプラン」に基づいて政策が実施されていったこと、2005（平成17）年度から中学校を中心に5日間以上の職場体験を実施する「キャリアスタートウィーク」を開始しそれを推進する関係府省の連絡会議が開催されるなど、関係省庁間の連携体制が取られていることを明らかにしている。④の時期には、2008（平成20）年7月に第1期教育振興基本計画が策定され、2008（平成20）年12月に中央教育審議会「キャリア教育・職業教育特別部会」が設置され、アクター間の関係に大きな変化が表れたことを明らかにしている。すなわち、経済産業省がキャリア教育コーディネーターの育成に着手し、2010（平成22）年度には「キャリア教育アワード」の表彰事業を開始したこと、厚生労働省の「キャリア探索プログラム」は継続して実施されたこと、それらのネットワークは③の時期より幾分薄くなったことを明らかにしている。

　そして、⑤の時期には、中央教育審議会答申「今後の学校におけるキャリア教育・職業教育の在り方について」（2011.1.31）が出され、小学校・中学校・高等学校の具体的なキャリア教育が促進されるとともに、キャリア教育の系統性の観点から高等教育段階でのキャリア教育の充実が強調され、大学でのキャリア教育が、インターンシップに関わって文部科学省が国土交通省や農林水産省とも連携を図っていることが明らかにされている。さらに村上は、この時期までの初等中等教育段階におけるキャリア教育が、職業観・勤労観の育成に傾斜しすぎていたことから、職業的自立、社会的自立が重視されるように変化してきたことを指摘している。以上が、村上が示した5つの時期区分の特徴とその主たる内容である。

3　省庁間の連携への転換および社会的・職業的自立の方向への転換

　以上、2000（平成12）年以降におけるキャリア教育の教育行政的動向に関する時期区分について、２つの先行研究を概観した。これらの先行研究により、キャリア教育に関する教育行政的動向には、省庁間の連携への転換および社会的・職業的自立の方向への転換の２つの転換点があったことが分かる。

　第１の転換点について、村上は、前記の時期区分に基づく政策の立案とアクター間のイシュー・ネットワークの検討により、特に②2003・2004年度に関する考察において、政策の実施に関与するアクター間の関係に着目し、若者自立・挑戦戦略会議の設置（2003年）が契機となり、キャリア教育政策が、それまでの文部科学省主体の構造に、厚生労働省、経済産業省が加わるネットワークに大きく変貌したことを明らかにしている[12]。また、藤田晃之（2014）[13]は、我が国におけるこれまでのキャリア教育施策の経緯について考察し、2003（平成15）年６月の「若者自立・挑戦プラン」以降キャリア教育が省庁連携で展開されたことから、「若者自立・挑戦プラン」の修了年度である2006（平成18）年頃までをキャリア教育の草創期と捉え、それ以降と区別している。これらの捉え方から分かるように、若者自立・挑戦戦略会議の設置は、それまでの文部科学省主体のキャリア教育政策に、厚生労働省、経済産業省が加わったことにより、キャリア教育の教育行政的動向に関する大きな転換点をもたらし、その後における省庁連携の基本的方向になったものである[14]。

　第２の転換点は、キャリア教育の方針に関するものであり、職業観・勤労観の育成から社会的・職業的自立の方向への転換がなされたものである。前述した辰巳および村上の研究成果を踏まえれば、両者がキャリア教育の転換点を時期区分として示していることからその妥当性が高いといえる。ただし、前述した先行研究においては、この時期における学習指導要領を対象とした分析については十分に述べられてはいない。特に、2008・2009（平成20・21）年改訂の学習指導要領と2017・2018（平成29・30）年改訂の学習指導要領については、第２の転換点の前後の学習指導要領であるので、その変化を考察することが必要である。

第 **4** 節

2008・2009(平成20・21)年改訂の学習指導要領および 2017・2018(平成29・30)年改訂の学習指導要領に おけるキャリア教育

1　2008・2009(平成20・21)年改訂の学習指導要領におけるキャリア教育

　学習指導要領は、キャリア教育に関する教育環境を文部科学省（国）→都道府県・政令市教育委員会→市町村教育委員会→各学校という階層的な影響関係で把握した場合、最も直接的に学校教育へ影響を及ぼしている国レベルの要因である。その意味では、学習指導要領も学校教育に関連する教育環境の重要な要因と捉えることができる。

　2008（平成20）年3月に小学校・中学校学習指導要領が改訂され、従来より明確にキャリア教育が位置付けられた[(15)]。小学校学習指導要領では、「第1章　総則」の「第4　指導計画の作成等に当たって配慮すべき事項」において、「(5) 各教科等の指導に当たっては、児童が学習課題や活動を選択したり、自らの将来について考えたりする機会を設けるなど工夫すること」とされ、自らの将来を考える学習を取り入れることになっている。さらに、「第5章　総合的な学習の時間」の「目標」においても、「横断的・総合的な学習や探究的な学習を通して、自ら課題を見付け、自ら学び、自ら考え、主体的に判断し、よりよく問題を解決する資質や能力を育成するとともに、学び方やものの考え方を身に付け、問題の解決や探究活動に主体的、創造的、協同的に取り組む態度を育て、自己の生き方を考えることができるようにする」のように自己の生き方を考える学習が重視されている。

　中学校学習指導要領では、「第1章　総則」において、「(5) 生徒が学校

212

や学級での生活によりよく適応するとともに、現在及び将来の生き方を考え行動する態度や能力を育成することができるよう、学校の教育活動全体を通じ、ガイダンスの機能の充実を図ること」と示されている。さらに、「第4章　総合的な学習の時間」において、「第3　指導計画の作成と内容の取扱い」として、「(7) 職業や自己の将来に関する学習を行う際には、問題の解決や探究活動に取り組むことを通して、自己を理解し、将来の生き方を考えるなどの学習活動が行われるようにすること」とキャリア教育に関する内容が述べられている。

　「第5章　特別活動」では、「学級活動」の内容の「(3) 学業と進路」の中で、「進路適性の吟味と進路情報の活用」、「望ましい勤労観・職業観の形成」、「主体的な進路の選択と将来設計」などが示されている。同じく特別活動の学校行事の内容では、「(5) 勤労生産・奉仕的行事」で、「勤労の尊さや創造することの喜びを体得し、職場体験などの職業や進路にかかわる啓発的な体験が得られるようにするとともに、共に助け合って生きることの喜びを体得し、ボランティア活動などの社会奉仕の精神を養う体験が得られるような活動を行うこと」が示されている。続いて、「第3　指導計画の作成と内容の取り扱い」では、職場体験などの職業や進路にかかわる啓発的な体験をさせ、職業観・勤労観を育成する活動の重要性が示されている。

　さらに、中学校学習指導要領「第4章　総合的な学習の時間」の「第3　指導計画の作成と内容の取扱い」において、「自然体験や職場体験活動、ボランティア活動などの社会体験、ものづくり、生産活動などの体験活動、観察・実験、見学や調査、発表や討論などの学習活動を積極的に取り入れること」と述べられ、職場体験活動などの重要性が示されている。

　続いて、2009（平成21）年3月に改訂された高等学校学習指導要領では、「第1章　総則」の「第1款　教育課程編成の一般方針」において、「4　学校においては、地域や学校の実態等に応じて、就業やボランティアにかかわる体験的な学習の指導を適切に行うようにし、勤労の尊さや創造することの喜びを体得させ、望ましい勤労観、職業観の育成や社会奉仕の精神の涵養に資するものとする」として、職業観・勤労観の育成の重要性が述べられている。さらに、「第4款第5　教育課程の実施等に当たって配慮すべき事項」の「4　職業教育に関して配慮すべき事項」においては、「(1)

普通科においては、地域や学校の実態、生徒の特性、進路等を考慮し、必要に応じて、適切な職業に関する各教科・科目の履修の機会の確保について配慮するものとする」とされ、普通科の教育課程においても職業教育への配慮が必要なことが示されている。そして、「(4) 生徒が自己の在り方生き方を考え、主体的に進路を選択することができるよう、学校の教育活動全体を通じ、計画的、組織的な進路指導を行い、キャリア教育を推進すること」とキャリア教育という用語が学習指導要領上初めて使われ、キャリア教育を推進すべきことが明確に述べられている。

　また、「第5章　特別活動」の「ホームルーム活動」の内容の「(3) 学業と進路」の中で、「学ぶことと働くことの意義の理解」、「進路適性の理解と進路情報の活用」、「望ましい勤労観・職業観の確立」、「主体的な進路の選択決定と将来設計」などが示されている。また、「学校行事」の内容では、「(5) 勤労生産・奉仕的行事」で、「勤労の尊さや創造することの喜びを体得し、就業体験などの職業観の形成や進路の選択決定などに資する体験が得られるようにするとともに、共に助け合って生きることの喜びを体得し、ボランティア活動などの社会奉仕の精神を養う体験が得られるような活動を行うこと」が示されている。このように、キャリア教育に関連する事項として、職業観・勤労観の育成の重要性が、中学校学習指導要領の内容との発達段階の違いを踏まえた表現を用い、高等学校学習指導要領でも述べられている。

　以上が、2008（平成20）年改訂小・中学校学習指導要領および2009（平成21）年改訂高等学校学習指導要領において、キャリア教育の内容について示されている代表的な部分であり、職業観・勤労観の育成に主眼が置かれていることを表すものである。

2　2017・2018（平成29・30）年改訂の学習指導要領におけるキャリア教育

　2017・2018（平成29・30）年の学習指導要領改訂の契機となった中央教育審議会答申「幼稚園、小学校、中学校、高等学校及び特別支援学校の学習指導要領等の改善及び必要な方策等について」(2016.12.21) では、「日

常の教科・科目等の学習指導においても、自己のキャリア形成の方向性と関連付けながら見通しを持ったり、振り返ったりしながら学ぶ『主体的・対話的で深い学び』を実現するなど、教育課程全体を通じてキャリア教育を推進する必要がある」と述べて、キャリア教育を教育課程全体で推進することを示している。

　こうした方向を受けて、2017・2018（平成29・30）年改訂の学習指導要領では、別章で明らかにしているように、キャリア教育という用語が小学校で1回、中学校で1回、高等学校で4回使われており、前学習指導要領よりキャリア教育の用語頻度が増加するとともに、「生き方」「将来」という語も前学習指導要領より使われ方が多くなっている。

　まず、2017（平成29）年3月改訂の小学校学習指導要領では、勤労、職業という用語は随所で使用されているが、勤労観ないしは職業観という言葉自体は使用されていない。「第1章　総則」の「第4　児童の発達の支援」の「1　児童の発達を支える指導の充実」において、「(3) 児童が、学ぶことと自己の将来とのつながりを見通しながら、社会的・職業的自立に向けて必要な基盤となる資質・能力を身に付けていくことができるよう、特別活動を要としつつ各教科等の特質に応じて、キャリア教育の充実を図ること」と、社会的・職業的自立の観点からキャリア教育の充実を図ることを示している。キャリア教育の方向が社会的・職業的自立に向いていることを見て取れる。

　次に、中学校学習指導要領では、小学校と同様に「第1章　総則」の「第4　生徒の発達の支援」の「1　生徒の発達を支える指導の充実」において、「(3) 生徒が、学ぶことと自己の将来とのつながりを見通しながら、社会的・職業的自立に向けて必要な基盤となる資質・能力を身に付けていくことができるよう、特別活動を要としつつ各教科等の特質に応じて、キャリア教育の充実を図ること。その中で、生徒が自らの生き方を考え主体的に進路を選択することができるよう、学校の教育活動全体を通じ、組織的かつ計画的な進路指導を行うこと」を示している。

　なお、中学校学習指導要領における勤労観・職業観については、「第5章　特別活動」の「第2　各活動・学校行事の目標及び内容」の「学級活動」「2内容」において、「(3) 一人一人のキャリア形成と自己実現」で、「イ

社会参画意識の醸成や勤労観・職業観の形成」を示している。勤労観・職業観という用語を用いている点は小学校学習指導要領とは異なっているものの、中学校学習指導要領では、明確に社会的・職業的自立という用語を使っており、この点に関する前学習指導要領からの転換を看取できる。

　そして、2018（平成30）年3月改訂の高等学校学習指導要領では、小学校・中学校と同様に、「第1章　総則」の「第5款　生徒の発達の支援」の「1　生徒の発達を支える指導の充実」において、「(3) 生徒が、学ぶことと自己の将来とのつながりを見通しながら、社会的・職業的自立に向けて必要な基盤となる資質・能力を身に付けていくことができるよう、特別活動を要としつつ各教科等の特質に応じて、キャリア教育の充実を図ること。その中で、生徒が自らの在り方生き方を考え主体的に進路を選択することができるよう、学校の教育活動全体を通じ、組織的かつ計画的な進路指導を行うこと」を示している。

　さらに、「第5章　特別活動」の「第2　各活動・学校行事の目標及び内容」の「ホームルーム活動」「2内容」において、「ア　学校生活と社会的・職業的自立の意義の理解」として、「現在及び将来の生活や学習と自己実現とのつながりを考えたり、社会的・職業的自立の意義を意識したりしながら、学習の見通しを立て、振り返ること」を示している。同じ箇所の中学校学習指導要領では、この項目がなく、生徒の発達段階に対応した表現がなされていることになる。

　なお、高等学校学習指導要領における勤労観・職業観については、中学校学習指導要領とほぼ同様に、「第5章　特別活動」の「第2　各活動・学校行事の目標及び内容」の「ホームルーム活動」「2内容」において、「(3)一人一人のキャリア形成と自己実現」で、「ウ　社会参画意識の醸成や勤労観・職業観の形成」を示している。高等学校学習指導要領で勤労観・職業観という用語を用いている点は小学校学習指導要領とは異なり、中学校学習指導要領と同様である。さらに、中学校学習指導要領と同程度以上に、明確に社会的・職業的自立という用語を使っており、この点に関する前学習指導要領との転換がなされている。この転換は、後述するように、キャリア教育の推進に関する実践とその検証にかかわる課題の所在につながるものであると指摘できる。

3　今後の課題

　以上のように、本章では先行研究の検討を踏まえ、2008・2009（平成20・21）年改訂の学習指導要領および2017・2018（平成29・30）年改訂の学習指導要領についてキャリア教育の方向の変化を明らかにしたが幾つかの課題も残されている。今後の課題として、次の3点を挙げることができる。

　第1は、本章ではキャリア教育元年といわれる2000（平成12）年以降における教育行政的動向に主な焦点を当てたが、2000（平成12）年以前にもキャリア教育が行われており、その実践と教育行政との関わりを明らかにすることである。キャリア教育に関する教育行政的動向の推移について、2000（平成12）年以前の状況も含めて、現在までの状況を考察することが残されている。

　第2は、本章で明らかにした学習指導要領におけるキャリア教育の扱いの変化と同様に、第1期から第3期の教育振興基本計画が示したキャリア教育施策の内容が実際にどのように実現しているかをさらに検討することである。

　第3は、キャリア教育の実践と検証に関する課題であり、学校におけるキャリア教育の実践状況を考慮すると、社会的・職業的自立の検証に関しては、職業観・勤労観の育成の検証以上に、実践成果の検証が難しいと考えられ、それをどのような方法で行うかが重要な実践的課題である。

第 **5** 節

本章のまとめ

　本章では、中央教育審議会答申等に基づき、キャリア教育の定義を確認
したうえで、教育基本法の改正によりキャリア教育が重視されてきている
学校教育の状況から、教育基本法改正がもたらした教育環境の一面として
の教育行政的動向に焦点を当て、先行研究による 2000（平成 12）年以降
の時期区分を踏まえつつ、学校教育法、教育振興基本計画、学習指導要領
の内容変化について明らかにした。本章の内容は、次の 3 点にまとめられ
る。

① 　2006（平成 18）年の改正教育基本法によるキャリア教育への影響
　　として、学校教育法における教育の目標に関する内容が改正されたこ
　　と、第 1 期から第 3 期の教育振興基本計画において、キャリア教育の
　　扱いが、勤労観・職業観の育成から社会的・職業的自立の方向へ向い
　　てきたことが明らかになった。

② 　キャリア教育に関する教育行政的動向を踏まえた時期区分として、
　　実質的なスタート年である 2000（平成 12）年以降の区分について検
　　討した。村上は、□1 2002 年度まで、□2 2003・2004 年度、□3 2005
　　～ 2007 年度、□4 2008 ～ 2011 年度、□5 2012 年度以降の 5 区分を示
　　している。これを踏まえ、辰巳は、第 1 期（2000 ～ 2002 年度）を
　　高卒者の職業生活への移行を課題に進路指導改革として実施された時
　　期、第 2 期（2003 ～ 2011 年度）を政策場面で早期離職（高卒者の半数）・
　　フリーター増加問題が共有され、経済産業省が役目を終えて地域と学
　　校現場でのキャリア教育が強調された時期、第 3 期（2012 年度以降）
　　を職業観・勤労観の育成への傾斜から社会的自立の重要性への移行が
　　促進された時期としている。これらの時期区分を本章における考察の
　　枠組みとして用いた。

③　先行研究における時期区分の特徴を踏まえ、本章では、2008・2009（平成20・21）年改訂の学習指導要領と2017・2018（平成29・30）年改訂の学習指導要領を考察の対象とし、キャリア教育に関連する内容について、勤労観・職業観の育成を基盤に置きながらも社会的・職業的自立の方向へ変化していることを明らかにした。

註

⑴ 総務省統計局「労働力調査」では、2006 〜 2015（平成18 〜平成27）年のフリーター、ニート（若年無業者：NEET：Not in Education, Employment or Training）の数は、フリーターが各年170万人前後、ニートが各年60万人前後である。その後の社会情勢により、非正規雇用に関する対策が進み、この数は減少しているが、依然としてフリーター、ニートに関する問題は、社会問題化している。
⑵ 中央教育審議会答申「今後の学校におけるキャリア教育・職業教育の在り方について」（2011. 1.31）以前は、国立教育政策研究所生徒指導研究センターが開発した職業観・勤労観を育む学習プログラムに基づき、キャリア教育によって職業観・勤労観の形成に関連する能力を「人間関係形成能力」、「情報活用能力」、「将来設計能力」、「意思決定能力」の４つの能力領域に２つずつの能力を具体化した４領域8能力が示されていた。
⑶ 第１期教育振興基本計画の前に出された中央教育審議会答申「幼稚園、小学校、中学校、高等学校及び特別支援学校の学習指導要領等の改善について」（2008.1.17）では、「7（7）社会の変化への対応の観点から教科等を横断して改善すべき事項」として、キャリア教育が、望ましい勤労観・職業観の育成の観点から、「子どもたち一人一人の勤労観・職業観を育てるキャリア教育を充実する必要がある」と示されている。
⑷ 本田由紀『教育の職業的意義─若者、学校、社会をつなぐ─』ちくま新書、2009年
⑸ 浦上昌則『キャリア教育へのセカンド・オピニオン』北大路書房、2010年
⑹ 吉武聡一・西山久子「小学校におけるキャリア教育の推進に関する動向と実践上の課題」『福岡教育大学紀要』第60号第4分冊、2011年、191 〜 202頁
⑺ 岡野亜希子「職業指導、進路指導からキャリア教育へ─『勤労観・職業観』の強調とその問題に注目して─」近畿大学産業理工学部研究報告『かやのもり』第18号、2013年、6 〜 11頁
⑻ 赤坂武道「キャリア教育の現状と課題」『北海学園大学大学院経営学研究科研究論集』第11号、1 〜 14頁
⑼ 国立教育政策研究所生徒指導研究センター『キャリア教育の更なる充実のために─期待される教育委員会の役割─』2011年
⑽ 辰巳哲子「進路指導からキャリア教育への『移行』はどのようにおこなわれたか─活動内容・組織体制に着目して─」リクルートワークス研究所研究紀要『Works Review』第13巻、2018年、1 〜 10頁

⑾ 村上純一「キャリア教育政策をめぐるイシュー・ネットワークの変遷」『教育学研究』第83巻第2号、2016年、43〜55頁

⑿ ここで示した村上（2016）の時期区分に先行して、村上自身が公表した論文（村上純一（2012））では、キャリア教育の政策展開を次の4つのフェイズに分類している。すなわち、①進路指導改革としての取り組みが進められていく時期（1999年末〜2003年4月）、②複数省庁連携のもと政策立案がなされていく時期（2003年4月〜2004年末）、③フェイズ②において立案された諸施策が試行されていく時期（2004年末〜2008年末）、④キャリア教育政策が文部科学行政の枠内に収斂されていく時期（2008年末〜）である。本稿では、この4つのフェイズとともに、キャリア教育政策をめぐるイシュー・ネットワークの視点を取り入れている村上（2016）で示された時期区分も参考にしている。

⒀ 藤田晃之『キャリア教育基礎論―正しい理解と実践のために―』実業之日本社、2014年

⒁ 若者自立・挑戦プラン以降における動向については、児美川孝一郎（2010））で考察されている。

⒂ 別章で、学習指導要領におけるキャリア教育関連用語の頻度を明らかにしたように、2008（平成20）年3月改訂の小学校・中学校学習指導要領では、キャリア教育という用語は使われていないが、小学校学習指導要領における「自らの将来について考えたりする機会を設ける」という表現や中学校学習指導要領における職場体験などの職業や進路にかかわる啓発的な体験をさせることが示されており、キャリア教育の位置付けが従来以上に重視されている。2009（平成21）年3月改訂の高等学校学習指導要領では、明確にキャリア教育の用語が使われ、キャリア教育を推進することが明記されている。2017（平成29）年3月改訂の小学校・中学校学習指導要領および2018（平成30）年3月改訂の高等学校学習指導要領ではキャリア教育の用語の頻度が増加している。

第9章

松本大学教職センターにおける
教員養成とキャリア教育

教員育成指標を踏まえた教員養成と教職キャリアの形成

　松本大学の母体となる松商学園は、1898（明治31）年松本市に創立された戊戌学会を起源とし、120年の歴史を有する学校法人である。戊戌学会を創設したのは、東京物理学校や慶應義塾で学んだ木澤鶴人である。戊戌学会は松本戊戌商業学校、松本商業学校として、経済界の片倉製糸・今井五介をはじめ、地域の支援を受け、松商学園として今日まで発展してきた⁽¹⁾。松商学園は、創立以来「自主独立」を建学の精神とし、経済・産業界を中心として有為な人材を多数輩出してきている。

　松本大学は、2002（平成14）年に開学し、当初から地域連携・地域貢献を大学教育の主軸をなす方針として今日に至っている。大学教育の基本理念として地域貢献を掲げ、学生が地域に参加して活動する学習をアウトキャンパス・スタディという名称で推進している。アウトキャンパス・スタディをカリキュラムに位置付けるとともに、カリキュラム外においても多様な地域連携活動を実施し、帰納的教育手法を取り入れ学生のキャリア形成に関わる重要な教育活動として展開してきている。

　松本大学教職センターは、2005（平成17）年に開設し、総合経営学部および人間健康学部に置かれた教職課程の管理運営を担ってきた。2017（平成29）年に教育学部が開設されたことにより、総経・人間教職センターという名称に改められている。本章では、教職キャリア形成の観点から、総経・人間教職センターが担当する学部段階における教員養成の現状と目指す教員像について明らかにする。

第 **1** 節

教職キャリアの動向と本章で示す内容

　現在、社会のグローバル化や情報技術の高度化が飛躍的に進んだことにより、従来以上に多様化・複雑化した教育問題への対応が急務になっている。これからの教員には、地域や社会の問題を的確に把握しつつ、児童生徒に将来を生きるために必要な能力を適切に育成することができる資質・力量を備えていることが求められる。とりわけ、教員養成を行う大学には、社会の変化に対応しうる一層の問題解決能力や創造性に富む人材を育成していくことが大きな課題になっている。

　こうした中、中央教育審議会答申「これからの学校教育を担う教員の資質能力の向上について〜学び合い、高め合う教員育成コミュニティの構築に向けて〜」（2015.12.21）が、教員養成段階を含めたこれからの教員像とそのライフ・キャリアの在り方について提言した。同答申は、まず、学び続ける教員の養成段階から研修段階までの資質能力の向上施策を教育委員会、大学等の関係者が一体となって体系的に取り組むための体制の構築が不可欠であると指摘している。そして、教員の養成・採用・研修を通じた改革の具体的な方向性として、教員育成協議会の設置、教員育成指標および教員研修計画の策定等を示している。

　同答申を受け、2017（平成29）年4月に改正教育公務員特例法が施行され、任命権者（教育委員会等）は、教育委員会と関係大学等とで構成する教員育成協議会を組織し、文部科学大臣が定めた教員の資質向上に関する指針を参酌しつつ、校長および教員の育成指標を策定することが義務付けられた。教員育成指標は、教員の職責、経験および適性等に応じて向上を図るべきとされる資質・能力に関する指標である。

　以後、都道府県・政令市教育委員会が、教員のキャリア・ステージに応じた教員育成指標を定め公表している。同様に、校長についても校長育成

指標が定められている。このように定められた教員育成指標および校長育成指標に対して、策定した都道府県・政令市教育委員会が主催する教員研修との体系的な関連付けが図られ、資質・能力の成長を示す達成目標として位置付けられている。

　教員育成指標との関連で、あるべき教員像として重要なことは、同答申が「学び続ける教員像」を打ち出したことである。同答申は、教員が高度専門職業人として認識されるために、キャリア・ステージに応じた資質・能力を生涯にわたって高めていく学び続ける教員像の確立が必要であるとした。同答申では、学び続ける教員を支えるキャリア・システムの構築のために、教員の養成・採用・研修を通じた一体的な改革が必要であるとして、教員育成協議会の創設、教員育成指標の策定および教員研修計画の体系化等を提言した。こうした動向を踏まえ、松本大学の教職課程では、後述するように、育成を目指す教員像として、その④に「学び続ける教員像」を設定している。松本大学教職課程においても、教員育成指標を視野に入れ常に学び続ける教員の育成を目指している。

　また、同答申は、養成カリキュラムと研修内容の相互理解、学校インターンシップ等に関する調整など、養成段階つまり教職課程におけるカリキュラムの在り方についても言及している。すなわち、養成段階では、実践的指導力の基礎の育成に資するとともに、教職課程の学生に自らの教員としての適性を考えさせる機会として、学校現場や教職を体験させる機会を充実させることが必要であることを指摘している。この点に関しても、後述するように、松本大学教職課程では、学校インターンシップとしての「教育実習」だけでなく、「地域教育活動」「学校教育活動」をはじめとする様々な学校体験活動の独自科目を置き、教職に関する実践的指導力の基礎を育成する機会の充実に努めている。他大学の教職センターが実施している地域と連携した体験活動の方法については、今西幸蔵（2015）[2]が、複数の大学の方法を明らかにしているが、ここでは、松本大学の総経・人間教職センターの取り組みとその成果を明らかにする。

　こうした教職キャリアに関する動向を踏まえ、本章では、次の4つの内容を明らかにする。

　①　総経・人間教職センターが育成を目指す教員像を示したうえで、総

経・人間教職センターが運営方針として掲げる2大ミッションと6ビ
ジョンの内容を示す。

② 　総経・人間教職センターが管理運営する教職課程の特色として、
M-TOP構想の内容を明らかにする。

③ 　文部科学省の教職課程認定において、「教育課程の意義及び編成の
方法」に関する教職課程コアカリキュラムの必須事項にカリキュラム・
マネジメントが含まれたことから、その背景を明らかにし、筆者が実
施した授業の工夫を示す。

④ 　学生の教職キャリア形成の基礎として、アウトキャンパス・スタディ
の一環で実施している「地域教育活動」「学校教育活動」の内容を示し、
その成果を教職キャリアの基礎力の観点から考察する。

第 **2** 節

松本大学教職課程が目指す教員像

1　目指す教員像の4つの柱

　総経・人間教職センターが管理運営する教職課程が育成を目指す教員像については、『教職課程履修要項』(2019) によって示されている。この教員像は、教育学部が育成を目指す教員像と同一である[3]。以下、同要項より2020（令和2）年度の内容を含めて抜粋する。原文の表現は、「ですます体」であるが、趣旨を損なわない範囲で修正を施してある。

　松本大学教職課程が目指す教員像は、「地域の人々との協働(collaboration)能力を備えた力量をもった教員」であり、その目指す教員像は、次の4つの柱で成り立っている。

① 　自己の長所を伸長し、得意分野をもった個性あふれる魅力的な教員

② 　地域社会への深い理解を土台とした、地域との協働能力を備えた教員

③ 　「教育への情熱・使命感」などの一般に社会から教員に求められる資質・能力を身に付けた教員

④ 　専門性を磨き人間力を高めるために、教員育成指標を踏まえ常に学び続ける教員

　4つの柱のそれぞれについて、第1の柱は、自己の長所を伸ばし、得意分野をもった個性的な教員の育成を図ることである。児童生徒が一人ひとり違うように、教員もまた一人ひとりがそれぞれ異なった個性をもっている。松本大学では、教員志望者各自の個性を最大限伸ばし、個性的な教員を教育界に送り出したいという願いのもと、個性のある子どもは、個性豊かな教員の手によって初めて育つという哲理を基本に捉えている。

　第2の柱は、地域社会への深い理解を土台として、松本大学が特に重点をおく地域社会の人々との協働能力を備えた教員の育成である。「地域経

営」および「地域立大学」[4]を標榜する松本大学の創立理念に即して、松本大学に設置されている教職課程もこうした精神を受け継いでいる。地域と連携し、地域の人々と交流し、地域社会が直面している諸課題を発見し、地域の人々と協働して積極的に問題解決にあたることができる資質・能力を備えた教員、その養成が、松本大学教職課程の基本方針である。

　第3の柱は、「教育への情熱・使命感」等の一般に社会から教員に求められる資質・能力を身に付けた教員の育成を図ることである。教員に求められる資質・能力を大きく分類すると、基礎的資質・能力、職務上の資質・能力、教育活動上の資質・能力の3つになる。教職課程が目指す教員像を踏まえ、これらの資質・能力を育成していくことが松本大学教職課程の基本方針である。

　第4の柱は、学び続ける教員を目指すことが、教員養成段階における基礎能力の根幹をなしており、教職キャリアの充実につながるよう位置付けたものである。教員として、教科の専門性を磨き人間力を高めることは、教職キャリアを通じて重要である。学び続ける教員像を具現化するため、都道府県・政令市教育委員会では教員育成指標を策定している。松本大学教職課程も、教員育成指標を踏まえ常に学び続ける教員像を目指している。

　以上が、松本大学教職課程が育成を目指す教員像の4つの柱である。

2　総経・人間教職センターの2大ミッションと6ビジョン

　総経・人間教職センターでは、松本大学が人づくりと地域貢献を教育の基本的な方針に据えていることを踏まえ、2019（令和元）年度に掲げた2大ミッションは、教職課程の使命としての「教員養成」と地域をはじめ学校内外との「協働連携」である。「教員養成」をミッション1（M1）、「協働連携」をミッション2（M2）とし、それらを2大ミッションとして次のような表現で示している。

表9-1. 総経・人間教職センターの２大ミッション

M1（教員養成）：総経・人間教職センターは、学生指導を充実し、将来の教師となる質の高い人材を育てます！
M2（協働連携）：総経・人間教職センターは、教員養成を中心に、内外の協働と連携を深め地域に貢献します！

　総経・人間教職センターでは、これらのミッションを達成するために、次のような６つのビジョンを掲げている。

　ビジョン１「教員採用試験の合格者増」：ビジョン１（Ｖ１）は、総経・人間教職センターが管理運営する教職課程の教育の最終的な成果として、教員採用に焦点を当てた目標である。教員採用試験へのモチベーション高揚、模擬面接の体系化、模擬試験の分析、相談支援活動の充実、教育学部と連携した教員免許取得、梓友会[5]（教職に就いた卒業生の会）の充実・連携を図ることである。

　ビジョン２「業務内容のシステム化と効率化」：ビジョン２（Ｖ２）は、総経・人間教職センターの管理運営面に関する目標である。教職関連科目のシラバス点検、業務内容の明確化、学内会議情報の共有化システムRidocを活用した業務内容の共有化と効率化、履修カルテの電子化等による学生指導の充実を図ることである。

　ビジョン３「教育実践改善賞の推進」：ビジョン３（Ｖ３）は、学校法人松商学園の起源である戊戌学会が1898（明治31）年に創立されてから120周年になることを記念して創設された松本大学教育実践改善賞の推進に関する目標である。松本大学教育実践改善賞の趣旨の浸透・広報、円滑な審査により、地域貢献を果たすとともに、松本大学教員養成の社会的地位を高めていくことを目的とするものである。

　ビジョン４「教育学部教職センターとの連携」：ビジョン４（Ｖ４）は、総経・人間教職センターが教育学部教職センターと協力して、学生指導を充実させるとともに、長野県・松本市をはじめとする各教育委員会等との協働連携を図ることである。

　ビジョン５「設置審課程認可の円滑化」：ビジョン５（Ｖ５）は、総経・人間教職センターが管理運営する教職課程の基盤として、文科省設置審を通し得る研究業績の蓄積、シラバスの充実、科目内容・業務内容に関連し

た研究と業務の一体化を図ることである。

　ビジョン６「免許更新講習の充実と円滑実施」：ビジョン６（Ｖ６）は、総経・人間教職センターが担当する教員免許状認定講習に関するものである。教員免許状認定講習として開設する各講座の充実と特色化を図り、受講者の資質能力および満足度の向上、地域貢献の成果につなげることである。

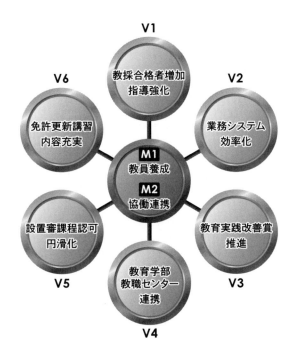

図9-1. 総経・人間教職センターの２大ミッションを核にした６つのビジョン

　以上が、総経・人間教職センターが掲げる２大ミッションを核にした６つのビジョンである。図9-1は、それを視覚的に示したものである。図9-2は、松本大学が学生の地域連携活動に関する実践的かつ研究的学習方法として取り入れている帰納的教育手法[6]を基軸として、全体のグランドデザインを示したものである。

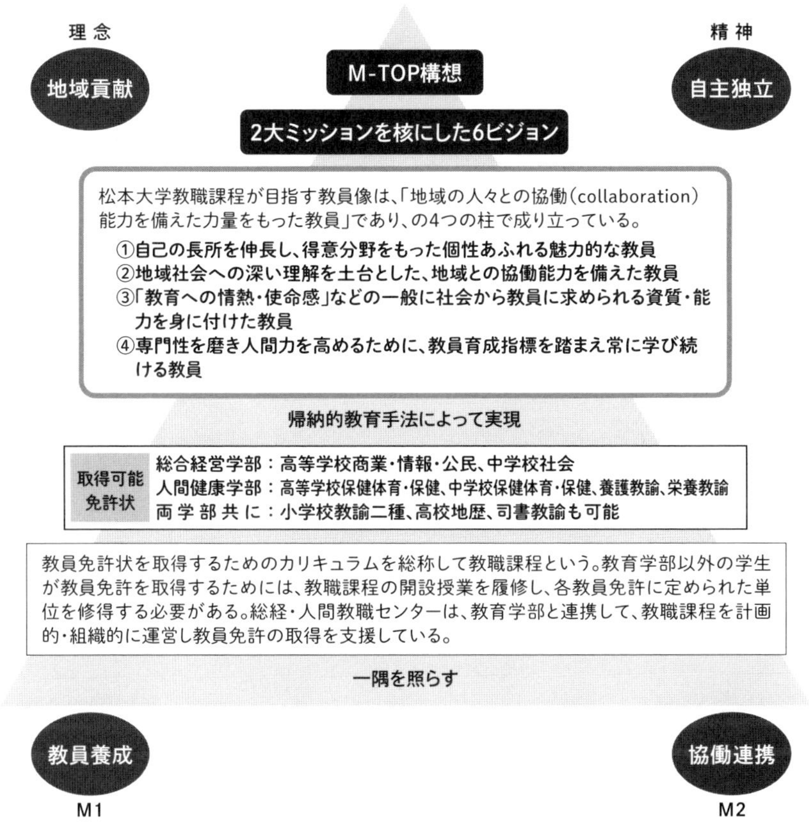

理念
地域貢献

精　神
自主独立

M-TOP構想

2大ミッションを核にした6ビジョン

松本大学教職課程が目指す教員像は、「地域の人々との協働（collaboration）能力を備えた力量をもった教員」であり、の4つの柱で成り立っている。
- ①自己の長所を伸長し、得意分野をもった個性あふれる魅力的な教員
- ②地域社会への深い理解を土台とした、地域との協働能力を備えた教員
- ③「教育への情熱・使命感」などの一般に社会から教員に求められる資質・能力を身に付けた教員
- ④専門性を磨き人間力を高めるために、教員育成指標を踏まえ常に学び続ける教員

帰納的教育手法によって実現

取得可能免許状	総合経営学部：高等学校商業・情報・公民、中学校社会 人間健康学部：高等学校保健体育・保健、中学校保健体育・保健、養護教諭、栄養教諭 両 学 部 共 に：小学校教諭二種、高校地歴、司書教諭も可能

教員免許状を取得するためのカリキュラムを総称して教職課程という。教育学部以外の学生が教員免許を取得するためには、教職課程の開設授業を履修し、各教員免許に定められた単位を修得する必要がある。総経・人間教職センターは、教育学部と連携して、教職課程を計画的・組織的に運営し教員免許の取得を支援している。

一隅を照らす

教員養成
M1

協働連携
M2

図9-2. 総経・人間教職センターのグランドデザイン

第 **3** 節

総経・人間教職センターの
M-TOP 構想

1　M-TOP 構想の趣旨

　ここでは、総経・人間教職センターが管理運営する教職課程の特色として、M-TOP構想の内容を明らかにする。総経・人間教職センターでは、教職課程に関する履修科目・履修指導、教員の資質・能力の養成に関する指導、教員採用試験に関する指導等を総括し、2019（令和元）年度からM-TOP（Matsumoto-University Teacher Oriented Program）という名称で包括的に捉えることにした。

　M-TOP構想の趣旨は、総合経営学部および人間健康学部の教職課程を履修する学生の所属アイデンティティを高めることである。総合経営学部および人間健康学部の教職課程については、学生の履修希望制であり、学生の所属が総合経営学科、観光ホスピタリティ学科、健康栄養学科、スポーツ健康学科の4学科にわたるため、学生同士の所属アイデンティティが拡散することを防ぎ、履修の意義をより高めることが必要である。教職課程を履修する学生に対しては、学生の希望により、教採模試、面接指導、小論文添削、明星大学通信教育部との連携による教員免許（小学校二種、高校地歴）の取得、司書教諭資格の取得、教師の指導力に関する指導、ゼミによる特別指導など、様々な指導や取り組みが、ゼミ単位または個別的に行われている。これら学生の教職課程履修に関わる様々な指導の実施形態や学生の取り組み状況を把握し、教職課程への所属アイデンティティを高めていくことが、充実した有効な教員養成のために重要である。

　そこで、これらの取り組みをM-TOPと総称することにより、教員養成

の観点から学生の目的意識を一層明確にし、教職課程履修者としての所属感と存在意義を高めることとしている。

2　M-TOP の内容と期待される効果

　M-TOPの内容は、教職課程のカリキュラムを中軸として、学生の希望により、オプションとして、教採模試、面接指導、小論文添削、模擬授業、指導案作成の指導、明星大学通信教育部との連携による教員免許の取得、司書教諭資格の取得、教職の在り方についての指導、教師の指導力に関する指導、ゼミによる特別指導などを加えたものである。M-TOPの主な内容とその体系を示すと図9-3のようになる。M-TOPの内容は、教職課程カリキュラムの履修を中軸としており、これは、教職課程のコアとして全員共通である。

　さらに、明星大学通信教育部との連携による教員免許取得カリキュラムの選択、司書教諭資格の取得、教採模試の受験および1次・2次面接指導、小論文添削指導など、学生の将来目標と希望により、オプションの部分が学生個々によって異なっている。また、M-TOPの内容には、学生の卒業後のフォローアップ指導として、専門員[7]の尽力による初任校への巡回指導、松本大学教育実践改善賞に関わる指導、梓友会におけるミニ教員研修と情報交換等が含まれている。卒業生へのフォローアップは、大学評価にとっても重要であり、M-TOPの体系の中に、教職に就いた卒業生への支援を含めていることは意義がある。

　重要なことは、それらの学生の取り組み状況や学生への指導状況をM-TOPポートフォリオとして蓄積していくシステムを作っていることである。M-TOPポートフォリオとは、学生一人ひとりがM-TOPプログラムの内容をどのように選択しどの程度実施したかを一覧にしたものである。M-TOPポートフォリオを随時更新していくことによって、学生の教職課程履修と教採指導の一元的把握が容易になる。

　総経・人間教職センターが管理運営している教職課程に関する全ての指導、教員採用に関する指導、学生の取り組み状況等を総括し、M-TOPと

いう概念で包括的に把握することにより期待される効果が幾つかある。

　その一つは、M-TOP という呼称で統一することにより、教職課程に対する学生の目標が、単に教員免許を取るための履修から教員採用試験や就職、より良い教師としての在り方に関する指導を含めた概念として定まり、教職課程のやりがい感や所属感が高まることである。

　その二は、学生自らがM-TOP プログラムを受け努力してきたことを説明できることである。学生が教職課程の履修や教員採用試験に向けての指導、目指す教員像への指導などを体系的に受けてきたことをM-TOP という概念で一層明確かつ包括的に理解することができる。加えて、教員採用試験の合格者が、M-TOP のオプション内容にどう取り組んだかを後輩に紹介する際にも、M-TOP という概念によって包括的に捉えておくことが有効に機能すると考えられる。

　その三は、教職課程の履修学生に対して、目指す教員像への指導を体系的に実施していることがM-TOP 概念化され、学生の存在意義を高めることが期待できることである。さらに、前述したように、M-TOP ポートフォリオの作成によって、学生教職課程を管理運営する側にとっても、学生の履修と教採指導の一元的把握が容易になる。

M-TOP（Matsumoto-University Teacher Oriented Program）内容

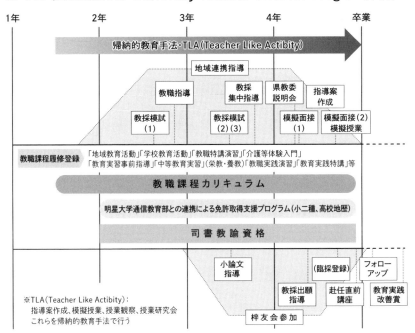

図9-3．M-TOPの内容とその体系

3　松本大学教職課程の精神 —「自主独立」と「一隅を照らす」—

　前述したように、「自主独立」が松商学園建学の精神であり、「地域貢献」が松本大学設立の理念である。松商学園の創設者木澤鶴人は、青年時代に慶應義塾で学び、福沢諭吉の独立の精神に感化を受け、「自主独立」を校訓とした。将来学校の教員になろうとする者は、学校組織の一員として、組織的活動やそのための協調性が求められることから、「自主独立」という一言のみを信条として持つよりも、その意味を組織論的に解釈した言葉を添え組み合わせて用いることが望ましい。それが、「一隅を照らす」という言葉である。

　「一隅を照らす」という言葉は、天台宗を開いた伝教大師、最澄（767
〜822）が、『山家学生式』の中で説いた言葉である[8]。最澄は、平安時代、
京都の比叡山に延暦寺を開き、天台宗を広めた導師である。「一隅を照らす」
という言葉は、単に「社会の片隅を照らす」という意味ではなく、自分の
職務への向き合い方を示した言葉である。

　「一隅を照らす」とは、家庭や職場など、自分自身が置かれたその場所で、
精一杯努力し、役割を果たすという意味を持つ。職場で、与えられた持ち
場や役割を確実に果たすことは、実は大変難しいことである。組織の一隅
を照らすことができる人は、職場でなくてはならない人になる。進んで自
らの役割を果たす人は、「自主独立」の精神を体現しているといえる。

　最澄は、「一隅を照らす人は国の宝なり」と説いて、一人ひとりがそれ
ぞれの持ち場で確実に役割を果たし、誠実に努めることの大切さを教えた。
現在も、企業の経営者や教育界のリーダーの中に、「一隅を照らす」とい
う言葉を座右の銘にしている人が多くいる。

　松本大学教職課程の精神を表す言葉として、「自主独立」と「一隅を照
らす」は、相応しいものである。梓友会は、松本大学を卒業して教職に就
いた者の会である。その人達が、「自主独立」、「一隅を照らす」を自らの
教職生涯を導く言葉として、座右の銘にすることも良いだろう。松本大学
教職課程が目指す教員像が、この二つの言葉によって表現されている。

4　松本大学教育実践改善賞の創設とその趣旨

　総経・人間教職センターが掲げる6つのビジョンのうち、ビジョン3は、
松本大学教育実践改善賞の推進に関するものである。松本大学教育実践改
善賞は、学校法人松商学園の起源である戊戌学会が1898（明治31）年に
創立されてから120周年になることを記念して創設されたものである。総
経・人間教職センターのM-TOP構想においても、教職に就いた卒業生の
フォローアップ指導として、教員としての実践的指導力の向上、実践した
結果の検証や改善力の向上などの力量向上のために、松本大学教育実践改
善賞への応募を推奨している。

　松本大学教育実践改善賞の創設は、長野県の教育界全体への貢献（一般教員部門）と教職に就いた卒業生の一層の力量向上（卒業生部門）を目的とするものであり、ひいては、松本大学教員養成の社会的地位を高めていくことにつながるものである。その趣旨は、次のように説明されている。

　今日、国際化、情報化、少子高齢化が進み、社会が急激に変化する中で、社会のあらゆる分野や組織において、時代の進展に即し将来を見据えて、現状を如何に改善し問題を解決し得るかという力量が必要になっている。とりわけ、学校教育では、学校教育法によって義務付けられた学校評価に代表されるように、PDCAサイクルに基づく実践の改善が重視されている。今後の学校教育の発展と持続可能な社会の実現のために、学校の教員には、現状の問題を改善する力量がこれまで以上に強く求められている。

　また、松本大学は、2017（平成29年）度に教育学部が新設されたことにより、総合経営学部、人間健康学部、教育学部を有する総合大学として、地域社会からの期待が一層高まっている。これまで、松本大学は、教育および研究によって学生を育てるだけでなく、学部および学科の特色を生かしつつ、地域連携によって学生に現状の問題を考察し改善する力を養うことを重視してきた。そうした特色ある人材育成により、長野県をはじめ地域社会に貢献するとともに、広く社会に有為な人材を輩出してきた。松本大学が、今後さらに発展するためには、大学教育の基礎をなす学校教育の動向を捉え、課題解決力や改善力のある学校の教員の関心を松本大学との関係のもとに強めていくことが重要である。

　こうしたことから、学校教育における教育実践または地域の教育振興に実績が顕著な教員を松本大学が表彰することには大きな意義がある。松本大学が、課題解決力や改善力のある教員との関係を強めることは、大学が行う地域貢献の一つとして、また、長野県全体の教育振興に果たす大学の役割として極めて重要である。

　これを踏まえ、松本大学が、長野県全体の学校教育の振興に関わることを目的として、「松本大学教育実践改善賞」を創設するものである。賞名に「松本大学」と冠するだけでなく、「改善」という言葉を加えるのは、他の教育関係の賞との差異化を図るとともに、上述した改善の重要性に焦点を当てることにより、賞の趣旨と特色を明確にするためである。本賞の

創設は、「地域立大学」をスローガンとして掲げる松本大学が目指す地域
貢献の趣旨に沿うだけでなく、長野県教育界に対する松本大学のアピール
になり、将来的には、より良い人材の入学確保にもつながるものである。
　このような意義をもつ本賞の創設は、学校法人松商学園の原点である戊
戌学会の設立120周年という節目に相応しく、今後における松本大学の一
層の発展および将来性に寄与するところが大きい。
　以上が、松本大学教育実践改善賞創設の趣旨である。受賞論文について
は、総経・人間教職センターの刊行物である「教育実践改善シリーズ」[9]
の分冊として、論文集にまとめ発行している。受賞論文は、学校で行われ
た優れた実践事例を含んでいるので、教職課程の授業で扱い、実践モデル
として参考にしたり、カリキュラム・マネジメントの要素を検討したりす
ることができる。このように、受賞論文集を大学授業で活用できることの
ほか、賞に卒業生部門を設けているので、学生が教職に就いた後にも、自
らの実践的指導力向上のための指標にすることができるなど、松本大学で
教職を目指す学生のために有効に活用することができる。
　筆者は、担当する教職科目「教育課程総論」において、カリキュラム・
マネジメントが「教育課程の意義及び編成の方法」に関する必須事項になっ
ていることから、実際に受賞論文を活用して授業を行ったので、その背景
と授業の工夫を以下に述べる。

第 **4** 節

教職課程における
カリキュラム・マネジメント重視の背景

1　学習指導要領改訂の影響

　現在、教職課程の必修科目に位置付く「教育課程の意義及び編成の方法」に関する科目では、カリキュラム・マネジメントを必ず扱うこととされている。その背景には、2017・2018（平成29・30）年に改訂された新学習指導要領の実施に関わる影響と改訂に至る経緯としての中央教育審議会答申の影響がある。

　まず、今回の学習指導要領の改訂を提言した中央教育審議会答申「幼稚園、小学校、中学校、高等学校及び特別支援学校の学習指導要領等の改善及び必要な方策等について」(2016.12.21)では、次のようにカリキュラム・マネジメントの重要性を示している。すなわち、同答申の第4章2(2)で、「第二は、各学校における『カリキュラム・マネジメント』の確立である。改めて言うまでもなく、教育課程とは、学校教育の目的や目標を達成するために、教育の内容を子供の心身の発達に応じ、授業時数との関連において総合的に組織した学校の教育計画であり、その編成主体は各学校である。各学校には、学習指導要領等を受け止めつつ、子供たちの姿や地域の実情等を踏まえて、各学校が設定する学校教育目標を実現するために、学習指導要領等に基づき教育課程を編成し、それを実施・評価し改善していくことが求められる。これが、いわゆる『カリキュラム・マネジメント』である」と述べて、カリキュラム・マネジメントを重視している。

　次に、同答申を受けて、2017・2018（平成29・30）年に改訂された新学習指導要領では、カリキュラム・マネジメントについて、「各学校にお

いては、生徒や学校、地域の実態を適切に把握し、教育の目的や目標の実現に必要な教育の内容等を教科等横断的な視点で組み立てていくこと」、「教育課程の実施状況を評価してその改善を図っていくこと」、「教育課程の実施に必要な人的又は物的な体制を確保するとともにその改善を図っていくこと」などを述べ、組織的かつ計画的に各学校の教育活動の質の向上を図っていくことを示している。

　また、教育界においても、従来の教育課程経営という言葉に代わり、カリキュラム・マネジメントという用語が頻繁に使われ始めている。こうした動向を踏まえると、教員養成を担当する大学の教職課程においても、学校経営と教育課程とをつなぐカリキュラム・マネジメントの考えを理論的に整理して学生に教授することが重要な課題になる。

2　教職課程コアカリキュラムにおけるカリキュラム・マネジメントの扱い

　カリキュラム・マネジメントは、文部科学省の教職課程認定において、「教育課程の意義及び編成の方法」の教職課程コアカリキュラムに示された必須事項になっている。カリキュラム・マネジメントは、教員養成においても、新学習指導要領の趣旨を踏まえた重点事項としての扱いになっている。上述した教員養成の課題を踏まえれば、カリキュラム・マネジメントを学生が学んでおくことは、学校内外の組織的関係を教育課程との関連で理解し、組織運営力の基礎を身に付けさせるという意味で重要である。カリキュラム・マネジメントの理論と実際を学ぶことによって、組織運営力や組織対応力の基礎を養成段階で学んでおくことになる。

　一例として、筆者が担当する教職科目「教育課程総論」は、「教育課程の意義及び編成の方法」を学ぶ教員の免許状取得のための必修科目である。この科目の内容には、文部科学省が規定する教職課程コアカリキュラム対応表（表9-2）によって、カリキュラム・マネジメントを必ず含むこととされている。そこで、本科目のシラバスでは、授業概要を「学校における教育活動の全体計画である教育課程（カリキュラム）及びその編成に関する基本的事項を理解したうえで、カリキュラム・マネジメントの理論と実

際を学ぶ。学習指導要領の変遷とその背後にある学力問題や学力観の変化をたどり、新学習指導要領が目指す方向とその重点事項を明らかにする。さらに、学校における教育課程とカリキュラム・マネジメントの事例を取り上げ、その内容と特色について考察する」としている。

　教員養成段階で学生にカリキュラム・マネジメントについて教える場合、理論的側面や教育行政的経緯については大きな問題なく扱うことができると思われ、教職課程コアカリキュラムを解説したシラバスの提案例でも、「第12回　カリキュラム・マネジメントをめぐる論点」「第13回　カリキュラムをどう評価するか」が示されている[10]。しかし、さらに組織的側面や実践的側面を加えようとすると、学生にはそれらの経験がほとんどないので、特に、実践的側面を扱う場合には大学における授業の工夫が必要になる。

3　カリキュラム・マネジメントに関する教職課程授業の工夫

　教員養成の授業でカリキュラム・マネジメントの実践的側面を扱う場合は、学生にとって必要感のある題材を選ぶことが肝要になる。学生にとっての必要感とは、将来教職に就いたときに学校で授業をどのように行うか、つまり授業の実践力に関連する内容であろう。そのため、カリキュラム・マネジメントの実践的側面を学生が理解するためには、学生にとっての授業の実践力につなげる内容が有効であると考えられる。

　筆者が担当する「教育課程の意義及び編成の方法」に関する科目である「教育課程総論」（2019（令和元）年度）においても、カリキュラム・マネジメントの理論および実践的な方法を扱っている。そこでは、カリキュラム・マネジメントの要素である教科横断的視点、組織連携、地域連携などが含まれた学校の授業実践を検討するようにしている。学校で行われた優れた授業実践事例をカリキュラム・マネジメントの諸要素（PDCA）を観点にして分析・検討していく方法である。学校で行われた優れた実践事例として、カリキュラム・マネジメントの要素である教科横断的視点、組織連携、地域連携などが含まれた実践を松本大学教育実践改善賞の受賞論

文の中から選定した[11]。こうしたところにも、松本大学教育実践改善賞の受賞論文が、松本大学の教育に生かされている。

　教職科目「教育課程総論」で行った方法としては、まず、選定した学校の授業実践事例の読み合わせを行い、次に、カリキュラム・マネジメントの観点から、P、D、C、Aのそれぞれの段階について実践内容を明らかにするようにした。それを学生の個人検討→グループ検討→全体発表（共有化）→考察・講評（内在化）のように実施した。共有化、内在化の段階を置いたのは、ナレッジ・マネジメントのSECIモデル[12]を意図したものである。

　授業後に調べた学生の感想としては、「実践事例からPDCAを分けて分析することで実践の内容がよりよくわかると感じた」、「実践事例について、PDCAごとに分析することによって普通に実践事例を読むよりも内容を理解することができると感じた」、「グループで活動することで（他グループは）自分とは違う考えを持っているので、いろいろな考えを共有でき、より分析が深いものになると感じた」などが見られ、授業の方法を支持するものであった。

表9-2．教職課程コアカリキュラム対応表

教育課程の意義及び編成の方法（カリキュラム・マネジメントを含む。）
※上記の（　　）内の事項は、新たに追加しなければならない項目。
【全体目標】
　学習指導要領を基準として各学校において編成される教育課程について、その意義や編成の方法を理解するとともに、各学校の実情に合わせてカリキュラム・マネジメントを行うことの意義を理解する。

（1）教育課程の意義
　【一般目標】
　　学校教育において教育課程が有する役割や機能、並びに意義を理解する。
　【到達目標】
　　1）学習指導要領・幼稚園教育要領の性格及び位置付け並びに教育課程編成の目的を理解している。
　　2）学習指導要領・幼稚園教育要領の改訂の変遷及び主な改訂内容並びにその社会的背景を理解している。
　　3）教育課程が社会において果たしている役割や機能を理解している。

（2）教育課程の編成の方法
　一般目標教育課程編成の基本原理、並びに学校の教育実践に即した教育課程編成の方法を理解する。
　【到達目標】
　　1）教育課程編成の基本原理を理解している。
　　2）教科・領域を横断して教育内容を選択・配列する方法を例示することができる。
　　3）単元・学期・学年をまたいだ長期的な視野から、また幼児、児童又は生徒や学校、地域の実態を踏まえて教育課程や指導計画を検討することの重要性を理解している。

（3）カリキュラム・マネジメント
　【一般目標】
　　教科・領域・学年をまたいでカリキュラムを把握し、学校教育課程全体をマネジメントすることの意義を理解する。
　【到達目標】
　　1）学習指導要領に規定するカリキュラム・マネジメントの意義や重要性を理解している。
　　2）カリキュラム評価の基礎的な考え方を理解している。

第 **5** 節

地域連携で充実させる教職課程科目
―「地域教育活動」と「学校教育活動」の概要と成果―

1　地域連携活動と教職課程科目

　松本大学教職センターは、総合経営学部および人間健康学部の教職課程を管理運営し、教職課程を履修する学生を支援する組織として、2005（平成17）年から開設されている[13]。取得可能な免許状としては、総合経営学部では、一種免許状として、高等学校商業・情報・公民、中学校社会が取得できる。人間健康学部では、一種免許状として、高等学校保健体育・保健、中学校保健体育・保健、養護教諭、栄養教諭が取得できる。両学部とも小学校教諭二種免許状の取得も可能である。また、教職課程において育成を目指す教員像を前述のように、「得意分野をもった個性あふれる教員」、「地域との連携協働能力」、「教育への情熱・使命感」、「学び続ける教員」の4つの要素で構成している。

　上記した目指す教員像および地域連携活動を重視する大学全体の教育方針に基づき、教職課程に関しても、学生が積極的に地域参加・貢献を行うよう奨励している。教職課程では、「地域社会と密接に協力連携し、地域社会の人々との協働能力を備えた力量をもった教員の育成を目指す」ことをカリキュラムの基本方針としている。この基本方針のもとに、教職課程カリキュラムの中に、地域へのボランティア活動を行う「地域教育活動」（1単位）、学校へのボランティア活動を行う「学校教育活動」（1単位）を位置付け、この2科目の中から1科目以上を選択必修としている。これらの科目を教職のキャリア形成をなすための基礎として位置付けている。

　また、ボランティア活動を行う施設・学校に対しては、科目および活動

242

の趣旨をはじめ、施設・学校側にお願いしたいこと、該当学生のボランティア経験の有無、取得予定免許状、特技・資格等について、受け入れ施設・学校の責任者へ説明している。

2　「地域教育活動」および「学校教育活動」の授業概要

　シラバスに示している両科目の授業内容は、概略表9-3および表9-4の通りである。両科目のガイダンスでは、科目の趣旨・目的・内容と方法をはじめ、施設・学校等との連絡の取り方、非違行為の防止、社会的マナー、予防接種など、履修の条件や留意点について詳細に説明している。

表9-3.「地域教育活動」の概要等

対象学年	1・2・3・4年（1年後期から4年後期）
授業科目（単位）	地域教育活動（1単位）
授業概要	本科目は、地域の教育関係組織や団体等の諸活動に学生たちがボランティアとして参加し、地域社会に対する理解を深めるとともに、大学で学んだ理論を実際の場で検証する機会の提供を目的とします。具体的には、地域の教育関係組織・団体及び社会福祉関係の施設での教育活動を30時間以上行い、その活動証明書、レポート作成をもって単位の認定を行います。
学修到達目標	1. 地域社会の教育関係組織・団体での実際の体験や活動を通して、豊かな人間観、教育観を形成する一助とする。 2. 自発的、積極的態度を身に付け、人間関係の構築（コミュニケーション）の仕方、社会人としての常識の基本を学ぶ。 3. 活動を通して地域社会を体験的に理解し、関心を深める。
授業の進め方	最初に本授業科目の意義とねらいを十分に理解したうえで、受講生たちが参加できる地域の教育関係組織・団体や社会福祉施設等を一例として提示します。受講生は地域連携や教育活動に参加して、その結果をレポートとして提出し、総括とします。

表9-4.「学校教育活動」の概要等

対象学年	2・3・4年（2年から4年後期）
授業科目（単位）	学校教育活動（1単位）
授業概要	本科目は、小・中・高・特別支援学校の各学校における教育活動に学生たちがボランティアとして参加し、学校という組織に対する理解を深めると共に、松本大学で学んだ教職に関する理論を実際の場で検証する機会を提供することを目的とします。具体的には、学校での教育活動を30時間以上行い、その活動証明書、レポート作成をもって単位の認定を行います。
学修到達目標	1. 自己の子ども理解を深め、子ども観を形成する一助とする。 2. 教育活動での体験をもとに、学内での教職課程科目への理解を深める。 3. 自発的・積極的態度を身に付け、人間関係の構築の仕方、社会人としての常識の基本を学ぶ。
授業の進め方	最初に本授業科目の意義とねらいを十分に理解したうえで、それぞれの自己の興味関心にそって概ね半年以上にわたる教育活動に参加し、その結果をレポートとして提出し、総括をします。

3 「地域教育活動」の実施方法と内容

　「地域教育活動」は、1年次後期から4年次後期までに行う選択必修科目である。学生が、地域・施設・事業所等で活動する内容であり、全体の活動時間数を30時間以上としている。この科目の主な活動内容は、①施設や事業所において、利用者の介護等に関する支援や子どもの学習支援ないしは遊び支援など、②地域や施設の行事などの補助 である。一定の手続きによってこの科目を履修した学生は、活動終了時に施設や事業所が証明する「活動証明書兼活動記録表」を提出する。学生は、この表に活動内容・感想・反省を記入し、地域・施設・事業所等の活動担当者から確認印をもらうようになっている。「活動証明書兼活動記録表」および学生が事後に提出する活動レポートをもって、単位認定を行っている。なお、この

科目の履修に際して、学生賠償保険に加入することを条件としている。

　過去に学生が取り組んできた「地域教育活動」の活動内容には、次のようなものがある。①児童センター・児童館などでの環境整備または環境整備の補助、②学習支援または放課後個別学習の補助、③地域または体験施設等が実施するイベント（キャンプ等）の補助、④学校と地域が実施する通学合宿の支援、⑤絵本や童話の読み聞かせ、⑥行事の準備手伝い

　いずれの活動においても、学生の熱心な取り組みにより、主催者側に好感をもたれており、学生が継続して参加することが要望されている。例えば、③体験施設が実施している小学生のキャンプでは、各班に配属されたスポーツ専攻の学生が臨機応変かつ行き届いた活動支援を行っている。④通学合宿では、小学校教員志望の学生が児童と寝食を共にして活動し、主催者側に好評である。

　社会体験施設の場合、学生のボランティア参加は、施設の活動にとって有力な助けになるため、次年度以降も学生の参加を施設側から大学へ要望してくることが多い。そのため、「地域教育活動」の履修者の希望と施設側の要望との調整を行うことも教職センターの重要な役割となっている。

　「地域教育活動」の履修により、学生は、児童生徒が地域の人々と交流しながら活動する姿を直接目にしたり、一緒に活動したり支援したりすることを通して、地域での子どもの育ちを実感し、学生自身が地域の構成員の一員であることを体験的に学んでいる。また、学生は、地域や社会体験施設の人々と目的を共有しつつ交流することによって、社会人としての基礎能力や地域の在り方などを自然に学び身に付けている。こうしたことから、「地域教育活動」を履修することは、学生にとって、「前に踏み出す力（アクション）」、「考え抜く力（シンキング）」、「チームで働く力（チームワーク）」などの社会人基礎力や組織マネジメントの在り方を身に付ける良い機会となっている。

　なお、この科目は学外で実施する活動であるため、学生には、非違行為防止に関すること、人権感覚、情報モラル、身だしなみや言葉遣いなどのマナーに関することについて、事前に指導している。

4　「学校教育活動」の実施方法と内容

　「学校教育活動」は、2年次から4年次後期までに行う選択必修科目である。学生が、小・中・高・特別支援学校の各学校における教育活動にボランティアとして参加し、学校組織に対する理解を深めるとともに、松本大学で学んだ教職に関する理論を実際の場で検証する機会とすることを目的としている。「地域教育活動」と同様に、学校へのボランティア活動を30時間以上行い、各活動について「活動証明書兼活動記録表」を作成する。学生は、この表に活動内容・感想・反省を記入し、学校の責任者から確認印をもらうことになっている。「活動証明書兼活動記録表」および学生が事後に提出する活動レポートをもって、単位認定を行っている。この科目の履修に際して、学生は風疹・麻疹の予防接種を受けていること、学生賠償保険に加入していることを条件としている。

　「学校教育活動」は、「地域教育活動」より学校に特化した活動であるため、将来教員を目指す学生が、学校という教育現場で、児童生徒や先生方と活動を共にしながら、児童生徒や学校、教職員が直面している諸課題と向き合う経験にもなっている。児童生徒に適した関わり方、仕事への向き合い方を実践的に学ぶことはもちろん、教員に求められる資質について理解を深めたり、教職を目指す学生自身の自己理解の一助となったりしている。また、3年次までに取り組んだ「学校教育活動」が、4年次に実施する「教育実習」に接続していくようになれば、「教育実習」の円滑化と充実に結び付くという点で望ましい。教職センターが管轄する教育実習は、連携協力校方式と自己開拓校方式の2つの方法で実施しており、教職を目指す学生が自らの実践的資質を伸ばすために、長期的な視野で「学校教育活動」に取り組むよう指導している。

　過去に学生が取り組んできた「学校教育活動」の活動内容には、次のようなものがある。①授業の観察・補助、②児童生徒の学習支援（特に、特別支援学級での授業補助、放課後個別学習等の補助）、③教材作成や印刷物の補助、④生徒会活動の補助、⑤生徒集会・音楽集会への参加、⑥給食指導・清掃指導の補助、⑦学校行事準備の補助、⑧環境整備への参加、⑨朝の学活・帰りの学活への参加、⑩部活動の指導補助、⑪図書整理、⑫登

下校時の交通安全指導

　学生は、こうした学校現場での体験を通して、集団指導の在り方や一人ひとりの児童生徒に適した関わり方、仕事への向き合い方、組織的行動とマネジメントの重要性などを実践的に学んでいる。また、教員に求められる資質について体験的・直接的に理解を深めたり、学生自身が教職という視点で自己理解を深める契機となったりもしている。

　なお、非違行為防止、情報モラル、社会人マナー等に関する配慮については、「地域教育活動」と同様である。

5　「地域教育活動」と「学校教育活動」の成果

　以上のように、「地域教育活動」と「学校教育活動」を教職課程の選択必修科目として設定していることにより、学生が学校教育や教職の在り方について体験的に学び身に付ける機会になっている。大学全体の基本方針のもと、教員を目指す学生の地域参加・地域貢献をカリキュラムを通じて可能にしている。「地域教育活動」と「学校教育活動」の多様な体験的活動は、学生が教職に関する資質・能力を伸ばしたり、社会人基礎力を向上させたりする点で教職キャリアの基礎力を獲得する有効な契機になっている。学生を受け入れる施設・学校にとっても、一定の専門的知識や熱意をもった学生の支援は有り難く、継続的な参加の要望につながっている。今後も、そうした互恵的関係を維持するために、事前・事後指導の充実と活動状況の適切な把握が一層重要になる。

　また、学生が主体的に地域と連携した教育活動を体験することは、教員養成段階での組織マネジメント力の育成につながる。松本大学では、地域連携事業を学生自らの企画で行う仕組みがあり、地域貢献に成果を上げている。学生の企画を支援する「地域づくり考房『ゆめ』」が設けられ、課長をはじめ専門職員が配置されている。学生の自主的な活動により、地域連携力や企画運営力が高まり能動的な学びに結び付いている。こうした能動的な学びを地域と連携した教育活動によって実施していくことが、松本大学が目指す地域人教育の一環として重要になる。

247

　教員養成段階における地域連携は各大学で試みられているが、そこに組織マネジメント力の養成という視点を取り入れることが重要な鍵になる。教員養成段階から、組織マネジメント力の向上を意図的・計画的に行っておくことによって、組織マネジメントに関する教員の初任段階での基礎レベルを上げることができる。図9-4に示したように、教員の初任段階で既に組織マネジメント力の基礎を身に付けていれば、教員育成指標の到達目標に応じて、また、各学校のOJTや教育委員会主催の研修を通じて、一層高いレベルの組織マネジメント力の獲得につながる。学校課題を主体的に改善するために、教員自身の組織マネジメント力の向上が現在強く求められていることを考えると、教員養成段階で地域と連携した教育活動に学生が主体的に取り組むことは、教職キャリアの基礎力を獲得するという点で大きな意義があるといえる。

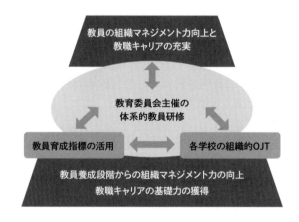

図9-4. 教員のマネジメント力の向上と教職キャリアの充実

第 6 節

本章のまとめ

　本章では、教職キャリア形成の観点から、総経・人間教職センターが担当する学部段階における教員養成の現状と目指す教員像、総経・人間教職センターの2大ミッションと6ビジョン、M-TOP構想、松本大学教育実践改善賞の趣旨、教職科目の授業の工夫などについて考察した。本章で明らかにした内容は、次の4点にまとめられる。

① 　総経・人間教職センターが育成を目指す教員像として、「地域の人々との協働（collaboration）能力を備えた力量をもった教員」の4つの柱を示した。特に、第4の柱は、学び続ける教員像を基本に、教員育成指標との関係を踏まえたものである。さらに、総経・人間教職センターが運営方針として掲げる2大ミッションとそれを核にした6ビジョンの内容を明確にし、全体のグランドデザインを示した。

② 　総経・人間教職センターが管理運営する教職課程の特色であるM-TOP構想の内容として、教職課程カリキュラムの履修が中軸であり教職課程のコアとして全員共通であること、さらに、学生の希望により明星大学通信教育部との連携による教員免許取得カリキュラムの選択、司書教諭資格の取得、教採模試の受験および1次・2次面接指導、小論文添削指導など、学生の将来目標と希望により、オプションの部分が学生個々によって異なっていることを示した。これらの指導の全体は、個々の学生に関するM-TOPポートフォリオとして把握されている。また、M-TOPの内容には、学生の卒業後のフォローアップ指導として、専門員の尽力による初任校への巡回指導、松本大学教育実践改善賞に関わる指導、梓友会におけるミニ教員研修と情報交換が含まれていることを明らかにした。

③ 　文部科学省の教職課程認定において、「教育課程の意義及び編成の

方法」に関する教職課程コアカリキュラムの必須事項にカリキュラム・マネジメントが含まれたことから、その背景を明らかにしたうえで、筆者が担当する教職科目「教育課程総論」の授業で実施した工夫の概略を示した。

④　学生の教職キャリア形成の基礎として、アウトキャンパス・スタディの一環で実施している「地域教育活動」および「学校教育活動」の実施内容と方法を示した。学生が地域と連携した教育活動を体験することが社会人基礎能力や組織マネジメントの在り方を身に付ける機会となっており、地域人教育としても有効である。教員養成段階で地域と連携した教育活動に学生が主体的に取り組むことは、教職キャリアの基礎力を獲得するという点で大きな意義があるといえる。

註

(1) 私学・戊戌学会を創立した木澤鶴人の父は、松本開智学校等の教師を務め、地方議員や実業にも力を発揮した木澤政闇である。初代校長木澤鶴人によって戊戌学会が開設され、二代校長米澤武平によってさらに発展していく過程は、窪田文明『信州私学の源流／木澤鶴人と米澤武平の生涯』学校法人松商学園、2018年による。

(2) 今西幸蔵「教員の質の総合的向上と『地域連携』に関する考察」神戸学院大学教職教育センター『教職教育センタージャーナル』創刊号、2015年、49～61頁

(3) 松本大学では、全学をあげて教員免許状の取得と教員採用試験の合格に対する支援体制を整えている。全学教職センターが、各学部と連携して、教職課程を計画的・組織的に運営し教員免許の取得を支援している。教育学部に教育学部教職センター、総合経営学部・人間健康学部に総経・人間教職センターを設置し、両センターを全学教職センターが統括する形をとっている。

(4) 中野和朗「松本大学の初心―開学宣言」松本大学創立10周年記念誌編集委員会編『松本大学の挑戦―開学から10年の歩み―』松本大学出版会、2015年、19～20頁

(5) 梓友会は、松本大学卒業生の教職界への進出が増加したことにより、教育関係に勤務している卒業生の会として、2011（平成23）年4月に結成された（小林輝行「教職課程開設九年間の歩み」松本大学創立10周年記念誌編集委員会編『松本大学の挑戦―開学から10年の歩み―』松本大学出版会、2015年、p.94）。

(6) 帰納的教育手法とは、松本大学で行われている課題解決能力育成のための学びの手法である。学生が地域へ入り現実の課題を調査・観察した後、大学に戻り討論・図書館での文献調査・教員の助言等により納得できるまで学びを深める。その後、再度地域の場に出て調査・観察する。この往還を繰り返すことにより、問題が徐々に抽象化され、本質の理解が進み、問題の枠組みや構造が見えてくる。これは、学生が現実の問題の背後を

大学知・研究知との関係で捉え、関係構造として理解する理論化のプロセスである。こうして、学生自らが解決に関わり、主体性、実践性、創造性を備えた根本的解決策の提示が可能となる。松本大学では、学生が地域連携型のPBL（Problem based Learning, Project based Learning）を行い地域の課題を大学知・学問知として捉え解決に寄与していくプロセスが、研究者が行っている研究活動のプロセスとアナロジー的関係にあることから、帰納的教育手法として一般化し推進している。（住吉廣行「多チャンネルを通して培う地域社会との連携―地域社会で存在感のある大学を目指して―」『地域総合研究』松本大学地域総合研究センター、2003年、25〜47頁。住吉廣行「大学と地域の共生―松本大学によるヒトづくりと産学官連携　」池田潔・前田啓一・文能照之・和田聡子編『地域活性化のデザインとマネジメント』晃洋書房、2019年、175〜191頁）

(7) 総経・人間教職センターに教職支援相談室を設置し、専門員2名が配置されている。教職支援相談室では、教職履修学生の個別面接と相談活動、教育実習に関する情報提供、授業指導案や実習日誌、実習報告会の資料などを学生に提供している。専門員の尽力により、教育実習前の教材研究の相談、教員採用試験の対策指導（小論文の添削、一般教養指導）など、学生の要望に応じた指導を行っている。特徴的な活動は、卒業生のフォローアップ支援である。卒業後2年間は専門員が学校訪問を行い、職場における悩みや不安の軽減、キャリア相談を行い、教職に就いた卒業生をサポートしている。さらに、教職センターだより「卒業後も応援　フォローあっぷ」の発行、教職同窓組織である梓友会の開催等を行い、卒業生同士、卒業生と大学（教職員）との交流を重視している。

(8) 『山家学生式』「国宝何物　宝道心也　有道心人　名為国宝　故古人言　径寸十枚　非是国宝照于一隅　此則国宝」（国宝とは何物ぞ、宝とは道心なり、道心有るの人を名づけて国宝となす。故に古人言わく、怪寸十枚是れ国宝に非ず、一隅を照らす此れ即ち国宝なり）

(9) 従来、教職センターの刊行物は『授業実践報告シリーズ』として発行されていた。松本大学教育実践改善賞の創設により、「松本大学教育実践改善賞規定」第9条として、教育実践改善賞の受賞論文を教職センターの刊行物へ掲載することが定められた。『授業実践報告シリーズ』に受賞論文を掲載する場合、大学の授業と学校（小中高特）の授業とが紛らわしいことから、実践という言葉を残し、松本大学教育実践改善賞の受賞論文も含む意味で、『教育実践改善シリーズ』と名称が改められた。ISSN番号（2434-7558）を取得し、号数については継続することになった。『教育実践改善シリーズ』の第1分冊を従来通り、松本大学の教職課程授業に関する実践報告を掲載することとし、第2分冊を受賞論文集とした。

(10) 遠藤貴広「教育課程の意義及び編成の方法」横須賀薫監修、渋谷治美・坂越正樹編『概説教職課程コアカリキュラム』ジダイ社、2018年、76〜77頁

(11) 小林文恵「知識に基づいた意志決定と行動選択の実践力を育む喫煙・飲酒・薬物乱用　防止に関する指導の進め方」松本大学教職センター編『教育実践改善シリーズ』第15号第2分冊（平成30年度松本大学教育実践改善賞受賞論文集）、2019年、25〜34頁を教職科目「教育課程総論」の中で検討する論文に選んだ。

(12) ナレッジ・マネジメントのSECIモデルとは、暗黙知が形式知に変換され共有化されていく知識変換のプロセスであり、共同化（Socialization）、表出化（Externalization）、連結化（Combination）、内面化（Internalization）の4つのモードで行われていくとされる。（野中郁次郎・竹内弘高『知識創造企業』東洋経済新報社1996年、野中郁次郎・紺野登『知識経営のすすめ―ナレッジ・マネジメントの時代―』ちくま新書1999年）

(13) 小林輝行「教職課程開設九年間の歩み」松本大学創立10周年記念誌編集委員会編『松本大学の挑戦―開学から10年の歩み―』松本大学出版会、2015年、94頁

巻末資料

- ○ 学歴別就職後 3 年以内離職率の推移
- ○ 地域連携型キャリア教育実践の経緯とその概要
- ○ 教育基本法
- ○ 学校教育法
- ○ キャリア教育に関する用語集

学歴別就職後３年以内離職率の推移　　（厚生労働省調査2019年10月発表）

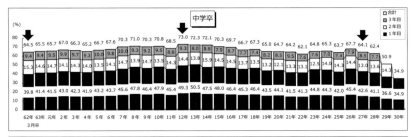

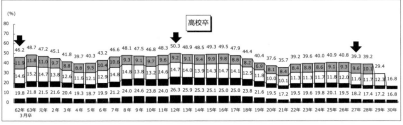

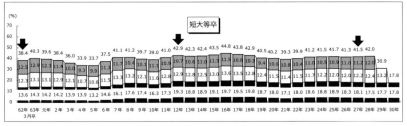

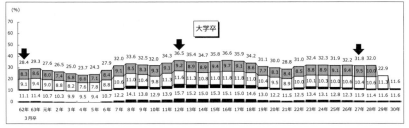

注）事業所からハローワークに対して、新規学卒者として雇用保険の加入届が提出された新規被保険者
　資格取得者の生年月日、資格取得加入日等、資格取得理由から各学歴ごとに新規学校卒業者と推定
　される就職者数を算出し、更にその離職日から離職者数・離職率を算出している。
　　３年目までの離職率は、四捨五入の関係で１年目、２年目、３年目の離職率の合計と一致しないこ
　とがある。

（厚生労働省作成のグラフに、第１章の本文該当箇所を筆者が矢印で示した。）

地域連携型キャリア教育実践の経緯とその概要　　企画・責任者　山﨑 保寿

1　推進方法の概要

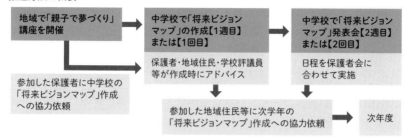

```
地域で「親子で夢づくり」    →  中学校で「将来ビジョン     →  中学校で「将来ビジョン
講座を開催                      マップ」の作成【1週目】          マップ」発表会【2週目】
                                または【1回目】                  または【2回目】

                                保護者・地域住民・学校評議員     日程を保護者会に
参加した保護者に中学校の         等が作成時にアドバイス           合わせて実施
「将来ビジョンマップ」作成
への協力依頼                               ↓                        ↓

                            参加した地域住民等に次学年の
                            「将来ビジョンマップ」作成への協力依頼   →   次年度
```

2　地域の「親子で夢づくり」講座

- ■企　　画：2014年4月〜　　　　　■参加者募集：2014年11月〜
- ■準　　備：2014年9月〜　　　　　■実　施　日：2014年12月7日
- ■会　　場：静岡県掛川市H地域生涯学習センター　　■参　　加　者：5家族11名
- ■タイムスケジュール
  - ・14:00　　　　　　　主催者準備
  - ・14:45 〜 15:00　　　開場
  - ・15:00 〜 15:15　　　開始式・活動方法の説明
  - ・15:15 〜 16:30　　　親子で活動「将来の夢づくり」
  - ・16:30 〜 16:45　　　活動成果の発表
  - ・16:45 〜　　　　　　終了式・保護者へ今後の説明（中学校実施への協力依頼）
  - 　　　　　　　　　　　参加証の授与・アンケート
- ■この講座に参加した保護者に、次年度、中学生の「将来ビジョンマップ」作成1週目の活動に、中学生へのアドバイザーとして協力してもらう。

講座の趣旨説明（筆者）

親子で描く将来の夢

協力する大学教員と保護者

将来は、地場産業（茶）に貢献したい

目標は動物園の飼育員　　子どもの発表を保護者・大学教員が熱心に聞く

3　中学生の「将来ビジョンマップ」作成（静岡県掛川市）

■実施方法打ち合わせ：企画者（静岡大学内）2015年2月〜、実施校と2015年3月〜
■実施日：2015年5月29日【1週目】、6月5日【2週目】
■実施校：掛川市立S中学校第2学年
■実施方法：
【1週目】「将来ビジョンマップ」の作成（100分）
　・参加者：保護者・地域住民・大学教員・大学院生
　・準備物：模造紙（生徒1人1枚）、筆記用具（マジック7色等）、職業調べに利用する参考資料、
　　　　　　事前に主催者が作成した「将来ビジョンマップ」（模造紙・掲示用）
　・タイムスケジュール
　　①外部指導者・協力者自己紹介、「将来ビジョンマップ」作成方法の説明（10分）
　　②「将来ビジョンマップ」の作成（90分）
【2週目】「将来ビジョンマップ」のプレゼンテーション（100分）
　・生徒一人ひとりの「将来ビジョンマップ」のプレゼンテーション
　　日程を保護者会に合わせる。1人5分で発表し、その後、プレゼン内容について、生徒・保護
　　者からの質疑応答を3分で行う。聴き合うプレゼンテーションを心掛ける。

※2016年　掛川市立S中学校　　準備方法等を改善のうえ同様に実施
※2017年　掛川市立S中学校　　発表方法等を改善のうえ同様に実施

「将来ビジョンマップ」作成　2016.6.3【1週目】

「将来ビジョンマップ」保護者会・発表会　2016.6.10【2週目】

4　中学生の「将来ビジョンマップ」作成（長野県松本市）

■実施方法打ち合わせ：企画者と中学校長2018年5月～
■実施日：2018年10月19日【1回目】、12月21・22日【2回目】
■実施校：松本市立S中学校第1学年
■実施方法：

【1回目】「将来ビジョンマップ」の作成（100分）
・参加者：地域住民・学校評議員・教育委員会指導主事・大学教員
・準備物：模造紙（生徒1人1枚）、筆記用具（マジック7色等）、職業調べに利用する参考資料、
　　　　　事前に主催者が作成した「将来ビジョンマップ」（模造紙・掲示用）
・タイムスケジュール
　①外部指導者・協力者自己紹介、「将来ビジョンマップ」作成方法の説明（10分）
　②「将来ビジョンマップ」の作成（90分）

【2回目】「将来ビジョンマップ」のプレゼンテーション（50分×2日）
・生徒一人ひとりの「将来ビジョンマップ」のプレゼンテーション
　保護者の参加を呼びかけるため、12月21・22日の2日間に分けて発表する。生徒1人3分で
　発表し、その後、プレゼン内容について、生徒・保護者からの質疑応答を2分で行う。生徒
　は、発表メモを用意し、ポイントを絞って発表する。伝えるプレゼンテーションを心掛ける。

※2019年　松本市立S中学校　　内容を改善のうえ同様に実施

筆者が全生徒へ趣旨説明　2018.10.19【1回目】

協力する地域住民（学校評議員等）を校長が紹介
胸のカードに、得意分野・資格などを記載　　　　　2019.10.17【１回目】

全生徒および協力する保護者・地域住民に筆者が趣旨説明　　2019.10.17【１回目】

地域住民がアドバイス　2019.10.17【1回目】

「将来ビジョンマップ」保護者参観・発表会　2018.12.21【2回目】

一級建築士を目指す

水族館の飼育員が目標

生徒が発表した「将来ビジョンマップ」　2018.12.21【2回目】

発表会・生徒の司会で進行　2018.12.21【2回目】

259

教育基本法

(昭和22年制定、平成18年改正)

我々日本国民は、たゆまぬ努力によって築いてきた民主的で文化的な国家を更に発展させるとともに、世界の平和と人類の福祉の向上に貢献することを願うものである。

我々は、この理想を実現するため、個人の尊厳を重んじ、真理と正義を希求し、公共の精神を尊び、豊かな人間性と創造性を備えた人間の育成を期するとともに、伝統を継承し、新しい文化の創造を目指す教育を推進する。

ここに、我々は、日本国憲法の精神にのっとり、我が国の未来を切り拓く教育の基本を確立し、その振興を図るため、この法律を制定する。

第1章 教育の目的及び理念

(教育の目的)

第1条 教育は、人格の完成を目指し、平和で民主的な国家及び社会の形成者として必要な資質を備えた心身ともに健康な国民の育成を期して行われなければならない。

(教育の目標)

第2条 教育は、その目的を実現するため、学問の自由を尊重しつつ、次に掲げる目標を達成するよう行われるものとする。

一 幅広い知識と教養を身に付け、真理を求める態度を養い、豊かな情操と道徳心を培うとともに、健やかな身体を養うこと。

二 個人の価値を尊重して、その能力を伸ばし、創造性を培い、自主及び自律の精神を養うとともに、職業及び生活との関連を重視し、勤労を重んずる態度を養うこと。

三 正義と責任、男女の平等、自他の敬愛と協力を重んずるとともに、公共の精神に基づき、主体的に社会の形成に参画し、その発展に寄与する態度を養うこと。

四 生命を尊び、自然を大切にし、環境の保全に寄与する態度を養うこと。

五 伝統と文化を尊重し、それらをはぐくんできた我が国と郷土を愛するとともに、他国を尊重し、国際社会の平和と発展に寄与する態度を養うこと。

(生涯学習の理念)

第3条 国民一人一人が、自己の人格を磨き、豊

かな人生を送ることができるよう、その生涯にわたって、あらゆる機会に、あらゆる場所において学習することができ、その成果を適切に生かすことのできる社会の実現が図られなければならない。

(教育の機会均等)

第4条 すべて国民は、ひとしく、その能力に応じた教育を受ける機会を与えられなければならず、人種、信条、性別、社会的身分、経済的地位又は門地によって、教育上差別されない。

2 国及び地方公共団体は、障害のある者が、その障害の状態に応じ、十分な教育を受けられるよう、教育上必要な支援を講じなければならない。

3 国及び地方公共団体は、能力があるにもかかわらず、経済的理由によって修学が困難な者に対して、奨学の措置を講じなければならない。

第2章 教育の実施に関する基本

(義務教育)

第5条 国民は、その保護する子に、別に法律で定めるところにより、普通教育を受けさせる義務を負う。

2 義務教育として行われる普通教育は、各個人の有する能力を伸ばしつつ社会において自立的に生きる基礎を培い、また、国家及び社会の形成者として必要とされる基本的な資質を養うことを目的として行われるものとする。

3 国及び地方公共団体は、義務教育の機会を保障し、その水準を確保するため、適切な役割分担及び相互の協力の下、その実施に責任を負う。

4 国又は地方公共団体の設置する学校における義務教育については、授業料を徴収しない。

(学校教育)

第6条 法律に定める学校は、公の性質を有するものであって、国、地方公共団体及び法律に定める法人のみが、これを設置することができる。

2 前項の学校においては、教育の目標が達成されるよう、教育を受ける者の心身の発達に応じて、体系的な教育が組織的に行われなければならない。この場合において、教育を受ける者が、学校生活を営む上で必要な規律を重んずるとともに、自ら進んで学習に取り組む意欲を高めることを重視して行われなければならない。

(大学)

第7条 大学は、学術の中心として、高い教養と

専門的能力を培うとともに、深く真理を探究して新たな知見を創造し、これらの成果を広く社会に提供することにより、社会の発展に寄与するものとする。

2　大学については、自主性、自律性その他の大学における教育及び研究の特性が尊重されなければならない。

（私立学校）

第8条　私立学校の有する公の性質及び学校教育において果たす重要な役割にかんがみ、国及び地方公共団体は、その自主性を尊重しつつ、助成その他の適当な方法によって私立学校教育の振興に努めなければならない。

（教員）

第9条　法律に定める学校の教員は、自己の崇高な使命を深く自覚し、絶えず研究と修養に励み、その職責の遂行に努めなければならない。

2　前項の教員については、その使命と職責の重要性にかんがみ、その身分は尊重され、待遇の適正が期せられるとともに、養成と研修の充実が図られなければならない。

（家庭教育）

第10条　父母その他の保護者は、子の教育について第一義的責任を有するものであって、生活のために必要な習慣を身に付けさせるとともに、自立心を育成し、心身の調和のとれた発達を図るよう努めるものとする。

2　国及び地方公共団体は、家庭教育の自主性を尊重しつつ、保護者に対する学習の機会及び情報の提供その他の家庭教育を支援するために必要な施策を講ずるよう努めなければならない。

（幼児期の教育）

第11条　幼児期の教育は、生涯にわたる人格形成の基礎を培う重要なものであることにかんがみ、国及び地方公共団体は、幼児の健やかな成長に資する良好な環境の整備その他適当な方法によって、その振興に努めなければならない。

（社会教育）

第12条　個人の要望や社会の要請にこたえ、社会において行われる教育は、国及び地方公共団体によって奨励されなければならない。

2　国及び地方公共団体は、図書館、博物館、公民館その他の社会教育施設の設置、学校の施設の利用、学習の機会及び情報の提供その他の適当な方法によって社会教育の振興に努めなければならない。

（学校、家庭及び地域住民等の相互の連携協力）

第13条　学校、家庭及び地域住民その他の関係者は、教育におけるそれぞれの役割と責任を自覚するとともに、相互の連携及び協力に努めるものとする。

（政治教育）

第14条　良識ある公民として必要な政治的教養は、教育上尊重されなければならない。

2　法律に定める学校は、特定の政党を支持し、又はこれに反対するための政治教育その他政治的活動をしてはならない。

（宗教教育）

第15条　宗教に関する寛容の態度、宗教に関する一般的な教養及び宗教の社会生活における地位は、教育上尊重されなければならない。

2　国及び地方公共団体が設置する学校は、特定の宗教のための宗教教育その他宗教的活動をしてはならない。

第3章　教育行政

（教育行政）

第16条　教育は、不当な支配に服することなく、この法律及び他の法律の定めるところにより行われるべきものであり、教育行政は、国と地方公共団体との適切な役割分担及び相互の協力の下、公正かつ適正に行われなければならない。

2　国は、全国的な教育の機会均等と教育水準の維持向上を図るため、教育に関する施策を総合的に策定し、実施しなければならない。

3　地方公共団体は、その地域における教育の振興を図るため、その実情に応じた教育に関する施策を策定し、実施しなければならない。

4　国及び地方公共団体は、教育が円滑かつ継続的に実施されるよう、必要な財政上の措置を講じなければならない。

（教育振興基本計画）

第17条　政府は、教育の振興に関する施策の総合的かつ計画的な推進を図るため、教育の振興に関する施策についての基本的な方針及び講ずべき施策その他必要な事項について、基本的な計画を定め、これを国会に報告するとともに、公表しなければならない。

2　地方公共団体は、前項の計画を参酌し、その地域の実情に応じ、当該地方公共団体における教育の振興のための施策に関する基本的な計画を定めるよう努めなければならない。

第4章　法令の制定
第18条　この法律に規定する諸条項を実施するため、必要な法令が制定されなければならない。

学校教育法

（昭和22年制定、平成30年改正を抜粋）

第1章　総則
第1条　この法律で、学校とは、幼稚園、小学校、中学校、義務教育学校、高等学校、中等教育学校、特別支援学校、大学及び高等専門学校とする。
第2条　学校は、国、地方公共団体及び私立学校法第3条に規定する学校法人のみが、これを設置することができる。

第2章　義務教育
第16条　保護者は、次条に定めるところにより、子に九年の普通教育を受けさせる義務を負う。
第17条　保護者は、子の満六歳に達した日の翌日以後における最初の学年の初めから、満十二歳に達した日の属する学年の終わりまで、これを小学校、義務教育学校の前期課程又は特別支援学校の小学部に就学させる義務を負う。
2　保護者は、子が小学校の課程、義務教育学校の前期課程又は特別支援学校の小学部の課程を修了した日の翌日以後における最初の学年の初めから、満15歳に達した日の属する学年の終わりまで、これを中学校、義務教育学校の後期課程、中等教育学校の前期課程又は特別支援学校の中学部に就学させる義務を負う。
第19条　経済的理由によつて、就学困難と認められる学齢児童又は学齢生徒の保護者に対しては、市町村は、必要な援助を与えなければならない。
第21条　義務教育として行われる普通教育は、教育基本法第5条第2項に規定する目的を実現するため、次に掲げる目標を達成するよう行われるものとする。
一　学校内外における社会的活動を促進し、自主、自律及び協同の精神、規範意識、公正な判断力並びに公共の精神に基づき主体的に社会の形成に参画し、その発展に寄与する態度を養うこと。
二　学校内外における自然体験活動を促進し、生命及び自然を尊重する精神並びに環境の保全に寄与する態度を養うこと。
三　我が国と郷土の現状と歴史について、正しい理解に導き、伝統と文化を尊重し、それらをはぐくんできた我が国と郷土を愛する態度を養うとともに、進んで外国の文化の理解を通じて、他国を尊重し、国際社会の平和と発展に寄与する態度を養うこと。
四　家族と家庭の役割、生活に必要な衣、食、住、情報、産業その他の事項について基礎的な理解と技能を養うこと。
五　読書に親しませ、生活に必要な国語を正しく理解し、使用する基礎的な能力を養うこと。
六　生活に必要な数量的な関係を正しく理解し、処理する基礎的な能力を養うこと。
七　生活にかかわる自然現象について、観察及び実験を通じて、科学的に理解し、処理する基礎的な能力を養うこと。
八　健康、安全で幸福な生活のために必要な習慣を養うとともに、運動を通じて体力を養い、心身の調和的発達を図ること。
九　生活を明るく豊かにする音楽、美術、文芸その他の芸術について基礎的な理解と技能を養うこと。
十　職業についての基礎的な知識と技能、勤労を重んずる態度及び個性に応じて将来の進路を選択する能力を養うこと。

第3章　幼稚園
第22条　幼稚園は、義務教育及びその後の教育の基礎を培うものとして、幼児を保育し、幼児の健やかな成長のために適当な環境を与えて、その心身の発達を助長することを目的とする。
第23条　幼稚園における教育は、前条に規定する目的を実現するため、次に掲げる目標を達成するよう行われるものとする。
一　健康、安全で幸福な生活のために必要な基本的な習慣を養い、身体諸機能の調和的発達を図ること。
二　集団生活を通じて、喜んでこれに参加する態度を養うとともに家族や身近な人への信頼感を深め、自主、自律及び協同の精神並びに規範意識の芽生えを養うこと。

三　身近な社会生活、生命及び自然に対する興味を養い、それらに対する正しい理解と態度及び思考力の芽生えを養うこと。

四　日常の会話や、絵本、童話等に親しむことを通じて、言葉の使い方を正しく導くとともに、相手の話を理解しようとする態度を養うこと。

五　音楽、身体による表現、造形等に親しむことを通じて、豊かな感性と表現力の芽生えを養うこと。

第24条　幼稚園においては、第22条に規定する目的を実現するための教育を行うほか、幼児期の教育に関する各般の問題につき、保護者及び地域住民その他の関係者からの相談に応じ、必要な情報の提供及び助言を行うなど、家庭及び地域における幼児期の教育の支援に努めるものとする。

第25条　幼稚園の教育課程その他の保育内容に関する事項は、第22条及び第23条の規定に従い、文部科学大臣が定める。

第26条　幼稚園に入園することのできる者は、満３歳から、小学校就学の始期に達するまでの幼児とする。

第４章　小学校

第29条　小学校は、心身の発達に応じて、義務教育として行われる普通教育のうち基礎的なものを施すことを目的とする。

第30条　小学校における教育は、前条に規定する目的を実現するために必要な程度において第21条各号に掲げる目標を達成するよう行われるものとする。

2　前項の場合においては、生涯にわたり学習する基盤が培われるよう、基礎的な知識及び技能を習得させるとともに、これらを活用して課題を解決するために必要な思考力、判断力、表現力その他の能力をはぐくみ、主体的に学習に取り組む態度を養うことに、特に意を用いなければならない。

第31条　小学校においては、前条第一項の規定による目標の達成に資するよう、教育指導を行うに当たり、児童の体験的な学習活動、特にボランティア活動など社会奉仕体験活動、自然体験活動その他の体験活動の充実に努めるものとする。この場合において、社会教育関係団体その他の関係団体及び関係機関との連携に十分配慮

しなければならない。

第32条　小学校の修業年限は、６年とする。

第33条　小学校の教育課程に関する事項は、第29条及び第30条の規定に従い、文部科学大臣が定める。

第34条　小学校においては、文部科学大臣の検定を経た教科用図書又は文部科学省が著作の名義を有する教科用図書を使用しなければならない。

2　前項に規定する教科用図書の内容を文部科学大臣の定めるところにより記録した電磁的記録（電子的方式、磁気的方式その他人の知覚によつては認識することができない方式で作られる記録であつて、電子計算機による情報処理の用に供されるものをいう。）である教材がある場合には、同項の規定にかかわらず、文部科学大臣の定めるところにより、児童の教育の充実を図るため必要があると認められる教育課程の一部において、教科用図書に代えて当該教材を使用することができる。

3　前項に規定する場合において、視覚障害、発達障害その他の文部科学大臣の定める事由により教科用図書を使用して学習することが困難な児童に対し、教科用図書に用いられた文字、図形等の拡大又は音声への変換その他の同項に規定する教材を電子計算機において用いることにより可能となる方法で指導することにより当該児童の学習上の困難の程度を低減させる必要があると認められるときは、文部科学大臣の定めるところにより、教育課程の全部又は一部において、教科用図書に代えて当該教材を使用することができる。

4　教科用図書及び第２項に規定する教材以外の教材で、有益適切なものは、これを使用することができる。

第37条　小学校には、校長、教頭、教諭、養護教諭及び事務職員を置かなければならない。

2　小学校には、前項に規定するもののほか、副校長、主幹教諭、指導教諭、栄養教諭その他必要な職員を置くことができる。

3　第１項の規定にかかわらず、副校長を置くときその他特別の事情のあるときは教頭を、養護をつかさどる主幹教諭を置くときは養護教諭を、特別の事情のあるときは事務職員を、それぞれ置かないことができる。

4　校長は、校務をつかさどり、所属職員を監督

する。

5　副校長は、校長を助け、命を受けて校務をつかさどる。

6　副校長は、校長に事故があるときはその職務を代理し、校長が欠けたときはその職務を行う。この場合において、副校長が二人以上あるときは、あらかじめ校長が定めた順序で、その職務を代理し、又は行う。

7　教頭は、校長（副校長を置く小学校にあつては、校長及び副校長）を助け、校務を整理し、及び必要に応じ児童の教育をつかさどる。

8　教頭は、校長（副校長を置く小学校にあつては、校長及び副校長）に事故があるときは校長の職務を代理し、校長（副校長を置く小学校にあつては、校長及び副校長）が欠けたときは校長の職務を行う。この場合において、教頭が2人以上あるときは、あらかじめ校長が定めた順序で、校長の職務を代理し、又は行う。

9　主幹教諭は、校長（副校長を置く小学校にあつては、校長及び副校長）及び教頭を助け、命を受けて校務の一部を整理し、並びに児童の教育をつかさどる。

10　指導教諭は、児童の教育をつかさどり、並びに教諭その他の職員に対して、教育指導の改善及び充実のために必要な指導及び助言を行う。

11　教諭は、児童の教育をつかさどる。

12　養護教諭は、児童の養護をつかさどる。

13　栄養教諭は、児童の栄養の指導及び管理をつかさどる。

14　事務職員は、事務をつかさどる。

15　助教諭は、教諭の職務を助ける。

16　講師は、教諭又は助教諭に準ずる職務に従事する。

17　養護助教諭は、養護教諭の職務を助ける。

18　特別の事情のあるときは、第一項の規定にかかわらず、教諭に代えて助教諭又は講師を、養護教諭に代えて養護助教諭を置くことができる。

19　学校の実情に照らし必要があると認めるときは、第9項の規定にかかわらず、校長（副校長を置く小学校にあつては、校長及び副校長）及び教頭を助け、命を受けて校務の一部を整理し、並びに児童の養護又は栄養の指導及び管理をつかさどる主幹教諭を置くことができる。

第42条　小学校は、文部科学大臣の定めるところにより当該小学校の教育活動その他の学校運営の状況について評価を行い、その結果に基づき学校運営の改善を図るため必要な措置を講ずることにより、その教育水準の向上に努めなければならない。

第43条　小学校は、当該小学校に関する保護者及び地域住民その他の関係者の理解を深めるとともに、これらの者との連携及び協力の推進に資するため、当該小学校の教育活動その他の学校運営の状況に関する情報を積極的に提供するものとする。

第5章　中学校

第45条　中学校は、小学校における教育の基礎の上に、心身の発達に応じて、義務教育として行われる普通教育を施すことを目的とする。

第46条　中学校における教育は、前条に規定する目的を実現するため、第21条各号に掲げる目標を達成するよう行われるものとする。

第47条　中学校の修業年限は、3年とする。

第48条　中学校の教育課程に関する事項は、第45条及び第46条の規定並びに次条において読み替えて準用する第30条第2項の規定に従い、文部科学大臣が定める。

第5章の2　義務教育学校

第49条の2　義務教育学校は、心身の発達に応じて、義務教育として行われる普通教育を基礎的なものから一貫して施すことを目的とする。

第49条の3　義務教育学校における教育は、前条に規定する目的を実現するため、第21条各号に掲げる目標を達成するよう行われるものとする。

第49条の4　義務教育学校の修業年限は、9年とする。

第49条の5　義務教育学校の課程は、これを前期6年の前期課程及び後期3年の後期課程に区分する。

第49条の6　義務教育学校の前期課程における教育は、第49条の2に規定する目的のうち、心身の発達に応じて、義務教育として行われる普通教育のうち基礎的なものを施すことを実現するために必要な程度において第21条各号に掲げる目標を達成するよう行われるものとする。

2　義務教育学校の後期課程における教育は、第49条の2に規定する目的のうち、前期課程における教育の基礎の上に、心身の発達に応じて、

義務教育として行われる普通教育を施すことを実現するため、第21条各号に掲げる目標を達成するよう行われるものとする。

第49条の7 義務教育学校の前期課程及び後期課程の教育課程に関する事項は、第49条の2、第49条の3及び前条の規定並びに次条において読み替えて準用する第30条第2項の規定に従い、文部科学大臣が定める。

第6章 高等学校

第50条 高等学校は、中学校における教育の基礎の上に、心身の発達及び進路に応じて、高度な普通教育及び専門教育を施すことを目的とする。

第51条 高等学校における教育は、前条に規定する目的を実現するため、次に掲げる目標を達成するよう行われるものとする。

一 義務教育として行われる普通教育の成果を更に発展拡充させて、豊かな人間性、創造性及び健やかな身体を養い、国家及び社会の形成者として必要な資質を養うこと。

二 社会において果たさなければならない使命の自覚に基づき、個性に応じて将来の進路を決定させ、一般的な教養を高め、専門的な知識、技術及び技能を習得させること。

三 個性の確立に努めるとともに、社会について、広く深い理解と健全な批判力を養い、社会の発展に寄与する態度を養うこと。

第52条 高等学校の学科及び教育課程に関する事項は、前二条の規定及び第62条において読み替えて準用する第30条第2項の規定に従い、文部科学大臣が定める。

第53条 高等学校には、全日制の課程のほか、定時制の課程を置くことができる。

2 高等学校には、定時制の課程のみを置くことができる。

第54条 高等学校には、全日制の課程又は定時制の課程のほか、通信制の課程を置くことができる。

2 高等学校には、通信制の課程のみを置くことができる。

第56条 高等学校の修業年限は、全日制の課程については、3年とし、定時制の課程及び通信制の課程については、3年以上とする。

第57条 高等学校に入学することのできる者は、中学校若しくはこれに準ずる学校若しくは義務教育学校を卒業した者若しくは中等教育学校の前期課程を修了した者又は文部科学大臣の定めるところにより、これと同等以上の学力があると認められた者とする。

第59条 高等学校に関する入学、退学、転学その他必要な事項は、文部科学大臣が、これを定める。

第7章 中等教育学校

第63条 中等教育学校は、小学校における教育の基礎の上に、心身の発達及び進路に応じて、義務教育として行われる普通教育並びに高度な普通教育及び専門教育を一貫して施すことを目的とする。

第64条 中等教育学校における教育は、前条に規定する目的を実現するため、次に掲げる目標を達成するよう行われるものとする。

一 豊かな人間性、創造性及び健やかな身体を養い、国家及び社会の形成者として必要な資質を養うこと。

二 社会において果たさなければならない使命の自覚に基づき、個性に応じて将来の進路を決定させ、一般的な教養を高め、専門的な知識、技術及び技能を習得させること。

三 個性の確立に努めるとともに、社会について、広く深い理解と健全な批判力を養い、社会の発展に寄与する態度を養うこと。

第65条 中等教育学校の修業年限は、6年とする。

第66条 中等教育学校の課程は、これを前期3年の前期課程及び後期3年の後期課程に区分する。

第67条 中等教育学校の前期課程における教育は、第63条に規定する目的のうち、小学校における教育の基礎の上に、心身の発達に応じて、義務教育として行われる普通教育を施すことを実現するため、第21条各号に掲げる目標を達成するよう行われるものとする。

2 中等教育学校の後期課程における教育は、第63条に規定する目的のうち、心身の発達及び進路に応じて、高度な普通教育及び専門教育を施すことを実現するため、第64条各号に掲げる目標を達成するよう行われるものとする。

第68条 中等教育学校の前期課程の教育課程に関する事項並びに後期課程の学科及び教育課程に関する事項は、第63条、第64条及び前条の規

定並びに第70条第1項において読み替えて準用
する第30条第2項の規定に従い、文部科学大臣
が定める。

第71条　同一の設置者が設置する中学校及び高
等学校においては、文部科学大臣の定めるとこ
ろにより、中等教育学校に準じて、中学校にお
ける教育と高等学校における教育を一貫して施
すことができる。

キャリア教育に関する用語集

　学校でキャリア教育を進める場合、産業や社会の変化に応じて、将来を生きるために求められる能力等を教育課程や教育活動との関連で捉えることが必要になる。これまでの教育関係答申、報告書、研究書等において、キャリア教育およびそれに関連する様々な用語が使われている。

　以下では、本書の理解を助けるために、また、今後の学習および研究のために、答申等の内容を踏まえキャリア教育に関連する用語の意味を整理する。用語の配列は、あいうえお順である。

●アクティブ・ラーニング

　アクティブ・ラーニング（能動的学修）は、当初、大学教育の質的転換を図るため、大学の授業での積極的導入が目指された。2012（平成24）年8月の中央教育審議会答申（大学教育の質的転換答申）では、「教員による一方向的な講義形式の教育とは異なり、学修者の能動的な学修への参加を取り入れた教授・学習法の総称。学修者が能動的に学修することによって、認知的、倫理的、社会的能力、教養、知識、経験を含めた汎用的能力の育成を図る。発見学習、問題解決学習、体験学習、調査学習等が含まれるが、教室内でのグループ・ディスカッション、ディベート、グループ・ワーク等も有効なアクティブ・ラーニングの方法である」とされた。

　今日では、小・中・高等学校の教育において、主体的に学ぶ力を育て、将来にわたって必要なスキルを身に付けさせる学習法としてアクティブ・ラーニングが重視されている。その方法としては、問題解決型の学習をはじめ、調査探究学習、グループ学習、ディベート、プレゼンテーション等が取り入れられる。

●アフォーダンス（affordance）

　アフォーダンスとは、所与の環境の中で適合的に遂行されていく人の行動ならびにその特性のことと説明される。アフォーダンスは、人と物との関係性が、自然にある行為に誘導されていくことを意味している。近年、建築・設備関係のデザインの領域で、このような意味に使われることが多い。

●イノベーションの創出

　イノベーション（innovation）とは、これまでの技術を統合・結合して新しい技術を生み出したり、経済活動の中で企画の新機軸を打ち出したり新しい活用法を創造したり、新しい価値を生み出したりすることをいう。イノベーションの創出により、社会的に大きな変化を起こすことを指していう場合が多い。

　経済産業省の『平成29年版 通商白書～自由貿易、イノベーション、包摂的成長を支える新しい通商政策へ～』では、我が国のイノベーションの創出に向けた課題として、次の3点を挙げている。⑴ 第4次産業革命といわれる今日、個人がより人材としての能力・スキルを絶え間なく向上させていくこと、人的投資を個人レベル、企業レベルさらに社会レベルでのシステムを構築していく必要があること。⑵ 個人と個人、企業と企業あるいは産業と産業間の交流を促進してイノベーション創出力を高めるためにオープン・イノベーションに向けた取り組みが重要となること。⑶ より高度な知識・経験を持った人材や企業を日本国内に取り組むため、内なる国際化として高度人材の受け入れや対内直接投資拡大もさらに進めていく必要があること。

　なお、オープン・イノベーションとは、部外から新たな技術やアイデアを募集しそれを集約して、革新的な新製品やサービス、またはビジネスモデルを開発するイノベーションのことである。

●インターンシップ

　高校生または大学生等が、在学中に一定期間、企業等で自分の専門や関心のある分野の就業体験を行うこと。大学生の場合は、企業等が設けているインターンシップの機会に自ら応募して体験することも行われているが、高校生の場合は、学校と企業等が、双方の協定を結びインターンシップを制度的に実施することが多い。インターンシップによる就業体験を行うことで、職業や仕事の内容に関する理解を深めるとともに、将来の職業に関する目的が明確になったり、現在の自分の課題が現実を通して分かったりする効果が期待できる。

●ESD（Education for Sustainable Development：持続可能な開発のための教育）

　ESDとは、環境、人権、平和、開発といった様々な現代的課題に取り組み、持続可能な社会づくりの担い手を育てるための教育である。これらの現代的課題を自らの問題として捉え、身

近なところから取り組む（think globally, act locally）ことを趣旨としている。ESDの主要目標として、環境、経済、社会等の面において持続可能な将来が実現できるような価値観と行動の変革をもたらすことが掲げられている。ESDの推進校として、ユネスコスクールが、環境、平和、人権などをテーマとした様々な活動を行っている。

●EdTech（エドテック）

EdTechとは、Education（教育）とTechnology（テクノロジー）を組み合わせた用語で、ITなどを駆使することによって教育を飛躍的に発展させることを目指す取り組みやその潮流をいう。今日、インターネットなどを活用したオンラインシステムにより、企業が提供する教育サービスが拡大しており、そのシステムや取り組みの動向を指すことが多い。

●SDGs（Sustainable Development Goals：持続可能な開発目標）

SDGs（エス・ディー・ジーズ）とは、2001（平成13）年に策定されたMDGs（ミレニアム開発目標）の後継として、2015の国連サミットで採択された国際目標である。2030年までに経済・社会・環境のバランスを重視して後世へつなげていくことができる持続可能な世界を実現するための17の分野別目標（グローバル目標）と169の達成基準（ターゲット項目）から構成されている。

SDGsでは、地球上の誰一人として取り残さない（leave no one behind）ことを基本的な考えとし、貧困をなくすこと、人や国の不平等をなくすこと、全ての人に健康と福祉を、産業と技術革新の基盤をつくることなどの目標が立てられている。SDGsの取り組みは、発展途上国を対象とするのみならず、先進国自身が積極的に取り組む普遍的なものであるとされる。

●SPI

SPI（Synthetic Personality Inventory）は、採用試験等の受験者に対して、職務適性および職務遂行能力を測定する心理テストである。リクルート社が開発したテストで、マークシート方式により受験者の職務適性や文章理解能力などの基礎的な職務遂行能力を測定することができる。

●学力の3要素

学校教育の目的を実現するために、特に力を注ぐ点として、学校教育法第30条第2項は、「生涯にわたり学習する基盤が培われるよう、基礎的な知識及び技能を習得させるとともに、これらを活用して課題を解決するために必要な思考力、判断力、表現力その他の能力をはぐくみ、主体的に学習に取り組む態度を養うことに、特に意を用いなければならない」と規定している。ここに示された①基礎的な知識・技能、②思考力・判断力・表現力等の能力、③主体的に学習に取り組む態度を学力の3要素といい、今後における授業改善の指針となっている。

2017（平成29）年改訂の学習指導要領によって育成を目指す資質・能力は、次のように、学力の3要素に対応させた3つの柱として構成されている。①何を知っているか、何ができるか（個別の知識・技能）、②知っていること・できることをどう使うか（思考力・判断力・表現力等）、③どのように社会・世界と関わり、よりよい人生を送るか（学びに向かう力、人間性等）。

●課題対応能力

課題対応能力は、中央教育審議会答申「今後の学校におけるキャリア教育・職業教育の在り方について」（2011.1.31）で提言された基礎的・汎用的能力の一つである。この能力は、仕事をするうえでの様々な課題を発見・分析し、適切な計画を立ててその課題を処理し、解決することができる力とされている。

今日、社会の情報化に伴い、情報および情報手段を主体的に選択し活用する力を身に付けることが重要になっている。知識基盤社会の到来やグローバル化等を踏まえ、従来の考え方や方法にとらわれずに物事を前に進めていくためにも必要な力である。この能力の具体的な要素としては、情報の理解・選択・処理、本質の理解、原因の追究、課題発見、計画立案、実行力、評価・改善等が挙げられている。

●学校から社会・職業への移行

学校を卒業し、就職することによって職業生活を営み社会的に自立していくことであり、職業選択から職業決定へ、採用試験から採用決定へ、卒業から就職へ、就職先への適応などのプロセスに焦点を当て、実態や課題を明らかにすることである。学校卒業後は、社会・職業への円滑な移行が重要であるが、様々な課題が生じる場合もある。学校から社会・職業への移行の問題の一つとして、高校生・大学生等の就職希

望先として大企業への希望が多く、我が国の産業を支える中小企業を志向しない傾向も見られる。このため、中小企業では十分な新規学卒者を確保できないという現状もある。

● カリキュラム開発

　カリキュラム開発は、教師、学校、教育研究者、教育行政機関、国などが、教育の目的、内容、方法、評価など、教授学習活動に必要な要素を新たに組織編成し創りあげることである。カリキュラム開発は、新しいカリキュラムを創り出すことをいうが、用語に開発という言葉を使うのは、それがより主体的かつ包括的な営為を意味する概念であるからである。

　カリキュラム開発という言葉には、各学校での実践を通してカリキュラムの成否を絶えず検証し、完成度の高いカリキュラムを追求するという意味合いがある。そのためのより有効なカリキュラム開発の手順や方法を明らかにするという基本理念が根底にある。

● カリキュラム・マネジメント（カリキュラム経営）

　カリキュラム・マネジメントは、開発編成したカリキュラムを学校教育目標のより良い達成を目指して、意図的・計画的に実施、評価、改善していく組織的な営みである。その際、学校の特色化を目指した学校経営の戦略（ストラテジー）のもとに、カリキュラムを一層意図的・計画的に推進することも考慮される。カリキュラム・マネジメントは、カリキュラムのPDCAとその推進に関する条件整備活動であり、特に、組織連携、地域連携、教科等横断的視点を考慮することが求められる。

　各学校では、より効果的なカリキュラムを実現するために、実施中のカリキュラムを評価検討し、改善していかなければならない。カリキュラム・マネジメントの方法をプロセスとして示せば、カリキュラムの開発→編成→計画（P）→実施（D）→評価（C）→改善（A）となるが、これを単なるプロセスとして捉えるのではなく、学校の特色化を目指す学校経営の活性化の方策と連動させて進めることが肝要である。特に、各教科における基礎・基本の学習と総合的な学習の時間等における学習内容との関連を図り、教員の組織的で協働的な指導により、児童生徒の総合的な学力や資質・能力を伸ばしていくことが、カリキュラム・マネジメントの重要な目標になる。

● カリキュラム評価

　カリキュラム評価とは、各学校が、実施したカリキュラムの成果を適切な観点から評価することである。カリキュラム評価の実施レベルには、地方教育委員会が管轄する学校におけるカリキュラムの実施状況に対して行うものと、各学校が自校で実施しているカリキュラムの成果に対して行うものとがある。各学校で行うカリキュラム評価は、学校評価（学校自己評価、学校関係者評価）の一部として行われている。ここで、学校自己評価は、自校の教職員が自校の教育活動や学校運営の状況に対して行うものであり、学校関係者評価は、学校評議員等外部の関係者が学校自己評価の結果を踏まえて、教育活動や学校運営の状況に対して行うものである。

● キー・コンピテンシー

　中教審答申（2008.1.17）では、「知識基盤社会」の時代を担う子どもたちに必要な能力として、OECD（経済協力開発機構）が明らかにした主要能力（キー・コンピテンシー）を取り上げている。キー・コンピテンシーは、OECDによるPISA調査の概念的な枠組みである。PISA調査は、「単なる知識や技能だけではなく、技能や態度を含む様々な心理的・社会的なリソースを活用して、特定の文脈の中で複雑な課題に対応することができる力」を調べることを目的とした国際調査である。それらの力は、①社会・文化的、技術的ツールを相互作用的に活用する力、②多様な社会グループにおける人間関係形成能力、③自立的に行動する能力、という3つのカテゴリーで構成されている。

　こうしたキー・コンピテンシーの育成は、国際的な動向として重要視されているところであり、2017（平成29）年改訂学習指導要領の趣旨を踏まえた学校教育の展開においても、今後重要な能力概念になるといえる。

● 基礎的・汎用的能力

　基礎的・汎用的能力は、中央教育審議会答申「今後の学校におけるキャリア教育・職業教育の在り方について」(2011.1.31)で提言されたキャリア教育が目指す基本的な能力である。

　従来、キャリア発達に関わる諸能力について、「4領域8能力」がキャリア教育の枠組みの例として用いられてきた。しかし、これらの能力は例示であるにもかかわらず固定的に用いられ

る傾向が見られたこと、高校までの能力を想定していたため生涯を通じて育成する能力という観点が薄かったこと、等の理由から見直しが図られた。その結果、分野や職種にかかわらず、社会的・職業的に自立するために必要な基盤となる能力が、基礎的・汎用的能力として再構成された。

基礎的・汎用的能力は、「人間関係形成・社会形成能力」「自己理解・自己管理能力」「課題対応能力」「キャリアプランニング能力」の4つの能力を柱として構成されている。これらの能力は、仕事に就く場合に実際の行動として表れる力を重視したものである。基礎的・汎用的能力という名称については、キャリア発達に関する基礎的能力と、その基礎的能力を広く活用していく汎用的能力の双方が必要であることから、両者を一体的なものと捉えた名称になっている。4つの能力は、それぞれが包括的な能力概念であり、相互に関連した相補的関係にある。

●帰納的教育手法

帰納的教育手法とは、松本大学で行われている課題解決能力育成のための学びの手法である。学生が地域へ入り現実の課題を調査・観察した後、大学に戻り討論・図書館での文献調査・教員の助言等により納得できるまで学びを深める。その後、再度地域の場に出て調査・観察する。この往還を繰り返すことにより、問題が徐々に抽象化され、本質の理解が進み、問題の枠組みや構造が見えてくる。これは、学生が現実の問題の背後を大学知・研究知との関係で捉え、関係構造として理解する理論化のプロセスである。こうして、学生自らが解決に関わり、主体性、実践性、創造性を備えた根本的解決策の提示が可能となる。

松本大学が、学生主体の地域連携活動を展開する中で、学生が大学の場で行う調査研究活動と地域という場で行う地域連携活動とを往還させていくプロセスが、研究者が行っている研究活動のプロセスとアナロジー的構造を持つことに着目した住吉廣行第3代学長によって、この言葉が生み出された。

●キャリア

キャリアという言葉は、一般に個人の経歴を意味するが、学校で行われるキャリア教育では、キャリアという言葉の意味が比較的広く捉えられている。キャリア教育で、キャリアという言葉を用いるときの意味としては、次の定義が一般的である。すなわち、キャリアの意味は、「個々人が生涯にわたって遂行する様々な立場や役割の連鎖及びその過程における自己と働くこととの関係付けや価値付けの累積」(キャリア教育の推進に関する総合的調査研究協力者会議報告書「児童生徒一人一人の勤労観、職業観を育てるために」2004年1月28日)であるとされる。

キャリアには、学校、職業、家庭、市民生活等の全ての生活の中で個人が経験する様々な仕事や役割が含まれる。学校での自主的活動やボランティア活動などの多様な活動による経歴なども、キャリアの意味に含まれることになる。

●キャリア・アドバイザー

就職希望者に対して、職業や職業情報の紹介、就職試験のアドバイスなど、職業を探すことを支援する専門家のことをいう。単なるアドバイスだけでなく、企業に対する人材紹介、人材派遣を含めて行っている場合もある。また、就職関係の相談だけでなく、広く進学や将来の職業選択も含めてキャリア形成の相談に対応する専門家を指すこともある。

●キャリア開発

社会生活や職業生活を営むうえで必要となる能力を向上させたり、新たに身に付けたりすることをいう。人間関係、コミュニケーション、プレゼンテーションなどの一般的能力から、特定の資格取得まで、様々な領域での能力向上・開発が行われている。基本的には、一定のプログラム(研修)を受講・修了することにより、目的とする能力を高めることをいう。

●キャリア・カウンセラー

一定の資格のもとに、キャリア・カウンセリングを担当する専門家のこと。キャリア・カウンセラーは、進路に関する問題を心理的側面から支援し、相談者のキャリア発達を促す活動を行うのが主な仕事になる。キャリア・カウンセラーは、相談者の悩みを聴きながら、相談者の経歴、資格、特技などを確かめつつ、相談者の適性や能力に相応しい職業分野について、相談者とともに考え助言していく。必要に応じて、相談者の適性の発見、キャリアシートの書き方、面接の受け方、自己PRの仕方などについても助言する場合がある。

キャリア・カウンセラーの資格認定機関は10団体以上ある。個々の団体によって、資格名が

異なっているが、厚生労働省指定のキャリア・コンサルタントなどが代表的な資格になる。また、産業領域での支援を行う資格として、社団法人日本産業カウンセラー協会認定の産業カウンセラーとその上位資格であるシニア産業カウンセラーがある。

● キャリア・カウンセリング

個々の生徒を対象として、進路に関する相談を通して、生徒のキャリア形成を支援する活動のことをいう。キャリア・カウンセリングは、基本的には、専門のキャリア・カウンセラーが担当する相談活動であり、生徒の自己理解を深め、進路や職業を通した自己実現を促していく活動である。生徒が自己のキャリア開発への関心や意識を高め、キャリア・カウンセラーのアドバイスで実行に移していくことで、生徒のキャリア形成を支援することを目的としている。必要に応じて、キャリアシートの作成、面接の受け方、自己PRの仕方などの具体的な指導を行うこともある。

● キャリア・ガイダンス

一般に、進路や職業に関する情報提供、解説、助言を主とする説明活動を集団に対して行うことをキャリア・ガイダンスという。キャリア・ガイダンスを適切に行うことによって、生徒集団の進路情報や進路意識が高まる効果が期待できる。キャリア・ガイダンスは、集団に対して行う場合が多いが、必要に応じて個々の生徒に対して行う場合もある。また、キャリア・カウンセリングの相談者に対して、相談者の状況に応じて、カウンセリングから相談者へのガイダンスに切り替えることもある。

● キャリア教育

キャリア教育の定義は複数あるが、答申等では次のように説明されている。すなわち、「望ましい職業観・勤労観及び職業に関する知識や技能を身に付けさせるとともに、自己の個性を理解し、主体的に進路を選択する能力・態度を育てる教育」(中央教育審議会答申「初等中等教育と高等教育との接続の改善について」1999年12月16日)とされている。また、次の定義もよく使われる。

「『キャリア』概念に基づき『児童生徒一人一人のキャリア発達を支援し、それぞれにふさわしいキャリアを形成していくために必要な意欲・態度や能力を育てる教育』ととらえ、端的

には、『児童生徒一人一人の勤労観、職業観を育てる教育』」(キャリア教育の推進に関する総合的調査研究協力者会議報告書「児童生徒一人一人の勤労観、職業観を育てるために」2004年1月28日)とされている。

さらに、「『キャリア教育』とは、『一人一人の社会的・職業的自立に向け、必要な基盤となる能力や態度を育てることを通して、キャリア発達を促す教育』である。キャリア教育は、特定の活動や指導方法に限定されるものではなく、様々な教育活動を通して実践されるものであり、一人一人の発達や社会人・職業人としての自立を促す視点から、学校教育を構成していくための理念と方向性を示すものである」(中央教育審議会答申「今後の学校におけるキャリア教育・職業教育の在り方について」2011年1月31日)とされている。

● キャリア教育コーディネーター

キャリア教育を推進していく際に、学校と地域との連絡・調整役として学校を支援する役割を担うのがキャリア教育コーディネーターである。キャリア教育コーディネーターは、学校が立てたキャリア教育の年間計画に沿って、地域の事業所・外部機関との連絡・調整、外部講師に関する学校への情報提供、日程の調整など、学校と外部をつなぐ役目を担当したり、キャリア教育に関する当日の教育活動を支援したりする。

● キャリア教育と職業教育

文部科学省(中教審キャリア教育・職業教育特別部会)の資料では、キャリア教育と職業教育との違いを次のように説明している。まず、キャリア教育は、「社会的・職業的自立に向け、必要な知識、技能、態度を育む教育」であるとしている。次いで、職業教育は、「一定のまたは特定の職業に従事するために必要な知識、技能、態度を育む教育」としている。

ここで、同資料では、上記のキャリア教育の定義に関する説明として、「職業的自立」は家庭人や市民等としての自立とともに「社会的自立」に含まれるとしつつ、その重要性にかんがみ、「社会的・職業的自立」という用語を用いている。したがって、職業教育は、職業的自立に資する教育であり、キャリア教育に含まれることになる。

●キャリア教育と進路指導

　キャリア教育の定義から分かるように、キャリア教育は幼児期から高等教育まで、キャリア発達を促したりキャリア形成を支援したりする指導である。そのため、キャリア教育は、幼児期から高等教育までの長い期間で発達段階に応じた指導が必要であるが、進路指導は具体的な進路目標を定める時期から本格化する。この点に、キャリア教育と進路指導の違いがある。

　キャリア教育は、進路の選択・決定に関わる直接的な進路指導だけでなく、生徒の発達段階に応じた小学校段階からのキャリア発達を促す指導を含んでいる。キャリア教育は、生徒のキャリア発達を促しキャリア形成を支援する教育活動であることから、進路指導はキャリア教育に包含されるといえる。

●キャリア形成

　自己の人生を主体的に設計し、進路を選択決定していくことにより進路が形づくられていくことをいう。キャリア発達のプロセスと結果により、キャリア形成がなされていくことになる。本人が、結果として歩んできた人生の系列という意味以上に、本人が主体的に選択してきた経験、進路、職業などの履歴をいう。学校の教育活動として行うキャリア教育においては、児童生徒にとって将来の進路や職業選択の基礎となる有意義なキャリア形成を積み重ねることが重要である。

●キャリア・コンサルタント

　企業等の人材育成を支援するために、能力向上・開発に関する課題を明らかにし解決に協力する有資格の専門家のことである。企業等に対して、組織全体の力を高めたり、組織改善を行うためのアドバイスを行ったり、企業内研修を担当したりするのが仕事である。企業の人材育成に関係する領域をはじめ、再就職支援、地域活性化、学校教育など、多方面に活動領域が広がっている。2002（平成14）年から、厚生労働省が指定した機関が、キャリア・コンサルタントの資格認定を行っている。

●キャリア・コンサルティング

　キャリア・コンサルタントが行う相談および支援活動をいう。主に、企業等の職業人に対して、本人の適性や職業経験等に応じて、職業生活の設計とそれに基づいた職業選択や能力開発を効果的に行うための相談・支援活動をいう。離転職者に対して、同様の相談・支援活動を行うことも多い。

●キャリア・ショック

　自分が積み上げてきたキャリアや描いてきたキャリアの将来像が、想定外の環境変化や状況変化によって短期間のうちに崩壊してしまう状態をいう。変化が激しく複雑化・多様化している現代社会では、キャリア・ショックといわれる危機的状況に陥るリスクが高まっている。リアリティ・ショックが、キャリアに限らず、新しい立場における自己の想定と現実との相違を表すのに対して、キャリア・ショックは、これまで積み上げてきた経歴や履歴など職業との関係で用いられる。

●キャリア・ステージ

　キャリア・ステージとは、企業等の組織内における職務内容や役割分担のレベルを示す概括的な段階のことである。人は、職業に就くと職務を行いながら次第に職務遂行能力が向上し、職能発達を遂げていく。職務遂行能力、職能発達、職位等の程度に応じた大きな枠組みとしての段階をキャリア・ステージという。

●キャリア転機

　人生の途中で、職業や仕事を自ら変えたり、異動や昇進で職位が変わったりすることがある。また、仕事上の立場や環境の変化に応じて、職業に関する自らの意識や行動様式を変えることがある。こうした職業や仕事上の変化が、人生の大きな変化につながることをキャリア転機という。人々の価値観の多様化や雇用の流動化が進みつつある現在、キャリア転機の機会は多くなっている。

●キャリア発達

　キャリア発達は、キャリア教育を行う場合の基本的な概念である。キャリア発達の意味は、次のように説明されている。「生涯にわたり、社会の中で自らが果たす役割や生き方を展望し、実現していく過程を意味する」（文部科学省『キャリア教育推進の手引』2006年11月）

　キャリア発達は、進路選択、進路実現、職業意識など進路に関する諸能力は、年齢や成長に応じて発達していくという考え方である。成人が持つ確固とした職業意識は、最初から誰にでも備わっているのではなく、子どもが進路に対する漠然とした夢やあこがれを持つ段階から、年齢が上がるとともに経験の積み重ねにより、

徐々に明確な進路意識や職業意識として発達していくという考え方である。キャリア発達は、職業に関する意識や能力の発達のみならず、生涯における生き方や社会的役割を含めて捉えられることが多いのが特徴といえる。

● キャリアパス（career path）

　職場内で、ある職位や職務に就任するためにたどってきた経歴や履歴をいう。本人がどのような道筋をたどってキャリアアップしてきたか、どのように職務上必要な能力を向上させてきたかを示す経歴である。基本的に、職場内での昇進や異動の際の判断として使われる言葉であるが、さらに意味を広げてある職業に就くためにどのような職業経験や経歴をたどってきたかを含めていうこともある。

● キャリア・パスポート

　キャリア・パスポートは、キャリア教育の中で児童生徒が自らの学びの履歴を記したり証明したりする資料等を一冊にしたものである。中央教育審議会答申「幼稚園、小学校、中学校、高等学校及び特別支援学校の学習指導要領等の改善及び必要な方策等について」（2016.12.21）で、キャリア・パスポートの活用が提言された。キャリアノート、キャリア教育ノートなどの名称で、学習や課外活動の状況を記録したり、ワークシートとして用いたりしているのも同様である。

　同答申では、キャリア・パスポートの「パスポート」とは、「旅券」という本来の意味を超えて、学びの履歴を積み重ねていくことにより、過去の履歴を振り返ったり、将来の学びの予定を考え積み重ねたりしていくことを支援する仕組みを指すものとしている。

● キャリア・プラトー

　組織内で昇進・昇格の可能性に行き詰まったり、職務がマンネリ化したりしてモチベーションが低下している状態が続いていることをキャリア・プラトーという。プラトー（plateau）とは、高原または台地の意味である。キャリア・プラトーは、職場内の地位や職能発達が高原状態に達してしまい、職務的にも精神的にも停滞期に陥っている状態である。

　教員の場合も、中年期の教員が管理職への登用の見込みがない場合などに陥りやすいとされる。学校組織全体の活力を向上させるために、キャリア・プラトーの状態に陥っている教員の

モチベーションをいかに高めるかは、学校経営上の課題でもある。

● キャリアプランニング能力

　キャリアプランニング能力は、中央教育審議会答申「今後の学校におけるキャリア教育・職業教育の在り方について」（2011.1.31）で提言された基礎的・汎用的能力の一つである。この能力は、「働くこと」の意義を理解し、自らが果たすべき様々な立場や役割との関連を踏まえて「働くこと」を位置付け、多様な生き方に関する様々な情報を適切に取捨選択・活用しながら、自ら主体的に判断してキャリアを形成していく力とされている。ここで、「プランニング」の意味は、単なる計画の立案や設計だけでなく、それを実行し、場合によっては修正しながら実現していくことを含むとされている。

　この能力は、社会人・職業人として生活していくために生涯にわたって必要となる根幹的な能力である。具体的な要素としては、学ぶこと・働くことの意義や役割の理解、多様性の理解、将来設計、選択、行動と改善等が挙げられている。

● 教員育成指標

　教員育成指標は、教員の職責、経験および適性等に応じて向上を図るべきとされる資質能力に関する指標である。中央教育審議会答申「これからの学校教育を担う教員の資質能力の向上について～学び合い、高め合う教員育成コミュニティの構築に向けて～」（2015.12.21）によって、教員育成指標の策定が提言された。これを受け、2017（平成29）年4月に改正教育公務員特例法が施行され、任命権者（教育委員会等）は、教育委員会と関係大学等とで構成する教員育成協議会を組織し、文部科学大臣が定めた教員の資質向上に関する指針を参酌しつつ、校長および教員の育成指標の策定が義務付けられた。以来、都道府県教育委員会等が、教員のキャリア・ステージに応じた教員育成指標を定めている。同様に、校長についても校長育成指標が定められている。

● 勤労観・職業観

　勤労観・職業観は、国立教育政策研究所生徒指導研究センター「児童生徒の職業観・勤労観を育む教育の推進について」（調査研究報告書、2002年11月）が次のように定義を示している。すなわち、「『職業観・勤労観』は、職業や勤労

についての知識・理解及びそれらが人生で果たす意義や役割についての個々人の認識であり、職業・勤労に対する見方・考え方、態度等を内容とする価値観である。その意味で、職業・勤労を媒体とした人生観ともいうべきものであって、人が職業や勤労を通してどのような生き方を選択するかの基準となり、また、その後の生活によりよく適応するための基盤となるものである」と定義している。この報告書は、小学校、中学校、高等学校の一貫した系統的な進路指導の在り方について検討したものである。

● シチズンシップ教育 （Citizenship Education）

複雑化する現代社会では、若者が、社会や政治・経済の仕組みを理解し、社会の動きに関心を持ちながら積極的に社会参加を行う能力・態度を育成する教育が求められている。シチズンシップ教育は、社会の一員として地域や社会の課題に対して積極的に関わりつつ、自己実現を行い、他者との適切な関係を築き、よりよい社会づくりに参加していくために、必要な能力を身に付けさせる教育である。

なお、公民教育との違いは、公民科が、教科として政治や経済の仕組みを学習することを主な目的にしているのに対し、シチズンシップ教育では、実際的な社会参加にまで教育活動を行い、より広く社会と関わっていくことにあるとされる。

● 社会関係資本 （social capital）

社会関係資本とは人的ネットワークによってもたらされる規範や信頼を意味し、人々の間を取り結ぶ絆や信頼関係など、人々相互の関係性に生じる価値のことである。社会で活用し得る資本には、経済資本、文化資本、社会関係資本がある。経済資本は資産や資金であり、文化資本は家庭や集団内における文化的価値のあるものの総体である。社会関係資本は、人脈、人間関係など人と人のつながりが生み出す力である。社会における人と人とのつながりが、経済資本と同じように、社会的な力を生み出すことをいう。社会関係資本には、集団内の人間関係を強める結束型と集団間を結ぶ橋渡し型のタイプがあることが明らかにされている。

これらの資本は、相互に影響を与え合い、親から子へ受け継がれたり、組織に受け継がれたりして、その発展に大きな影響を及ぼす。学校に関わる様々な社会関係資本を活用すること

は、教育効果につながることが知られている。

● 社会人基礎力

社会人基礎力とは、職場や地域社会で多様な人々と仕事をしていくために必要とされる基礎的な力である。経済産業省が、2006（平成18）年から社会人基礎力の育成を提唱してきたものである。その内容は、「前に踏み出す力（アクション）」、「考え抜く力（シンキング）」、「チームで働く力（チームワーク）」の3つの能力からなり、それぞれの能力を構成する合計12の能力要素がある。3つの能力を構成する12の能力要素とは、それぞれ、［主体性、働きかけ力、実行力］、［課題発見力、計画力、創造力］、［発信力、傾聴力、柔軟性、状況把握力、規律性、ストレスコントロール力］である。

企業や社会人を取り巻く環境の変化により、従来の基礎学力と専門知識に加えて、それらを活用していくための社会人基礎力を積極的に育成していくことが重要になっている。社会人基礎力は、主に企業の人材採用や大学生の能力育成に生かされているが、教員研修や高校教育においても重視されるようになっている。

● 社会的・職業的自立

人が社会人および職業人として、社会における役割を自主的かつ積極的に果たし、職業生活を営むことによって自立していること。複雑化し多様化した現代の社会では、若者が社会的・職業的に自立するために、学校から社会・職業への円滑な移行に向けた支援が重要である。こうした支援については、各学校がキャリア教育を積極的に推進するとともに、様々な関係機関が連携して取り組んでいくことが必要である。

中央教育審議会答申（2011.1.31）では、「一人一人の社会的・職業的自立に向け、必要な基盤となる能力や態度を育てることを通して、キャリア発達を促す教育が『キャリア教育』である」と述べて、キャリア教育の目的が、社会的・職業的自立に向けての基礎的な能力を養うことにあることを示している。同答申により、キャリア教育が目指す能力育成の方向として、社会的・職業的自立に関する基礎的な力を養うという基本的方向性が強くなった。

児童生徒の社会的・職業的自立に向けての基盤となる資質・能力は、発達課題の達成と関わりながら、段階を追って身に付いていくものである。キャリア教育においても発達の段階を踏

まえながら、社会的・職業的自立の力を育てていくことが重要になる。

●社会に開かれた教育課程

「社会に開かれた教育課程」は、中央教育審議会答申（2016.12.21）で提唱され、2017（平成29）年改訂学習指導要領の理念となった考えであり、児童生徒に将来必要となる力の育成を地域社会との連携および協働を通じて実現していくことを目指すものである。「社会に開かれた教育課程」の考えは、次の3つの要素から構成されている。

① 社会や世界の状況を幅広く視野に入れ、よりよい学校教育を通じてよりよい社会を創るという目標を持ち、教育課程を介してその目標を社会と共有していくこと。

② これからの社会を創り出していく子供たちが、社会や世界に向き合い関わり合い、自らの人生を切り拓いていくために求められる資質・能力とは何かを、教育課程において明確化し育んでいくこと。

③ 教育課程の実施に当たって、地域の人的・物的資源を活用したり、放課後や土曜日等を活用した社会教育との連携を図ったりし、学校教育を学校内に閉じずに、その目指すところを社会と共有・連携しながら実現させること。

●主権者教育

今日における主権者教育とは、社会の中で自立し、他者と連携・協働しながら、社会を生き抜く力や地域の課題を解決する力を社会の構成員の一人として主体的に担う力を養うための教育である。主権者教育は、生徒が社会参加するために必要な知識、技能、価値観を身に付ける教育であり、その内容として、市民と政治との関わりを学ぶことが中心となる。その場合、単に政治の仕組みについて必要な知識を習得させるだけでなく、主権者として必要な能力を育みつつ、生徒に地域の良さや愛着の気持ちを育て、地域の振興に参画する活動を取り入れるよう配慮することが重要である。

なお、主権者教育に近い概念として、シチズンシップ教育がある。シチズンシップ教育は、生徒が、市民としての義務と権利を学ぶとともに、生徒の公共意識を育み、市民として十分な役割を果たすことができる力を育成する教育である。主権者教育は、シチズンシップ教育に含

まれると考えられる。

●主体的・対話的で深い学び

2017（平成29）年の学習指導要領改訂に際して、当初、アクティブ・ラーニングという用語で説明されていた学習方法は、学習が一面的な活動のみに終始することがないように、「主体的・対話的で深い学び」と表現されるようになった。ここで、「主体的な学び」とは、学ぶことに興味や関心を持ち、自己のキャリア形成の方向性と関連付けながら、見通しを持って粘り強く取り組み、自らの学習活動を振り返って次につなげる学びである。「対話的な学び」とは、児童生徒同士の協働、教師や地域の人との対話、先哲の考え方を手掛かりに考えること等を通じ、自らの考えを広げ深める学びである。そして、「深い学び」とは、習得・活用・探究の見通しの中で、教科等の特質に応じた見方や考え方を働かせて思考・判断・表現し、学習内容の深い理解につなげる学びである。

主体的・対話的で深い学びの実現を目指すためには、生涯にわたって続く学びの本質を捉えながら、授業の工夫・改善を重ねることが重要である。

●職業カウンセリング

キャリア・カウンセリングとほぼ同義であるが、職業や能力開発の側面に重点を置いたカウンセリングをいう。職業カウンセリングの対象は、基本的に職業人や社会人など職業に就いている人である。職業人や社会人に対して、職業や仕事への適応、職場での人間関係、職業への適性や能力発達、転職や職業選択などに関する問題について、相談活動を行う。

●職業的社会化

一般に、社会化とは、個人が集団の構成員となるために必要な規範・価値意識・行動様式等を身に付けていく過程をいう。職業的社会化とは、職業的の地位や年齢・経験年数に見合う役割に十分応え得る規範・価値意識・行動様式等を身に付けることである。人は、職業的社会化の過程で、その職業、その人なりの職業的アイデンティティを形成していく。

●職業的成熟

職業的成熟とは、ある職業についての経験や技術に関する熟達の程度である。各年齢段階や従事した年数に応じて、持っているべきと期待されるスキルの程度と本人の現状との比較で判

断される。職業的成熟より広い概念として、キャリア発達課題に対しての本人の到達の程度を考える場合は、キャリア成熟という言葉が使われる。職業選択やこれからのキャリアを考える場合などでは、直面する課題に対して、本人が持っているレディネスを含めて判断される。

●職業的発達

職業に関わる選択は、一時的なものではなく、その時々の選択と意思決定が繰り返し発達的に行われていくという考えに基づく。職業的発達の基本的な段階としては、児童期（自由な空想や夢を抱く空想期、学校の学習で職業や仕事の種類と内容を知る時期）、青年期前期（自己の能力や価値観を理解し、将来の職業について明確になる時期）、青年期後期（職業の選択肢を探索し、具体的に職業に必要な能力を理解し、その基礎能力を身に付けたり、実際に仕事を体験しながら専門性の基礎を身に付けたりする時期）といった段階をたどる。

こうした職業的発達は、D.E.スーパーによれば、①職業的発達は常に前進する継続的な一般に後戻りのできない過程である、②職業的発達には順次性があり類型化でき予測できる一つの過程である、などの特徴がある。

●自己理解・自己管理能力

自己理解・自己管理能力は、中央教育審議会答申「今後の学校におけるキャリア教育・職業教育の在り方について」(2011.1.31)で提言された基礎的・汎用的能力の一つである。この能力は、自分が「できること」「意義を感じること」「したいこと」について、社会との相互関係を保ちつつ、今後の自分自身の可能性を含めた肯定的な理解に基づき主体的に行動すると同時に、自らの思考や感情を律し、今後の成長のために進んで学ぼうとする力とされている。

自己理解能力は、生涯にわたり多様なキャリアを形成する過程で常に深めていくものである。この能力の具体的な要素としては、自己の役割の理解、前向きに考える力、自己の動機付け、忍耐力、ストレスマネジメント、主体的行動等が挙げられている。

●ジョブカフェ

若年層の就職支援のための様々な方策を一括して行う施設や方法のこと。ジョブカフェでは、就職情報の提供、キャリア・カウンセリングなどの相談活動、就職支援セミナー、職業紹介など、多くの支援を一施設でまとめて受けられるのが特徴である。職業紹介から就職後のフォローアップまで、一貫した支援を行う。

●Society5.0

Society 5.0は、我が国が目指すべき社会形態として、内閣府によって、第5期科学技術基本計画（2016.1.22）の中で次のように示された。それは、「サイバー空間（仮想空間）とフィジカル空間（現実空間）を高度に融合させたシステムにより、経済発展と社会的課題の解決を両立する、人間中心の社会（Society）」である。これは、「狩猟社会（Society 1.0）、農耕社会（Society 2.0）、工業社会（Society 3.0）、情報社会（Society 4.0）に続く、新たな社会を指すもので、第5期科学技術基本計画において我が国が目指すべき未来社会の姿として初めて提唱」されたものである。

関連して、国の第3期教育振興基本計画では、2030年以降の社会を展望して、超スマート社会（Society 5.0）の実現に向けた技術革新が進展する中、人生100年時代を豊かに生きていくために、人づくり革命および生産性革命の一環として、若年期の教育、生涯にわたる学習や能力向上が教育政策の重点事項の一つであるとしている。

●STEM教育（ステム：Science, Technology, Engineering and Mathematics）

STEM教育とは、科学・技術・工学・数学の4分野に関する教育であり、初等教育から高等教育までの広い段階に関して行われる教育の総称である。STEM教育は、科学技術開発に関する国際的な競争力の向上という観点から、アメリカを中心に国家的な教育政策として取り入れられている。

STEM教育の代表的な例として、理科や算数・数学の時間で行われるプログラミング教育を挙げることができる。プログラミングを取り入れることにより、理科や算数・数学に関する一層有効な問題解決能力を育てることができる。プログラミング教育は、2017（平成29）年改訂学習指導要領で必修化されている。STEMの4分野の教育に力を注ぐことにより、科学技術だけでなくビジネス分野でも通用する国際競争力を育成できると考えられている。最近では、STEMにArtを加えたSTEAMやRoboticsを加えたSTREAMなどのように、概念が拡大している。

●総合学科

　1993（平成5）年の高等学校設置基準改訂に基づいて設置された高等学校の新しいタイプの学科である。従来の普通教育を主とする学科と専門教育を主とする学科とに対して、普通教育および専門教育を選択履修を旨として総合的に施す学科であり、第三の学科として1994（平成6）年度から開設された。総合学科の特徴は、幅広く多様な選択科目、個々の生徒による時間割、単位制、特色ある原則履修科目「産業社会と人間」「課題研究」などである。総合学科では、キャリア教育に関しても特色ある教育活動が行われてきた。

　2018（平成30）年改訂高等学校学習指導要領では、総合学科は「単位制による課程」が原則であり、「産業社会と人間」の標準単位数は2〜4単位、「産業社会と人間」および専門教科・科目を25単位以上設け、生徒が多様な各教科・科目から主体的に選択履修できるようにすることとしている。

●ソフト・パワー（soft power）

　ソフト・パワーとは、対外政策としての軍事力や経済力などの強制力（ハード・パワー）によらず、その国の有する文化や政治、政策の特色などを発信して支持や共感を得ることにより、国際社会からの信頼や発言力を獲得していく方法ないしはその力のことである。

●TALIS（Teaching and Learning International Survey）

　TALIS（国際教員指導環境調査）は、OECDが学校の学習環境と教員の勤務環境を明らかにするために、5年に1度実施している国際調査である。TALISは、職能開発などの教員の環境、学校での指導状況、教員への評価やフィードバックなどについて調べ、国際比較により自国の教育に関する分析や教育政策の検討に資することを目指すものである。

　TALIS 2018 の結果では、日本の小中学校教員の1週間当たりの仕事時間は参加国中で最も長く、前回2013（平成25）年調査と同様に、中学校の課外活動（スポーツ・文化活動）の指導時間が特に長いことが分かった。一方、日本の小中学校教員が職能開発活動に使った時間は、参加国中で最短という結果であった。

●地域若者サポートステーション

　若者の自主性や主体性を引き出すことによっ
て就業を支援していく厚生労働省委託の支援機関で、通称サポステともいう。働くことに踏み出したい若者たちと向き合い、若者の自主的な活動を支援したり、働こうとする意欲や態度を引き出す活動を行ったりして、若者が職場定着するまで全面的にバックアップしていく。全国の主要都市・地域の160カ所以上に設けられている。

　厚労省が開設しているハローワークやジョブカフェなどの就労支援機関や教育関係、行政関係の機関とも連携して若者を支援したり、働くことの相談に対応したりしている。

●特性因子論（マッチング理論）

　特性因子論では、人が職業を選択する際に、個人の特性としての適性・価値観・性格などが、職業に必要な能力（因子）に対応していれば、適切な職業選択ができると考える。そのために、心理テストによる自己分析（自己理解）を行い、職業分析（職業理解）を組み合わせることによって、自己と職業とのより良いマッチングを探すことができると考えられる。

●21世紀型スキル

　21世紀型スキルは、社会のIT化で業務の専門化や複雑化が進む中、グローバルIT企業や国際機関の支援による検討チームが明確にしてきたスキルである。コミュニケーション能力、創造力、分析力、柔軟性、問題解決力、チームビルディング能力、傾聴力等が重視されている。ATC21S（21世紀型スキルの学びと評価プロジェクト）は、21世紀型スキルとして次の4領域10スキルを挙げている。

(1) 思考の方法：①創造力とイノベーション、②批判的思考・問題解決・意思決定、③学びの学習・メタ認知（認知プロセスに関する知識）

(2) 仕事の方法：④情報リテラシー、⑤情報通信技術に関するリテラシー（ICTリテラシー）

(3) 仕事のツール：⑥コミュニケーション、⑦コラボレーション（チームワーク）

(4) 社会生活：⑧地域と国際社会での市民性、⑨人生とキャリア設計、⑩個人と社会における責任（文化的差異の認識および受容能力を含む）

●人間関係形成・社会形成能力

　人間関係形成・社会形成能力は、中央教育審

議会答申「今後の学校におけるキャリア教育・職業教育の在り方について」(2011.1.31) で提言された基礎的・汎用的能力の一つである。この能力は、多様な他者の考えや立場を理解し、相手の意見を聴いて自分の考えを正確に伝えることができるとともに、自分の置かれている状況を受け止め、役割を果たしつつ他者と協力・協働して社会に参画し、今後の社会を積極的に形成することができる力とされている。

この能力は、社会との関わりの中で生活し仕事を行っていくうえで、基礎となる能力といえる。この能力の具体的な要素としては、他者の個性を理解する力、他者に働きかける力、コミュニケーション・スキル、チームワーク、リーダーシップ等が挙げられている。

●パフォーマンス不安

課題が遂行できないことやその予想に対する不安。パフォーマンス不安は、より高い水準の遂行を求められる場合にも起こる。面接試験をはじめ、人前でのスピーチ、演奏、演技など、失敗への恐れや緊張感を伴う場合にも生じる。

パフォーマンス不安を和らげるためには、実際の場面を想定して練習やリハーサルを繰り返す、起こりうる事態に対する対処法を予め考えたり練習したりしておく、面接で予想される質問に対する答えを準備しておくなどの方法がある。

●PBL (Problem based Learning, Project based Learning)

PBLは、問題解決型授業、問題基盤型学習、課題に基づく学習アプローチなどと訳される。大学教育において使われることが多く、教員が設定する課題や地域特有の課題、企業等におけるプロジェクトなどの具体的な事例を題材として、学生自身が課題問題を解決するための方法を考えるなどの能動的な取り組みを促す教育方法をいう。最近では、アクティブ・ラーニングの方法として、高校教育でも使うことがある。

松本大学では、学生が地域連携型のPBLを行い地域の課題を大学知・学問知として捉え解決に寄与していくプロセスが、研究者が行っている研究活動のプロセスとアナロジー的関係にあることから、帰納的教育手法として一般化し推進している。

●PDCA

PDCAは、学校経営におけるPlan(計画)→Do(実施)→Check(点検)→Action(改善)の組織マネジメント・サイクルである。学校経営のプロセスが継続的なフィードバックと改善につながることを意図したサイクルである。

このサイクルは、キャリア教育のカリキュラム・マネジメントにも当てはまる。つまり、Planの段階は、カリキュラム目標の設定・計画・企画である。Doの段階は、カリキュラムの実施である。Checkの段階は、カリキュラムの点検とカリキュラム評価を行うことである。Actionの段階は、カリキュラムの修正と改善であり、Checkの結果を次のPlanへ結び付けるものである。

PDCAは、単なるプロセスではなく、カリキュラム・マネジメントにフィードバックの仕組みを取り入れることにより教師の主体性と創造性を発揮するためのシステムである。

●学び続ける教員像

中央教育審議会答申「これからの学校教育を担う教員の資質能力の向上について～学び合い、高め合う教員育成コミュニティの構築に向けて～」(2015.12.21) では、教員が高度専門職業人として認識されるために、キャリア・ステージに応じた資質能力を生涯にわたって高めていく学び続ける教員像の確立が必要であるとした。同答申では、学び続ける教員を支えるキャリア・システムの構築のために、教員の養成・採用・研修を通じた一体的な改革として、教員育成協議会の創設、教員育成指標の策定および教員研修計画の体系化等を提言した。

●学び直しの充実

高校生の学力および学習状況に関して、基礎学力が不足している層がいることや学習時間の減少傾向、学習意欲の低下傾向が見られることが指摘されている。主な原因として、義務教育段階の学習内容を十分に身に付けていないことが挙げられる。そうした生徒の状況やニーズを踏まえ、学び直しの機会の充実を図ることが求められている。

そのため、学習指導要領では、指導計画の作成に当たって配慮すべき事項として、学校や生徒の実態等に応じて義務教育段階の学習内容の確実な定着を図るための指導を行うこととしている。特に、教育課程上の措置として、①各教科・科目の学習の中で学び直しの機会を設けること、②必履修教科・科目について学習指導要

領に定める標準単位数より増加して履修させること、③学校設定教科・科目として学び直しを行うことの３つを示している。

義務教育段階の学習内容の確実な定着を図るために、高校１年次の教育課程に基礎的な科目を置いたり、基礎学力の定着を図るための学校設定教科・科目を設定したりして、学び直しの機会を図るようにしている学校もある。

●メタ認知（metacognition）

メタとは、「高次の」という意味であり、自己の認知の状況に対して、それをさらに高い視点から認知することをメタ認知という。自己の認知活動（知覚、情動、記憶、思考など）を客観的に捉えたうえで、評価し判断し、コントロールしていくことである。学習を進めていく際に、現在の自己の学習状況で正しい理解を行っているか、学習が適切な方向に向かっているかなど、現在進行中の学習を客観的に把握するうえで必要な思考でもある。

●メリトクラシー（meritocracy）

メリトクラシーとは、個人の持っている能力によって社会における地位が決まり、能力の高い者が社会を統治するような社会形態をいう。家柄や血筋よりも能力を重視して社会的成功が導かれることを意味する。

メリトクラシー（meritocracy）は、メリット（merit：功績」）とクラシー（cracy：支配）を組み合わせた造語であり、イギリスの社会学者マイケル・ヤングにより提唱された。教育関係でも、教育制度の在り方、学校から社会・職業への移行を考える視点として広く使われている。

●４領域８能力

キャリア教育で育成すべき能力として、従来、４領域８能力が示されてきた。これは、国立教育政策研究所生徒指導研究センター「児童生徒の職業観・勤労観を育む教育の推進について」（2002）において、キャリア発達の観点から、「人間関係形成能力」、「情報活用能力」、「将来設計能力」、「意思決定能力」の４つの能力領域に大別し、それぞれを構成する能力を各２つずつ計８つの能力に整理して示したものである。

すなわち、「人間関係形成能力」として、「自他の理解能力」と「コミュニケーション能力」、「情報活用能力」として「情報収集・探索能力」と「職業理解能力」、「将来設計能力」として「役割把握・認識能力」と「計画実行能力」、「意思決定能力」として「選択能力」と「課題解決能力」が設定されている。これらの能力の育成を目標として、児童生徒の発達段階と学校のカリキュラムを踏まえ、キャリア教育を進めることが重要になる。

４領域８能力の考えは、中央教育審議会答申「今後の学校におけるキャリア教育・職業教育の在り方について」（2011.1.31）によって、基礎的・汎用的能力の育成の方向が示されたことにより後退していった。

●ライフ・キャリア・レインボー

個人が人生の中で果たす役割は、年齢や成長の程度、社会との関わり等によって変化していく。ライフ・キャリア・レインボーは、その役割がどのように変化するか、年齢や場面の様々な役割の組み合わせを示すものである。ライフ・キャリア・レインボーは、キャリア発達の程度に応じて、人生の役割を虹のように配置した多層半円の図で示したものである。

●ライフ・ステージ

職業的な成長に応じて、職業生活を段階的に区切り、各段階で果たす役割を対応させた人生の段階をいう。もともとは、スーパー（D.E. Super）が提唱した成長期・探索期・確立期・維持期・下降期の５段階からなる職業生活のライフ・ステージ論に基づく。現代では、社会構造や産業構造、就業形態等の変化が著しく、ライフ・ステージも一律に捉えることが難しくなり、時代に対応した多様な捉え方が必要になっている。

●リアリティ・ショック

人は、就職したり新しい立場になったりしたときに、それまで自分が思い描いていたイメージと現実とのギャップが生じ、戸惑うことがある。その戸惑いが大きく、精神的な負担や悩みを持つ状態をリアリティ・ショックという。新しい職や立場に就いたときに、仕事内容の不慣れや違和感、仕事量の多さ、人間関係の複雑さなどにより、リアリティ・ショックに結び付くことがある。教職では、初任者教員のリアリティ・ショックを招く要因として、職場環境への不適応、業務遂行ペースの不一致（遅れ）、児童生徒指導の難しさ、保護者対応の難しさなどが挙げられる。

●ワークキャリアとライフキャリア

　人のキャリアの側面には、ワークキャリアと
ライフキャリアがある。職業や働くことに関す
る経歴をワークキャリア、生活に関する人間関
係や家族、地域との関係に関する経歴をライフ
キャリアという。どちらも、より広い捉え方と
して、キャリアという用語の概念の中に包含さ
れる。

●ワーク・ライフ・バランス（work-life balance）

　仕事と生活の調和のことであり、人が仕事上
の責任を果たすとともに、家庭生活や地域社会
などにおいても責任を果たすことをいう。ワー
ク・ライフ・バランスは、個々人の問題である
だけでなく、個人の仕事と生活のバランスが崩
れることによって社会の活力が低下することに
陥らないよう、社会や国全体の問題として考え
る必要がある。

【著者紹介】
山﨑 保寿 (やまざき やすとし)

略歴
静岡大学理学部卒、筑波大学大学院修了。信州大学教育学部教授、静岡大学教育学部教授を経て、松本大学教授・教職センター長。博士（学術）。専門分野は、学校経営、教育課程、キャリア教育、教員研修、教員の力量形成など。

著書
『高等学校における選択制の拡大と進路指導』（協同出版社1999年、単著）
『総合的な学習の教育経営ビジョン』（信濃教育会出版部2000年、単著）
『キャリア教育で働く意識を高める―小・中学校場面別導入例―』（学事出版2006年、編著書）
『キャリア教育が高校を変える―その効果的な導入に向けて―』（学事出版2006年、編著書）
『キャリア教育の基礎・基本』（学事出版2013年、編著書）
『教務主任ミドルマネジメント研修BOOK』（教育開発研究所2014年、編著書）
『「社会に開かれた教育課程」のカリキュラム・マネジメント―学力向上を図る教育環境の構築―』（学事出版2018年、単著）
『「社会に開かれた教育課程」を実現する教育環境』（静岡学術出版2018年、編著書）
『未来を拓く教師のための教育課程論』（学陽書房2019年、単著）
他多数

論文
「高校生の進路意識と科目選択の関係に関する実証的研究」『日本教育経営学会紀要』第36号、1994年
「教育課程編成とアカウンタビリティに関する考察」日本学校教育学会紀要『学校教育研究』第15号、2000年
「総合的な学習の時間のカリキュラム効果に関する実証的研究」日本カリキュラム学会紀要『カリキュラム研究』第12号、2003年
「教師の職能成長に関する研究の動向と課題」『日本教育経営学会紀要』第51号、2009年
「学力の向上と学校の組織力―学力向上問題の多層的位相と学校の組織的対応の課題」『日本教育経営学会紀要』第52号、2010年
「教職キャリア形成における教職大学院の役割に関する研究―教員養成高度化における現職派遣の意義を踏まえて―」『教科開発学論集』第6号、2018年3月
「教育環境学の領域としてのキャリア教育の位置付けに関する考察―キャリア教育の教育行政的動向を踏まえて―」『教科開発学を創る』愛知教育大学出版会、2017年3月

他多数

キャリア教育が創出する新たな教育環境
地域連携で生み出す主体性と価値

2020年4月3日　初版発行

著　者　　山﨑保寿
　　　　　やまざきやすとし
発行者　　住吉廣行
発行所　　松本大学出版会
　　　　　〒390-1295 長野県松本市新村 2095-1
　　　　　TEL 0263-48-7200㈹
　　　　　FAX 0263-48-7290
印刷・製本　株式会社 成進社印刷